Christoph Martin Wieland

Klementina von Porretta

Christoph Martin Wieland

Klementina von Porretta

ISBN/EAN: 9783744676571

Hergestellt in Europa, USA, Kanada, Australien, Japan

Cover: Foto ©ninafisch / pixelio.de

Weitere Bücher finden Sie auf **www.hansebooks.com**

C. M. WIELANDS

SÄMMTLICHE WERKE

SUPPLEMENTE

FÜNFTER BAND.

LEIPZIG

bey Georg Joachim Göschen. 1798.

KLEMENTINA VON PORRETTA.

EIN DRAMA

aus Richardsons Geschichte Grandisons gezogen. 1760.

PERSONEN.

DER MARKGRAF VON PORRETTA.
DER BISCHOF ⎫
DER GENERAL ⎬ dessen Söhne.
JERONYMO ⎭
SIR KARL GRANDISON.
GRAF VON BELVEDERE.
PATER MARESKOTTI.

DIE MARKGRÄFIN VON PORRETTA.
KLEMENTINA.
KAMILLA, deren Hofmeisterin.
LAURA, Kammerfrau.

Der Schauplatz ist zu Bologna, im Palaste des Markgrafen.

ERSTER AUFZUG.

ERSTER AUFTRITT.

Der Schauplatz ist ein Sahl im Palaste von Porretta.

DER GRAF VON BELVEDERE, DER PATER MARESKOTTI.

Belvedere. Sagen Sie mir nichts mehr von Geduld und Verläugnung, Pater Mareskotti — Ich schwöre Ihnen, Klementina soll die Meinige, oder wenigstens nicht diesem Englischen Protestanten werden! Der blofse Gedanke an das, was die Folge seiner Zurückkunft seyn könnte, bringt mich zur Verzweiflung. — *Etwas gelafsner.* Verzeihen Sie mir, ehrwürdiger Vater. — Aber ich kann und will nicht ohne Klementinen leben!

P. Mareskotti. Sie wissen, Herr Graf, wie sehr ich immer Ihr Freund war; Sie wissen, wie sehr die ganze Familie von Porretta für Sie eingenommen ist! Der Markgraf, die Markgräfin, der Bischof, der General, alle haben ihr Herz auf die Vermählung ihrer Tochter und Schwester mit einem so würdigen Mann, als der Graf von Belvedere ist, gesetzt. Ganz Italien hat keinen edeln Jüngling, der an Geburt und persönlichen Verdiensten der vortrefflichen Klementina würdiger wäre, als Sie. Aber bedenken Sie den Zustand der unglücklichen jungen Gräfin! Sie kennen diesen aufserordentlichen Mann, diesen Grandison. Ich selbst, so grofse Ursache ich hatte, wider ihn eingenommen zu seyn, ward endlich von seinen Verdiensten überwältiget. Ich mufste ihn bewundern, wie alle Welt ihn bewundert. Er hatte der Familie Dienste geleistet, die eine aufserordentliche Dankbarkeit forderten. Diefs schien das Übermafs zu rechtfertigen, womit alle Glieder eines grofsmüthigen und wahrhaft edeln Hauses ihre Verbindlichkeit gegen einen Mann bezeigten, dessen Grofsmuth und Tapferkeit sie das Leben ihres geliebtesten Sohns, ihres Jeronymo, zu danken hatten. Sie vergafsen, dafs derjenige, den sie als Freund, Sohn und Bruder in die Familie aufnahmen, ein Ketzer, ein hartnäckiger Ketzer, ein Feind der Kirche, ein Verworfener war, mit dem die strenge Heiligkeit der Religion eine so enge Verbindung verdammt. Die Welt fand sie unvorsichtig, der Himmel strafbar. Ich wenigstens kann mich nicht enthalten, die unglückliche Leidenschaft der jungen Gräfin für ein Gericht eines beleidigten Gottes anzusehen — Ach, Herr Graf! sie war eine Heilige, ehe sie diesen zauberischen Mann kannte. — Wahr ists, sie kämpfte mit der strafbaren Leidenschaft; sie bewaffnete sich mit der ganzen Stärke der Religion;

sie stritt mit dem Muth und der Standhaftigkeit eines
Engels: aber die Natur erlag unter dem entsetzlichen
Kampfe, und ihre Vernunft muſste das Opfer ihrer
Tugend werden!

Belvedere. O halten Sie inne! Ich kann den
abscheulichen Gedanken nicht ertragen — Klementina! — das glorwürdige Geschöpf! — so tief erniedriget! — Und durch wen? — Sie war die Zierde
von Italien, der Stolz ihres Hauses; von allen, die
sie sahen, bewundert; von allen, die sie kannten,
geliebt; von den schönsten und vollkommensten ihres
Geschlechts beneidet. Welch ein Wunder der Natur
hat dieser Elende zu Grunde gerichtet! Meine Seele
empört sich wider ihn! Er soll —

P. Mareskotti. Ihre Hitze macht sie ungerecht, lieber Graf! Grandison verdient weder Ihre
Vorwürfe, noch Ihre Rache. Ich gestehe es, Anfangs
war er mir verdächtig. Es war unglaublich, daſs
der lange Umgang mit der jungen Gräfin nicht den
Wunsch, ein so seltnes Gut zu besitzen, in ihm
erweckt haben sollte; und, wofern er diesen Wunsch
hegte, noch unglaublicher, daſs er keine Kunstgriffe
versucht haben sollte, sich nach und nach in ihr
Herz einzustehlen. Ich theilte meinen Verdacht dem
Markgrafen und dem Bischofe mit. Wir beobachteten ihn aufs genaueste, wir legten ihm sogar Fallstricke; aber die Prüfung zeigte ihn unschuldig und
untadelig. Doch wozu sag' ich Ihnen alles dieses?
Sie können nicht vergessen haben, daſs Grandison

Ihnen selbst Dienste geleistet, dafs er mit einem
Eifer für Ihr Bestes mit der Gräfin Klementina gesprochen hat, die ihm ihren Unwillen zuzog.

Belvedere. Ach mein ehrwürdiger Freund!
Was sollte ich nicht vergessen, da ich meiner selbst
vergessen habe! — Die Liebe zu einer Klementina, —
eine hoffnungslose Liebe, und doch von allen ihren
Verwandten aufgemuntert, — der Kaltsinn, der
Abscheu derjenigen, die ich anbete, und, was mich
noch mehr ängstiget, ihr Unglück, die Zerrüttung
ihrer schönen Seele, und nun, was mich beynahe
wahnsinnig macht, die Ankunft dieses glücklichen
Nebenbuhlers, sein Triumf, und meine Schmach! —
O, wenn alles diefs nicht genug ist, die heftigste
Leidenschaft zu rechtfertigen — Aber ich bitte Sie,
Mareskotti, war denn kein andres Mittel in der
Welt, die englische Klementina wieder herzustellen,
als die Zurückberufung dieses Grandisons?

P. Mareskotti. Können Sie glauben, dafs die
Familie von Porretta sich zu einem so demüthigenden
Schritt entschlossen hätte, wenn ihr irgend ein anderes Mittel übrig geblieben wäre? Sie kennen den
gerechten Stolz eines Hauses, das an Alterthum und
Glanz den gröfsten Italiens gleich ist: denken Sie,
was es ihnen kosten mufste, einen solchen Schritt
gegen einen Mann zu thun, der, so grofs er in Absicht seines persönlichen Karakters seyn mag, in
allen andern Stücken unter ihnen ist; gegen einen
Fremden, einen Engländer, einen Ketzer, der hart-

näckig und übermüthig genug gewesen war, ihre Klementina, ihren Liebling, das Kleinod ihrer Familie auszuschlagen, als sie ihm unter der einzigen Bedingung angeboten wurde, die einen so herablassenden Antrag rechtfertigen konnte. Ich selbst widersetzte mich lange dem anhaltenden Bitten Jeronymo's, der die Zurückberufung seines Freundes als das einzige Mittel, seine Schwester und ihn selbst zu retten, mit ungestümer Zärtlichkeit erflehte. Der Bischof, der General unterstützten mich; der Markgraf selbst konnte sich nicht zu einer Erniedrigung entschliefsen, die diesen stolzen Protestanten in der Familie so wichtig machte. Wir hofften, die Zeit würde ein Heilungsmittel für die bedauernswürdige Klementina bringen. Aber wir hofften umsonst. Die Noth, welche die verzweifeltsten Mittel rechtfertigt, gab uns zuletzt ein, die Strenge zu versuchen. Klementina wurde nach Urbino in das Haus der Gräfin Sforza, ihrer Tante, gebracht. Die grausamen Begegnungen, die sie daselbst ohne unser Wissen erduldete, vollendeten ihr Unglück. Der traurige Zustand, worin sie in das Porrettische Haus zurück gebracht wurde; die immer zunehmende Krankheit ihres Bruders; die auf ewig verlorne Ruhe einer Familie, die in allen ihren Zweigen so glücklich gewesen war; ein vom Kummer verzehrter Vater, eine trostlose Mutter; der Anblick ihres Jammers, ihre Thränen, ihre Klagen; der stumme Gram, der desto wüthender in ihrem Inwendigen nagte — Ich gestehe Ihnen, Herr Graf, mein Herz erlag unter

diesem Anblick. Ich vereinigte mich zuletzt mit
Jeronymo, und ich hoffe in Demuth, der Himmel,
den ich unablässig flehte, habe mir selbst in den Sinn
gegeben, zu einem Mittel zu rathen, welches, so
widrig es ist, doch das einzige scheint, wovon wir
eine heilsame Wirkung hoffen können.

Belvedere. Ach Mareskotti! Was soll ich
thun? Was soll ich nicht thun? Ich bin ohne Besonnenheit. — Meine Lage ist ohne Beyspiel! Ich bete
die göttliche Klementina an; ohne sie ist das Leben
nichts für mich; und ich selbst muſs das Mittel gut
heiſsen, welches mich ihrer auf ewig berauben wird!
Ich hasse in diesem Grandison einen Nebenbuhler,
und muſs seine Tugenden bewundern! — Ja, ich
liebe Klementinen, liebe sie mehr als mich selbst —
Aber, bey allen Heiligen des Himmels, ich kann
dem Triumf meines Nebenbuhlers nicht zusehen!
Irgend eine verzweifelte That soll meine Ungewiſsheiten enden, und meiner Schande zuvorkommen.

P. Mareskotti. Lassen Sie Sich erbitten,
liebster Graf! Fassen Sie Sich! Noch ist nicht alle
Hoffnung verloren. Die Familie hat keinen Entschluſs gefaſst, der Ihre Verzweiflung entschuldigen
könnte. Vertrauen Sie dem Himmel und meiner
Freundschaft. Sie wissen, daſs meine eifrige Ergebenheit für das Haus von Porretta mir einiges Ansehen
in demselben giebt. Verlassen Sie Sich darauf, daſs
ich die Sache der Religion, und die Ehre einer Familie, die mir die Sorge für ihre Seelen anvertrauet,

nicht so sehr verrathen werde, um zuzugeben, daſs
die Gräfin Klementina mit einem ketzerischen Manne
vermählt werde, bey dem sie in Gefahr wäre, die
eitle Glückseligkeit einer befriedigten Leidenschaft
mit dem Verlust ihrer Seele zu büſsen. Mein Gewissen, Herr Graf, arbeitet noch stärker zu Ihrem Vortheil als die Freundschaft selbst. Aber ich sehe den
Bischof kommen. Er scheint bestürzt, Sie noch
hier anzutreffen.

ZWEYTER AUFTRITT.

Der Bischof, die Vorigen.

Der Bischof. Um Ihrer eignen Ruhe willen,
liebster Belvedere, bitte ich Sie, Sich hinweg zu
begeben. Wir erwarten alle Augenblicke einen Gast,
dessen Anblick Ihnen nicht so angenehm seyn kann,
als er uns seyn muſs.

Belvedere. Ich bin in einen Zustand gebracht,
worin auch der Feigeste sich zu fürchten aufhört.

Der Bischof. Eben das ist es, warum ich
eine Zusammenkunft zwischen Ihnen und dem Chevalier Grandison verhindern möchte. Wir sind ihm
dafür verpflichtet, daſs er sich aus Gefälligkeit gegen
uns in einer so beschwerlichen Jahrszeit seinem Vaterland und den Armen seiner Freunde entrissen hat.

So sehr hat uns unser Unglück gedemüthiget, daſs wir die Ankunft dieses Mannes als eine Herablassung ansehen müssen. Sie begreifen selbst, daſs es uns unruhig machen würde, wenn Herr Grandison bey seinem Eintritt in unser Haus —

Belvedere. Vergeben Sie mir, gnädiger Herr! — Ich bin unglücklich. Haben Sie Mitleiden mit mir! Eine Klementina zu verlieren! — So wenig ich bisher Hoffnung hatte, so hatte ich doch Hoffnung. Ihre Gütigkeit munterte mich auf! — Aber jetzt — ein glücklicher Nebenbuhler kommt, und ich bin verloren.

Der Bischof. Sie sollten von unserer Freundschaft überzeugt seyn, liebster Graf! — Aber — die Hand des Schicksals liegt auf uns. Wir sind nicht Meister über unsere Maſsregeln. Wären wir es, so wäre unsere Klementina glücklich, und Sie wären es durch ihren Besitz. Wir wissen nicht, was der Ausgang dieser unglücklichen Geschichte seyn wird. Zwar hat Grandison durch die hartnäckige Verwerfung unserer Bedingungen alle Ansprüche an Klementinen verloren. Wir sind frey. Aber er hat andere Vorschläge gethan; und vielleicht zwingt uns noch die Noth, sie anzunehmen, so sehr wir sie Anfangs verworfen haben. Wenn dieſs das einzige Mittel wäre, unsere Klementina wieder herzustellen — Ich muſs es Ihnen noch einmahl sagen, wir haben keine Freyheit, unsern Neigungen zu folgen. Aber glauben Sie mir, wir selbst werden nicht anders glücklich seyn, als wenn Sie es werden. Lassen Sie Sich diefs beruhigen!

P. Mareskotti. Kommen Sie, Herr Graf! Ich will Sie in den Park begleiten. Der Anblick der Natur und die Stille eines einsamen Haines sind oft geschickter unsere Leidenschaften zu besänftigen, als die bündigsten Vernunftschlüsse.

Belvedere. Führen Sie mich wohin Sie wollen. Für mich ist jeder Ort gleich.

Sie gehen ab.

DRITTER AUFTRITT.

Der Bischof allein.

Ich darf dem Grafen nicht die Hälfte meiner wahren Gedanken sehen lassen — Ich bedaure ihn — aber wer ist mehr zu bedauern, als wir? Unglückliche und doch unschuldige Klementina! wie tief hast du uns niedergedrückt! — Indessen hat Grandison ein Recht an unsere stärkste Dankbarkeit. Wollte der Himmel — Aber hier ist er schon! Der königliche Mann! Wie sehr scheint er gleich beym ersten Anblick das zu seyn, was er ist! —

VIERTER AUFTRITT.

Der Bischof, Grandison.

Der Bischof. Willkommen in Italien und in Bologna, theuerster Grandison! Wie grofsmüthig, wie freundschaftlich ist es von Ihnen, dafs Sie unsere Bitte mit einer so verbindlichen Eilfertigkeit erfüllt haben! — Glauben Sie indessen, dafs der Chevalier Grandison der einzige ist, gegen den wir fähig waren, einen solchen Schritt zu thun.

Grandison. Die Freundschaft und das Zutrauen, gnädiger Herr, womit Ihre erlauchte Familie mich beehrt, berechtigt sie von ihrem Grandison alles zu erwarten, was ihn derselben würdig zeigen kann.

Der Bischof. Wir sind Ihnen alle unendlich verbunden, Herr Grandison! Sie sind der Erretter meines Bruders gewesen, und jetzt entrissen Sie Sich Ihrem Vaterlande, Ihren Freunden, Ihrer Ruhe, und setzen bey dieser Jahrszeit selbst Ihr Leben in Gefahr, um Ihre Wohlthat vollständig zu machen. Wie werden wir jemahls im Stande seyn, Ihnen eine Dankbarkeit zu zeigen, die solcher Dienste würdig sey? — Dieser Gedanke, Herr Grandison, macht uns unglücklicher, als Sie glauben können.

Grandison. Sie demüthigen mich, gnädiger Herr, wenn Sie von Verbindlichkeiten reden. Wenn ja das, was ich gethan habe, eine andere Belohnung verdiente, als das Vergnügen, womit das Herz sich selbst belohnt, so ist es blofs in der Macht des Himmels, sie zu geben. Wenn unser Jeronymo uns wieder geschenkt wird, wenn die Gräfin Klementina wieder die Freude ihrer Verwandten ist, und ich das Vergnügen habe, sie alle nach ihrem Herzen und nach meinem Wunsche glücklich zu sehen, so bin ich auf die vollständigste Art belohnt. Aber sagen Sie mir, gnädiger Herr, wie lebt der Baron von Porretta? Wie befindet sich die junge Gräfin?

Der Bischof. Jeronymo — Ach, der arme Jeronymo! Ehe Sie zu uns kamen, war alles, was man sagen konnte, dafs er noch athmete, um den langsamen Tod desto länger zu fühlen, der mit dem Überrest eines schmachtenden Lebens kämpft. Und Klementina — Ach, Grandison! sie ist seit Ihrer Abwesenheit höchst elend gewesen. Sie haben von den unglücklichen Mafsregeln gehört, wozu der Rath des Generals und der Gräfin Sforza die Familie getrieben. Man wollte die Strenge gegen ein junges Geschöpf versuchen, das an die zärtlichste Begegnung gewöhnt, das lauter Sanftmuth und Güte ist. Man lieferte sie der Gräfin und ihrer Tochter Laurana aus, die von der ersten Kindheit an ihre Gespielin gewesen war, und die schwärzesten Absichten unter der Larve der feurigsten Zärtlichkeit verbarg. Ach!

wir wufsten nicht, dafs sie unser unglückliches Kind die ganze Wuth einer unversöhnlichen Nebenbuhlerin empfinden lassen würde. Laurana liebt den Grafen von Belvedere, von dem sie verabscheuet wird. Sie sah unsere Klementina als das einzige Hindernifs ihrer Leidenschaft an, und übte die Strenge, die man ihr erlaubt hatte, mit einer Grausamkeit aus, unter welcher die arme Unglückliche erlag. Der zehente Theil dessen, was sie unter den Händen dieses unmenschlichen Geschöpfs gelitten hat, wäre genug, eine Märtyrerin zu machen! — O Grandison! ich fürchte — ich fürchte, ihre Vernunft ist unwiederbringlich verloren. Seit vier Wochen spricht sie kein Wort. Sie kennt niemand. Sie scheint weder zu sehen noch zu hören. Die beweglichsten Bitten, die Thränen, das fufsfällige Flehen ihrer trostlosen Mutter hat sie nicht bewegen können, das entsetzliche Stillschweigen zu unterbrechen. Selbst bey Ihrem Nahmen, Herr Grandison, ist sie unempfindlich geblieben.

Grandison mit der äufsersten Gewalt über sich selbst, ohne sie ganz verbergen zu können. Ich bin stärker gerührt, als ich es ausdrücken kann — Lassen Sie uns hoffen, gnädiger Herr! Ich habe die Gutachten der geschicktesten Ärzte von England über den Zustand unserer theuern Kranken bey mir, und ich setze ein grofses Vertrauen in die Erfahrenheit des Herrn Lowthers, der mich zu Ihnen begleitet hat. Es ist Hoffnung da, dafs Jeronymo völlig wieder hergestellt werde. Und die Gräfin Klementina —

Bischof. Ihre Gegenwart, Herr Grandison — wenn diese nicht die Wirkung thut, die wir hofften, so ist Klementina und mit ihr alle Freude des Lebens für uns verloren. Aber ich sehe Kamillen kommen — Sie scheint aufser sich zu seyn.

FÜNFTER AUFTRITT.

KAMILLA, DIE VORIGEN.

Kamilla. O Herr Grandison! — Ein Engel ist mit Ihnen in dieses Haus gekommen! Welch eine freudige Zeitung bringe ich Ihnen! Klementina — meine theure junge Gräfin — hat diesen Augenblick wieder geredet.

Der Bischof. Seit einem Monat ist diefs das erste Mahl! Ich wünsche Ihnen Glück, Herr Grandison! Das ist eine glückliche Vorbedeutung. Erlauben Sie, dafs ich, indessen Kamilla Sie von ihrer Gräfin unterhält, den guten Jeronymo auf Ihre Ankunft vorbereite. Er ist nicht stark genug, ein so grofses Vergnügen ohne Vorbereitung auszuhalten. Ich werde sogleich zurück kommen, Sie dem Markgrafen und ihm vorzustellen.

Geht ab.

SECHSTER AUFTRITT.

Kamilla, Grandison.

Kamilla. O gnädiger Herr! Möge der Himmel Sie mit der Erfüllung aller Ihrer Wünsche segnen, daſs Sie so bereitwillig gewesen sind, durch Ihre Wiederkunft der unglücklichsten Familie Italiens das Leben wieder zu geben! Ich versichere Sie, Sie haben durch diese schleunige Willfahrung unsere Hoffnung übertroffen. Nach dem, was bey Ihrer letzten Anwesenheit vorgefallen — Aber, wer darf sich wundern, wenn der Chevalier Grandison groſsmüthig handelt? Wenn er alles thut, was schön und groſs ist, so handelt er nur sich selbst gleich.

Grandison. Ich danke Ihnen für Ihre gute Meinung, Kamilla. Aber befriedigen Sie jetzt meine Ungeduld. Sprechen Sie mir von Ihrer jungen Gräfin. Sie hat geredet, sagen Sie! Und was hat sie geredet?

Kamilla. Ach, wenn Sie erst wüſsten, in was für einem Zustande sie gewesen ist; ehe sie ihr Bruder, der General, aus den Klauen der teuflischen Laurana errettete. — Es ist nun über einen Monat — Die arme Klementina! Ach, daſs sie jemahls von der Seite ihrer getreuen Kamilla gerissen werden muſste! — Aber ich miſsbrauche Ihre Geduld, gnädiger Herr! — Seitdem sie wieder in dem Hause ihrer

Ältern ist, ist es unmöglich gewesen, ein einziges
Wort von ihr zu erflehen. Sie kannte weder ihre
Mutter, noch ihren Vater, noch ihren Jeronymo;
sie kannte niemand. Ich kann das Gemählde nicht
vollenden, Herr Grandison — Ihr Anblick durchbohrte jedes Herz. Ihre Mutter konnte es nicht aushalten; wir waren etliche Tage ihres Lebens wegen
in Sorgen. Nach und nach schien sich die arme
junge Gräfin wieder zu erinnern. Sie erkannte mich.
Sie erkannte auch zuweilen ihre Mutter, aber nur
für Augenblicke; und auch in diesen gab sie es nur
durch Geberden zu erkennen. Es war unmöglich,
sie zu erbitten. Unsere Thränen, unsere Verzweiflung rührte sie nicht. Sie selbst weinte niemahls.
Aber Seufzer, die den Seufzern eines in der Marter
sterbenden Heiligen glichen, waren alles, woraus
wir schliefsen mufsten, was sie in ihrer Seele leide —
Zu grofse Leiden, um durch Thränen oder Worte
ausgedrückt zu werden.

Grandison. Schonen Sie meiner, Kamilla!—
Doch, fahren Sie nur fort —

Kamilla. O Herr Grandison! wie war es doch
möglich, dafs ein so grofsmüthiger Mann so unempfindlich gegen die liebenswürdigste junge Dame
seyn konnte, deren Glückseligkeit oder Elend in
seine Willkühr gestellt war? Sie durften nur Ein
Wort sprechen — Aber Ihre Hartnäckigkeit — Verzeihen Sie mir, gnädiger Herr! Wenn Sie, wie ich,
ein Zeuge des Leidens dieses holdseligen Kindes
gewesen wären —

Grandison. Ich verzeihe Ihnen, Kamilla. Sie können Ihre junge Gräfin nicht zu eifrig lieben — Aber ich bitte Sie, keine Umwege! Was veranlaſste denn die glückliche Veränderung, die Sie uns angekündigt haben?

Kamilla. Ihr Nahme, Herr Grandison! Ihr Nahme machte sie endlich aufmerksam. Wir sagten ihr, daſs Sie aus England zurück kämen, daſs Sie wirklich in Bologna angelangt wären, daſs alles — Aber Himmel! Wen sehe ich! — Heilige Jungfrau! es ist der Graf von Belvedere! Wie ergrimmt! Wie verzweifelnd! Vor sich. Ich eile, den Bischof zu rufen.

Grandison. Sagen Sie nichts, Kamilla, so lieb Ihnen meine Freundschaft ist.

Kamilla eilt hinweg.

SIEBENTER AUFTRITT.

BELVEDERE, GRANDISON.

Belvedere. Ich würde nicht aufrichtig seyn, Herr Grandison, wenn ich Sie in Bologna willkommen hieſse. Ich komme in ganz andern Absichten hierher. Ich liebe die Gräfin Klementina. Sie lieben sie auch, sagt man — Sie wissen, daſs ich Ansprüche habe — Den Beyfall, die Aufmunterung der

ganzen Familie, die in dem Unglück ihrer Tochter
Ursache genug fühlt, den Tag zu verwünschen, da
der Ritter Grandison die Schwelle ihres Hauses
betrat. Wenn die Neigung der Tochter für Sie ist,
Grandison, so haben Sie wenig Ursache, Sich eines
Vorzugs zu rühmen, der der vortrefflichsten Dame
Italiens die Vernunft kostet — Doch ich tadle die
Flamme nicht, die in der Brust einer Klementina
brennt; sie ist rein und unschuldig, was auch der
Gegenstand seyn mag, der sie entzündet hat — Und
wenn ich Sie nicht als einen Nebenbuhler ansehen
müfste, Grandison, so würde ich der erste seyn, die
Neigung der theuern Gräfin zu rechtfertigen! — Aber
Sie? — Nein! Sie können keine Ansprüche, keine
Hoffnung haben; Sie müssen es wissen, dafs eine
Vermählung der Gräfin Klementina mit Ihnen das
äufserste Unglück für die Porrettische Familie wäre. —
Doch ich will Sie nicht beleidigen, Grandison. Ich
bin nur hierher gekommen, Ihnen zu sagen, dafs Sie
mir vorher das Leben nehmen müssen, ehe Sie der
Besitzer meiner Geliebten seyn können. Folgen Sie
mir in den Garten; etliche Augenblicke werden mein
und Ihr Schicksal entscheiden.

Grandison. Ich werde Ihnen nicht folgen,
Herr Graf! Es ist nicht meine Schuld, wenn Sie den
Mann nicht kennen, mit dem Sie sprechen.

Belvedere. Sie wollen mir nicht folgen? Sie
machen Ansprüche an meine Geliebte, und weigern
Sich? — Sie haben nicht Muth genug —

Grandison. Brauchen Sie einen stärkern Beweis meines Muthes, als die Gelassenheit, womit ich die Ausschweifungen Ihrer Leidenschaft dulde?

Belvedere. Sie spotten meiner, Grandison?

Grandison. Ich bedaure Sie.

Belvedere. O, Sie haben diesen verstellten Kaltsinn nicht nöthig, mich zum Muth zu entflammen! — Aber keinen Wortwechsel! — Wenn Sie der Mann sind, für den Sie gehalten seyn wollen, so folgen Sie mir in den Park! — Sie wollen nicht?

Grandison. Mäfsigen Sie Ihre unanständige Hitze! Ich bin nicht gewohnt, in diesem schnaubenden Tone mit mir reden zu lassen. — Doch, der Zustand, worin ich Sie sehe, verdient Nachsicht. Sie sind zu entschuldigen, dafs Sie keine Achtung für mich haben, da Sie die Achtung für Sich selbst verloren haben. Herr Graf Belvedere, Sie wissen meine Grundsätze! Lassen Sie Sich dieses genug seyn.

Belvedere. Und halten Sie mich für einen so feigen Elenden, dafs ich mich durch Worte abweisen lassen sollte? Oder erwarten Sie, dafs dieser kaltsinnige Stolz Sie vor meiner Wuth sicher stellen werde? Zwar in den Mauern dieses Palastes sind Sie sicher — Aber beym Himmel! Sie sollen mir nicht entgehen! Ich verlasse Sie nicht, bis Sie mir in den Garten folgen.

Grandison. Ungestümer und unbesonnener Mensch! Hören Sie mich erst an, und wenn Sie alsdann noch darauf bestehen, so will ich Ihnen folgen, wohin Sie wollen — Ich schätze Sie hoch, Graf von Belvedere, wie ungleich Sie auch in diesen Augenblicken der Leidenschaft Sich selbst sind. Ich will gegen Sie thun, wessen ich noch keinen zornigen Menschen gewürdigt habe; ich will mit Ihnen wie mit einem Manne reden, der Gründen Gehör geben kann. — Ich mache Ihnen keine Vorwürfe; diefs wird, wenn Sie ruhiger sind, Ihr eignes Herz für mich thun. Nur das mufs ich Ihnen sagen, wenn ich Ansprüche an die Gräfin Klementina hätte, so sollten weder Sie noch eine ganze dräuende Welt mich abschrecken können, sie zu behaupten. Ein rechtschaffner Mann fürchtet nichts. — Aber beruhigen Sie Sich. Ich habe und mache keine Ansprüche. Die uneigennützigste Freundschaft, nicht die Liebe, hat mich nach Italien zurück geführt. Es ist mit dem Beyfall des Markgrafen und der Familie geschehen. Ich selbst habe jetzt keinen andern Wunsch, als die Gesundheit meines Jeronymo und seiner Schwester. Wenn ich an ihrem Zustande den zärtlichsten Antheil nehme, so ist es nichts mehr, als wozu mich der Nahme eines Bruders berechtiget, womit sie mich auf Befehl ihres Vaters selbst beehret hat.

Belvedere. Ists möglich? — Grandison? — Reden Sie im Ernst? — Sie haben keine besondern Absichten? O, Sie geben mir das Leben wieder! — Was für ein Mann sind Sie? — Aber wie ist es möglich?

Grandison. Ich habe niemahls Ursache gegeben, daſs an meinem Worte gezweifelt werde, und demjenigen am allerwenigsten, der nicht vergessen haben sollte, mit welchem Eifer ich ehemahls seine Sache zu meiner eignen gemacht habe. — Doch, verzeihen Sie mir, Herr Graf! ich wollte Ihnen keine Vorwürfe machen.

Belvedere. Ich erröthe vor mir selbst! Ich bin ungerecht gegen Sie gewesen, Grandison! — O wie sehr hat diese unglückliche Leidenschaft meine Seele erniedriget! Bey ruhigerm Blute verschmähe ich auch den Schatten des Unrechts und der Niederträchtigkeit — Sie sind der edelste und würdigste unter den Männern, Grandison! Verzeihen Sie mir! — Aber — Ach! wie kann ich mir mein Schicksal verbergen? Sie werden zuletzt doch der Gemahl Klementinens werden, und ich — der elendeste unter den Menschen!

Grandison. Alles, was ich Ihnen sagen kann, ist, daſs ich ohne eine solche Absicht nach Bologna gekommen bin. Indessen mache ich mir kein Bedenken zu gestehen, daſs ich die Gräfin Klementina bewundre, obgleich ihr Besitz in meinen Augen allezeit ein Gut gewesen ist, das der Himmel nicht für mich bestimmt zu haben scheint. Ich würde das unglücklichste unter allen Wesen seyn, wenn ich mir wegen des Unfalls, der diese liebenswürdige junge Dame betroffen hat, den mindesten Vorwurf machen müſste. — Die Sache ist zu zärtlich, davon zu reden. — Sie wissen, unter was für einer Bedingung mir ehemahls gestattet wurde, mich in den Besitz eines Glückes zu setzen, nach welchem ich niemahls vermessen genug gewesen war zu trachten. Es war eine Bedingung — die ich ausschlagen muſste. Der bloſse Gedanke an die Verlegenheit, worin ich damahls war, macht mich schauern. Ich that einen andern Vorschlag, der mit Hitze verworfen wurde. Klementina war die erste, die ihn verwarf. Sie wissen das übrige, Herr Graf! Da ich gewissermaſsen die Folgen der Maſsregeln, die man genommen hatte, voraus sahe, so erklärte ich mich, daſs ich mich durch meinen Vorschlag so lange für gebunden ansehen würde, als eine Möglichkeit da wäre, daſs er künftig angenommen werden möchte. — Sie sehen nun meine Umstände, Belvedere! Sollte dieser verworfne Vorschlag von der Familie selbst erneuert werden, so setzen Sie Sich an meine Stelle, und entscheiden, was ich thun soll! — Aber warum wollten Sie Sich mit entfernten, ungewissen und sogar unwahrscheinlichen Möglichkeiten quälen? Der Zustand der theuern Klementina sollte jetzt Sie und mich unser selbst vergessen machen. — Sehen Sie mich als einen Freund an, Belvedere! Nehmen Sie meine Hand zur Bekräftigung, daſs ich mich aufrichtig freuen werde, wenn das Schicksal den Grafen von Belvedere zum Besitzer des Herzens und der geliebten Person seiner Klementina machen wird.

Belvedere. Unwiderstehlicher Mann! Wie groſs sind Sie, und wie klein bin ich! — Was kann ich sagen? Was kann ich thun? Ich bin überwunden! Hier ist meine Hand, Grandison! Ich weiche der Übermacht Ihrer Tugend, und verehre sie. — Himmel! Hätte ichs jemahls für möglich gehalten, eine solche Erklärung gegen einen Nebenbuhler zu thun? — Doch Sie sind es nicht. Ich verlasse mich auf Ihr Wort, Herr Grandison!

Grandison. Ich habe Ihnen gesagt, dafs ich ohne eigennützige Absichten gekommen bin, ob ich mich gleich in Absicht der Familie von Porretta für gebunden halte. Ich überlasse den Ausgang der Vorsicht; und wenn je Klementina die Meinige werden sollte, so müfste ich von der Familie selbst aufgemuntert, und der zufriedensten Genehmhaltung aller Personen in derselben gewifs seyn.

Belvedere. Sie beruhigen mich, Herr Grandison! Ich verlasse Sie als ein aufrichtiger Bewunderer Ihres Karakters. Jetzt, da mein Herz gelassener ist, sind alle meine Wünsche für Klementinen! Was auch mein Schicksal seyn möge, so will ich denjenigen als meinen Wohlthäter ansehen, den der Himmel zum Mittel gebraucht, das schönste seiner Werke wieder herzustellen.

Geht ab.

ACHTER AUFTRITT.

GRANDISON allein.

Wie wunderbar ist mein Schicksal! — Von dem Tage an, da ich meiner eignen Führung überlassen wurde, war meine gröfste Sorge, den geraden Weg der Rechtschaffenheit zu gehen, und mich nicht durch eigene Schuld, durch Unvorsichtigkeit oder Leidenschaft in Schwierigkeiten zu verwickeln — Was hat es mir geholfen? — Eine unsichtbare Hand schien mich wider meinen Willen fortzuziehen, und unvermuthet sehe ich mich in einem Labyrinthe ohne Ausgang, ohne dafs ich mir einen vorsetzlichen Fehltritt vorzuwerfen habe. Ich handle gerecht und grofsmüthig gegen andere, und kann dennoch weder ihren Vorwürfen noch ihren Beleidigungen entgehen. Ich bezähme meine eignen Leidenschaften, und mufs durch fremde geplagt werden. Ich bemühe mich andere glücklich zu machen, und bin selbst nicht glücklich! — O Tugend; wie unwiderstehlich ist deine Schönheit, da du uns desto liebenswürdiger wirst, je mehr wir um deinetwillen leiden!

NEUNTER AUFTRITT.

Der Bischof, Grandison.

Der Bischof. Verzeihen Sie, Herr Grandison! — Ich war bey einem Auftritte zugegen, mit dessen Schmerzen ich Sie verschonen wollte. Der arme Jeronymo! Diesen Augenblick haben ihn die Wundärzte verlassen. Er schmachtet nach dem tröstenden Anblick seines Grandison.

Grandison. Lassen Sie uns zu ihm eilen, gnädiger Herr, ich bin ungeduldig ihn zu sehen.

Sie gehen ab.

Ende des ersten Aufzugs.

ZWEYTER AUFZUG.

ERSTER AUFTRITT.

Der Schauplatz ist in des Jeronymo Zimmer. Jeronymo in einem Lehnstuhl.

JERONYMO, DER BISCHOF.

Jeronymo. Ich bin erfreut, mein liebster Bruder, daſs ich Sie so wohl für meinen Grandison gesinnet sehe. Aber wie sollte es möglich seyn, diesen Mann nicht zu lieben? Wenn ist jemahls an jeder Tugend, jeder groſsen und liebenswürdigen Eigenschaft seines gleichen gewesen? — Glauben Sie mir, Bruder, ich fühle den ganzen Stolz unsers Hauses in mir; aber ich bin darum nicht minder überzeugt, daſs es uns eine Ehre wäre, einen solchen Mann den unsrigen zu nennen.

Der Bischof. Wäre er ein Katholik, liebster Jeronymo, so würde ich Ihrer Meinung seyn. Aber bedenken Sie —

Jeronymo. O, ich mag nichts denken, das meinem liebsten Wunsche zuwider ist! Mein ganzes

Herz ist auf ihn gerichtet, und wenn ich wieder zu leben wünsche, so ist es, um meine Schwester in den Armen meines Freundes glücklich zu sehen. Ich bin voller Hoffnung. Er kann nicht unerbittlich seyn. Wir sind ihm das erste Mahl nicht begegnet, wie er es verdiente. Wir glaubten ihm eine unverdiente Ehre zu erweisen, da wir ihm Klementinen unter unsern Bedingungen anboten; wir beleidigten seinen Stolz. Aber wenn wir zeigen, daſs wir ihn zu schätzen wissen, wenn seine Groſsmuth durch die unsrige gereitzt wird, wenn die Bitten seines Jeronymo, wenn die noch rührendern Bitten, die Blicke, die Thränen seiner Klementina sein Herz zerschmelzen —

Der Bischof. Und was wird denn aus dem Grafen von Belvedere werden?

Jeronymo. Wenn ich den Chevalier nicht kennte, so wäre der Graf der erste, den ich zu meinem dritten Bruder wählen wollte.

Der Bischof. Er ist aus einem Hause, das dem unsrigen an Ansehen und Reichthum gleich ist; er ist ein Katholik; er hat Verdienste; er ist liebenswürdig; er betet Klementinen an —

Jeronymo. Aber Klementina hat kein Herz für ihn. Das Schicksal, liebster Bruder, das Schicksal selbst hat sie meinem Grandison bestimmt.

Der Bischof. Es wird sich bald aufklären. Dieser Morgen ist zur ersten Zusammenkunft zwischen ihnen angesetzt. Wenn seine Gegenwart einen erheiternden Strahl in das entsetzliche Dunkel wirft, das ihre Seele so lange umwölkt, wenn sich ein Schimmer von wiederkehrender Vernunft bey ihr zeigt, so muſs ich selbst glauben, der Himmel — Ich höre jemand. Es ist Grandison.

ZWEYTER AUFTRITT.

Grandison, die Vorigen.

Grandison. Vergeben Sie, gnädige Herren, daſs mich das Verlangen, meinen theuern Jeronymo zu sehen, vor der bestimmten Stunde hierher führt. Wie befindet sich mein geliebter Freund?

Jeronymo. Ich habe Sie wieder gesehen, liebster Grandison, ich befinde mich wohl. Der gestrige Abend hat mehr zu meinem Besten gewirkt, als alle schmerzenlindernden Mittel der Ärzte. Seit Monaten habe ich keine so erträgliche Nacht gehabt, als diese. Es gab Augenblicke, da ich schlafen konnte, und da träumte ich von Ihnen, von Klementinen, von allem was ich liebe. Die angenehmsten Bilder schwebten um meine Seele, süſse Ahnungen, glückliche Vorbedeutungen —

Grandison. Möchten sie erfüllt werden! Möchte Ihnen der Himmel alle Glückseligkeit gewähren, die ich Ihnen wünsche, und wenn ich sie mit der Hälfte meiner eigenen erkaufen müfste!

Der Bischof. Wir würden unsern Karakter verläugnen, Chevalier, wenn Ihre Grofsmuth nicht die unsrige erweckte. Unsere Glückseligkeit soll nicht mit der Ihrigen erkauft werden! — Es ist ein Mittel, beide auf ewig mit einander zu verknüpfen — Erlauben Sie, dafs ich den Markgrafen von ihrer Ankunft benachrichtige —

Er geht ab.

DRITTER AUFTRITT.

Jeronymo, Grandison.

Grandison setzt sich neben Jeronymo.

Jeronymo. O mein Grandison! Was für eine Macht hat die Seele über ihren Leib! Vor Ihrer Ankunft war ich kaum noch der Schatten von mir selbst. Die wilden Schmerzen unheilbarer Wunden, und die langwierigen Martern, die ich ohne Wirkung unter den Händen der Ärzte erduldete, hatten meine Lebensgeister erschöpft; die Zukunft zeigte mir lauter fürchterliche Aussichten, und das Unglück meiner Schwester vollendete mein Elend. Wie oft habe ich den Tod angefleht! Wie oft erlag meine ermüdete Seele unter ihren Leiden! Aber seitdem ich Sie wieder gesehen habe, seitdem diese Arme meinen Freund, meinen Bruder, meinen Grandison wieder umschlossen haben, scheint eine neue Quelle von Leben in meine Adern zu fliefsen; ich vergesse meiner Schmerzen, das Daseyn ist wieder ein Gut für mich, und ich fange an zu hoffen. — Theurer Grandison! Wie sehr, wie sehr sind wir Ihnen verbunden! — Die Wirkungen, die ich selbst von Ihrer Gegenwart erfahre, machen, dafs ich auch für meine Schwester hoffe. — O Grandison, sie liebt Sie unaussprechlich! Niemahls hat eine so reine Zärtlichkeit, eine so heilige Liebe, in einer unschuldigern Brust geglühet! — Mein theurer Freund, Sie müfsten nicht seyn was Sie sind, wenn Sie durch so viel Liebe bey so vielen Vorzügen nicht gerührt würden.

Grandison. Gewifs kann mein Jeronymo das Herz seines Freundes nie so sehr verkennen, um daran zu zweifeln. Aber haben Sie jemahls die Schwierigkeiten meiner Stellung überdacht? Wenn Sie es gethan hätten, Sie würden mich bedauert haben. Wie sehr mufste mein Geist alle seine Stärke anwenden, die schönste, die gerechteste Leidenschaft zu unterdrücken, die das tägliche Anschauen der allzu reitzenden Vorzüge Ihrer Schwester in mir nährte! — der Einzigen unter allen die ich je gesehen habe, von der mir mein Herz sagte, dafs ich sie über alles lieben könnte! Wie sehr mufste ich meine Zunge, meine Blicke, meine Mienen beherrschen, damit nicht die mindeste Spur von demjenigen sichtbar würde, was ich in meinem Innersten zu bewahren entschlossen war! Ein bedeutender Blick, ein verrätherischer Seufzer würde in meinen Augen ein Verbrechen gewesen seyn. Denn damahls konnte auch nur der Gedanke nicht in mir entstehen, daſs ich die bewundernswürdige Klementina jemahls in einem andern, als in dem Verhältniſse einer Schwester, würde ansehen dürfen. Ich wuſste zu sehr, daſs, wenn auch alle andern Hindernisse gehoben werden könnten, diejenigen, die mein Vaterland und meine Religion machten, unübersteiglich wären.

Jeronymo. Ach, Grandison, Sie durchbohren mein Herz! — Und s i n d sie denn unübersteiglich! Ich kann, ich mag es nicht glauben! Rauben Sie mir die süſse Hoffnung nicht, die alles ist was mich noch beym Leben erhält! — Aber ich höre, wie mich dünkt, meinen Vater und meine Mutter kommen. Ich muſs es auf eine andere Gelegenheit verschieben, Ihnen den Entwurf, den ich gemacht habe, zu entdecken.

VIERTER AUFTRITT.

Die Vorigen, der Markgraf, die Markgräfin, der Pater Mareskotti, Laura.

Im Hereingehen sagt die Markgräfin Lauren etwas ins Ohr, die sich sofort wegbegiebt.

Der Markgraf. Ich bin sehr von Ihrer Gütigkeit gerührt, Herr Grandison! Diese letzte und stärkste Probe derselben, Ihre Wiederkunft in mein Haus, hat mich Ihnen ganz eigen gemacht. Ich danke dem Himmel, daſs in meiner ganzen Familie keine undankbare Seele ist!

Grandison. Sie beschämen mich, gnädiger Herr! Es ist eine Folge Ihrer groſsmüthigen Art zu denken, daſs Sie —

Der Markgraf. Nein, Herr Grandison! Wir haben weder nach unserm Herzen, noch nach Ihren Verdiensten gehandelt. Aber Sie sind edelmüthig; Sie empfinden die Schwierigkeiten unserer Lage, und können uns entschuldigen.

Grandison. Sie benennen mit einem verdienstlichen Nahmen, was auf meiner Seite bloſse Gerechtigkeit ist. Ich würde mich selbst hassen, wenn ich eines eigennützigen Wunsches fähig wäre, der das mindeste Opfer von Ihnen forderte.

Der Markgraf. Nein, Grandison! So gering müssen Sie nicht von uns denken, dafs wir Sie bey so grofsen Verbindlichkeiten, die wir Ihnen haben, unbelohnt lassen sollten. Sie müssen belohnt werden, und auf eine Art, wodurch alle Welt überzeugt werde, dafs wir Ihre Verdienste und Ihre Freundschaft zu schätzen wissen.

Die Markgräfin. Ich besorge nur, mein Theuerster, die einzige Belohnung, die dem Herzen des Chevalier angenehm hätte seyn können, sey seiner nicht mehr würdig. — Die arme Klementina! ehemahls war sie eines Fürsten würdig! Jedermann liebte sie, man pries uns ihrentwegen glücklich, man beneidete uns — Jetzt — Ach Grandison! ihr Anblick wird Ihnen durch die Seele gehen! — Sie haben ein zärtliches Herz. Sie sind — ich hoffe, Sie sind nicht gleichgültig gegen meine Klementina!

Grandison antwortet der Markgräfin blofs durch einen stummen und mit Mühe zurück gehaltenen Ausdruck der tiefsten Rührung.

Jeronymo. Der Chevalier fühlt mehr als er sagen kann. Er leidet mit uns, und vielleicht mehr als wir selbst. Lassen Sie uns hoffen, beste Mutter! Alles kann noch gut werden. Klementina —

Die Markgräfin. Ich weifs nicht, warum sie so lange verzieht. Ich habe Lauren befohlen, sie zu fragen, ob sie ihren Jeronymo besuchen wolle. Sie haben ihr gesagt, dafs Sie hier seyen, Chevalier, aber sie glaubt es nicht. Man hat sie aus unbesonnener Zärtlichkeit zu oft hintergangen, als dafs sie trauen sollte. Das arme Kind! sie wird kaum ihren eigenen Augen glauben!

Jeronymo. Sie sind traurig, liebster Grandison! — Wie gütig sind Sie!

Grandison. Wenn Sie wüfsten, oder wenn ich Worte finden könnte, das zu beschreiben, was in meiner Seele vorgeht, Sie würden Mitleiden mit Ihrem Grandison haben.

Die Markgräfin. Ich kann nicht länger warten. Ich fürchte — O, wie furchtsam ist ein mütterliches Herz! — Ich will selbst nach Klementinens Zimmer gehen.

Indem sie bey Grandison vorbey geht, sagt sie leise zu ihm:

Sie müssen mein Sohn seyn, wenn ich wieder eine Tochter haben soll.

Grandison antwortet mit einer tiefen Verbeugung. Seine Miene und Stellung ist traurig und tiefsinnig.

Die Markgräfin geht ab.

FÜNFTER AUFTRITT.

DER BISCHOF, DIE VORIGEN.

Der Bischof zum Markgrafen. Gnädiger Herr, ich habe einen Brief von meinem Bruder, dem General, erhalten; seiner Anzeige nach ist er auf dem Wege nach Bologna. Er weiſs nicht, daſs der Chevalier schon hier ist, und scheint ungeduldig zu seyn, ihm zuvorzukommen.

Jeronymo. Ich zittere vor dieser Ungeduld, und vor der Unruhe, die uns seine allzu groſse Hitze verursachen könnte. Er hat die Sache des Grafen von Belvedere zu der seinigen gemacht, er liebt ihn —

Der Markgraf. Ich liebe ihn auch; aber ich liebe meine Tochter noch mehr. Ich habe nur Eine Klementina — Ich Unglücklicher! ich habe sie gehabt, sollte ich sagen! Ich muſs das marternde Andenken dessen, was sie gewesen ist, verbannen, um nicht völlig unter meinem Gram zu ersinken.

Jeronymo. Der General macht mir Kummer! Er kennt meinen Grandison nicht, wie wir ihn kennen. Er hat Vorurtheile wider ihn; er ist von einem andern eingenommen; ich besorge —

Grandison. Besorgen Sie nichts, liebster Freund! Ich verehre die Verdienste des Herrn Generals, ohne seine Hitze zu scheuen. Wenn er Vorurtheile hat, so ist seine Hieherkunft das beste Mittel sie zu heben. Und was auch endlich sein Betragen gegen mich seyn möchte, so bin ich meiner selbst so gewiſs, daſs es niemahls in seiner Gewalt seyn wird, mich vergessen zu machen, was ich dem ersten Sohne des Markgrafen von Porretta schuldig bin.

Der Markgraf. Und er müfste nicht mein Sohn seyn, wenn er dem Chevalier Grandison anders begegnete, als es sein Karakter und seine Freundschaft gegen uns verdienen.

SECHSTER AUFTRITT.

Die Markgräfin, die Vorigen.

Jeronymo. Sie kommen ohne meine Schwester, gnädige Frau?

Die Markgräfin. Ach, Jeronymo! Deine arme Schwester—kommt nicht! Sie ist wieder in ihr voriges Stillschweigen verfallen. Sie antwortete mir auf keine Frage, die ich an sie that. Sie safs unbeweglich wie eine Bildsäule, den Kopf auf ihren Arm gestützt. Ihre Seele schien ganz in sich selbst zurück gezogen. Sie empfand meine Thränen nicht, die auf ihre Wangen tröpfelten. Endlich nannte ich ihren Jeronymo. Dieser Nahme weckte sie. Sie schlug ihre Augen auf, deren heitern Glanz Trübsinn und Schwermuth so lange schon ausgelöscht haben. Ein Blick, der meine Seele durchbohrte, und ein Seufzer, in welchem sie die ihrige auszuhauchen schien, war alles, was sie mir antwortete. Ich konnte es nicht länger aushalten — Ach, Grandison! was für ein Schicksal liegt auf uns! — Meine Klementina ist unschuldig; Sie sind ein rechtschaffner

Mann; ich glaube, ich hoffe, wir sind alle rechtschaffen. Warum, warum müssen wir denn so sehr unglücklich seyn? — Sie, Herr Pater Mareskotti, Sie sind nicht nur ein frommer Mann, Sie sind ein Heiliger; Ihr verdienstliches Gebet sollte schon allein vermögend seyn, uns vor einem Kreuze zu bewahren, welches zu schwer ist ertragen zu werden!

P. Mareskotti. Eben darum, weil es Ihnen aufgelegt ist, wird es erträglich seyn. Es ist, wie Sie sagten, gnädige Frau, ein Schicksal, ein unbegreifliches Schicksal in dieser Sache. Doch die Züchtigungen des Himmels werden allezeit durch ihre Folgen gerechtfertiget. Vielleicht, (o dürfte ich mich dieser Hoffnung überlassen! — Aber der allmächtigen Gnade ist alles möglich!) Vielleicht ist die Bekehrung dieses vortrefflichen Mannes die Absicht und die Folge der Widerwärtigkeiten, die Ihnen jetzt so unerträglich scheinen.

Der Markgraf. Ein Engel spricht aus Ihrem Munde, mein ehrwürdiger Vater! Möcht' es eine gute Vorbedeutung seyn! — Ja, Herr Grandison, wenn dieses die Folge unsers Unglücks wäre, so würde ich mich für alles, was ich seit einem Jahre gelitten habe, dreyfach belohnt halten.

Jeronymo. Und wir hätten Hoffnung, wieder die glücklichste Familie zu werden.

Grandison antwortet auf alles dieſs mit Stillschweigen, und den äuſserlichen Merkmahlen einer groſsen Gemüthsbewegung und Verlegenheit.

Die Markgräfin. Sie schweigen, Herr Grandison? — Sie geben uns keine Hoffnung? — Ach, wie können Sie — Aber nein! Es ist unmöglich, daſs Sie dem Anblicke dieser schuldlos Unglücklichen widerstehen! Sie haben sie noch nicht gesehen! Wie sehr werden Sie erstaunen, sie so verändert zu finden! —

SIEBENTER AUFTRITT.

Laura, die Vorigen.

Laura. Gnädige Frau! die junge Gräfin ist aus ihrem Zimmer gegangen. Sie lehnt sich stillschweigend an Kamillens Arm, und geht mit langsamen Schritten auf dieses Zimmer zu.

Der Markgraf aufstehend. Ich getraue mir nicht, diesen Auftritt auszuhalten —

P. Mareskotti. Ich begleite Sie, gnädiger Herr.

Sie gehen ab.

ACHTER AUFTRITT.

Die Markgräfin, Grandison, Jeronymo, der Bischof, Klementina, Kamilla.

Grandison steht nach einem kleinen Stillschweigen voller Unruhe auf, und sagt vor sich.

Und wie werde ich ihn aushalten können!

Er setzt sich wieder; indem Klementina herein tritt, steht er wieder auf, als ob er auf sie zugehen wollte, tritt aber sogleich wieder zurück, und scheint nicht zu wissen, was er thut.

Jeronymo leise. Setzen Sie Sich, liebster Grandison! Wie erfreut bin ich, Sie so gerührt zu sehen!

Klementina nähert sich an Kamillens Arm gelehnt, mit kleinen Schritten und auf den Boden gehefteten Blicken. In der Mitte des Zimmers bleibt sie einige Augenblicke stehen, ohne darauf Acht zu haben, daſs jemand gegenwärtig sey. Darauf macht sie eine Bewegung, als ob sie wieder zurück gehen wolle; aber Kamilla zeigt ihr einen Stuhl zwischen ihrer Mutter und dem Bischof, und spricht:

Kamilla. Hier, gnädige Gräfin, hier!

Klementina setzt sich, ohne die Augen aufzuheben. Alle Personen, auſser ihr, drücken ihre Betrübniſs auf verschiedene Art aus.

Die Markgräfin nimmt sie bey der Hand, und sagt: Schaue doch auf, meine Liebe — Siehe deinen Jeronymo — Er weint.

Klementina bleibt noch immer in der gleichen Stellung, ohne sich zu bewegen.

Der Bischof. Liebste Schwester, schlagen Sie doch Ihre Augen auf. Sehen Sie uns an! Verschmähen Sie uns nicht! Sehen Sie Ihre Mutter und Ihren Jeronymo in Thränen! — Lieben Sie Ihren Jeronymo nicht mehr?

Klementina schlägt die Augen auf, und erkennt zuerst ihre Mutter. Sie umfaßt mit ihren beiden Händen derselben Hand, und beugt ihr Haupt auf selbige; hierauf dreht sie ihren Blick langsam gegen Jeronymo, und erblickt Grandison, welcher höchst gerührt ist. Sie stutzt über diesen Anblick; sie schaut zum zweyten Mahl nach ihm, als ob sie ihren Augen nicht traue, und stutzt wieder; dann läßt sie plötzlich ihrer Mutter Hand los, steht auf, schlägt ihre Arme um Kamillen, und ruft:

O Kamilla! —

In diesem Augenblick steht Grandison in einer heftigen Bewegung auf, als ob er auf sie zugehen wolle; er wird aber vom Jeronymo zurück gehalten.

Jeronymo. Bleiben Sie auf Ihrem Stuhle, liebster Grandison! Lassen Sie uns die Wirkungen beobachten, die ein so unverhoffter Anblick auf das Herz des lieben Kindes macht.

Klementina sieht indessen wieder unverwandt nach Grandison, und ruft endlich mit aufgehobnen Händen:

O Kamilla, treue, gute Kamilla! — Nun endlich haben sie mir die Wahrheit gesagt! — Er ist es! er ist es!

Nachdem sie dieß gesprochen, lehnt sie ihr Gesicht an Kamillens Arm, ihre Thränen zu verbergen.

Die Markgräfin steht auf, und nimmt Klementinens Hand. Siehe hier, mein Kind, den Chevalier, den Freund deines Bruders und den unsrigen! Willst du ihn nicht in Bologna willkommen heifsen?

Grandison nähert sich ihr, nimmt knieend eine von ihren Händen, die wie leblos ausgestreckt hängt, und drückt sie an seine Lippen. Verzeihen Sie mir, gnädige Gräfin Klementina —

Klementina scheint, indem Grandison sich ihr nähert, vor allzu heftiger Bewegung beynahe ohnmächtig zu werden, und lehnt sich an Kamilla zurück; sie erhohlt sich aber wieder, und blickt Grandison mit Augen voll Liebe und Zärtlichkeit an, ohne etwas andres sagen zu können, als:

Ach, Chevalier!

Hierauf geht sie langsam nach der Thüre, dreht aber im Hinausgehen den Kopf um, um so lange, als ohne still zu stehen möglich ist, nach Grandison zu sehen. Die Markgräfin und Kamilla folgen ihr.

NEUNTER AUFTRITT.

GRANDISON, JERONYMO, DER BISCHOF.

Grandison. Theure, englische Klementina! O warum darf ich meinem Herzen nicht — Verzeihen Sie mir, gnädige Herren, — meine innerste Seele ist verwundet! — Diese Mischung von Martern und Entzückungen ist mehr als das männlichste Herz ertragen kann!

Der Bischof *aufstehend*. Wenn uns noch ein Zweifel übrig gewesen wäre, so würden wir jetzt wenigstens gewiſs seyn! — O Chevalier! Sie sind meiner Schwester alles! Sie müssen, Sie werden der Unsrige werden!

Grandison. Sie erweisen mir eine Ehre, gnädiger Herr, die ich wünschte verdienen zu können.

Jeronymo. Unser Glück, unsere Ruhe, mein Leben, Klementinens Leben ist in Ihrer Hand, Grandison! Sie haben es gesehen, wir alle haben es gesehen, wie wichtig Sie diesem liebenswürdigen Geschöpfe sind.

ZEHNTER AUFTRITT.

DIE VORIGEN. DER PATER MARESKOTTI.

Jeronymo zu Mareskotti. Sie, Herr Pater, müssen die Hand meiner Schwester mit der Hand dieses Würdigsten unter den Männern vereinigen. Sie kann und soll keines andern werden! Er ist der erste, der jemahls ihr Herz gerührt hat, und er allein verdient ein solches Herz zu besitzen.

P. Mareskotti. Möchte doch ein Strahl vom Himmel eine Seele erleuchten, die für ihn gemacht ist! Möchten Sie, Herr Grandison, in die mütterlichen Arme der Kirche zurückkehren, die mit Sehnsucht nach Ihnen ausgestreckt sind. Wie glücklich würden Sie dadurch uns alle machen! — Ich komme diesen Augenblick von dem Markgrafen. Er hat die Veränderung schon erfahren, die mit der jungen Gräfin vorgegangen ist. Er hoffet, die Folge derselben —

Grandison. Lassen Sie uns den Himmel erflehen, ehrwürdiger Mareskotti, dafs diese Folgen glücklich seyn mögen! — Liebster Jeronymo, so empfindlich mein Herz ist, so sehr es gerührt ist, so bin ich doch unveränderlich entschlossen, ihm nicht den geheimsten Wunsch zu gestatten, so lange die Gesundheit der theuern Klementina zweifelhaft ist. Ich bin über die anscheinende Hoffnung entzückt, die Sie von ihrer Wiederherstellung haben — Möchte ich doch, wenn jemand unter uns unglücklich seyn soll, der einzige seyn, der es wäre! Ich würde mich bestreben, mein Unglück wenigstens erträglich zu machen; und der Gedanke, dafs diejenigen glücklich wären, die ich am meisten liebe, würde es versüfsen.

EILFTER AUFTRITT.

KAMILLA, DIE VORIGEN.

Kamilla zu Grandison. Gnädiger Herr, meine junge Gräfin wünscht Sie zu sehen. Sie macht sich Vorwürfe, dafs sie das Zimmer so schleunig verlassen, ohne Sie willkommen zu heifsen. Sie

fürchtet Sie beleidigt zu haben. Eilen Sie zu ihr, gnädiger Herr! Sie werden sie in dem kleinen Sahle antreffen. Die Markgräfin ist allein bey ihr.
Sie geht ab.

Jeronymo. Ich besorge aus einem Traume zu erwachen, so erwünscht, und über alles was ich hoffen durfte, sind die Veränderungen, die in dieser kurzen Zeit vorgegangen sind.

Grandison. Ich werde Sie wieder sehen, gnädige Herren, ehe ich den Palast verlasse.
Er geht ab.

ZWÖLFTER AUFTRITT.

Der Schauplatz ist ein Sahl.

DIE MARKGRÄFIN, KLEMENTINA, KAMILLA.

Die Markgräfin. Fürchte dich nicht, mein Kind! du hast ihn nicht beleidigt. — Der Chevalier liebt dich, meine Klementina, du kannst ihn nicht beleidigen —

Klementina. Er liebt mich, sagen Sie? — O nein, nein, das thut er nicht! — Und warum sollt' er mich lieben? — Aber, gnädige Mama, denken Sie nicht auch, dafs der Chevalier undankbar ist?

Die Markgräfin. Undankbar? — Warum glaubst du das, mein Kind?

Klementina. Er wuſste, wie unglücklich ich war, er wuſste, wie grausam Laurana mit mir umging, er sah es, und wollte mich nicht retten. Wie oft bat ich ihn! Ich warf mich zu seinen Füſsen, mit Thränen beschwor ich ihn; aber er hörte mich nicht! — Die unbarmherzige Laurana! Sie hassete mich — Aber jetzt — Arme Unglückliche! Sie ist dahin, und ich bete für ihre Seele.

Die Markgräfin für sich. O mein Kind! O meine Klementina, wie zerreiſsest du mein Herz! — Zu Klementinen. Schaue auf, meine Liebe! Siehe den Chevalier —

DREYZEHNTER AUFTRITT.

Grandison, die Vorigen.

Grandison. Verzeihen Sie, gnädige Frauen! Ihre Erlaubniſs macht mich so kühn — Wie befindet sich die theure Gräfin Klementina?

Klementina steht auf, da sie Grandison erblickt, und schaut aufmerksam nach ihm — Darauf wirft sie ihre Arme um Kamillens Hals und verbirgt ihr Gesicht, als ob sie sich schämte. Alsdann wirft sie wieder einen verschämten Blick auf Grandison, dann auf ihre Mutter, wechselsweise, als ob sie nicht schlüssig werden könnte. Endlich geht sie mit sachten Schritten gegen ihn, kehrt aber gleich wieder um, schlägt einen Arm um ihrer Mutter Hals, und sieht Grandison mit einer holdseligen Unschlüssigkeit an.

Grandison indem er sich zu ihren Füſsen wirft. Sehen Sie, gnädige Gräfin, den Mann, den Sie ehemahls mit dem Nahmen Ihres vierten Bruders beehrten — Kennen Sie den dankbaren Grandison nicht mehr, den Ihre ganze Familie mit Ihrer Achtung beehrt hat?

Klementina. O ja, ja! ich kenne ihn. — Aber wo sind Sie diese ganze Zeit gewesen?

Grandison. In England, gnädige Gräfin, und ich bin erst kürzlich gekommen, Sie und Ihren Jeronymo zu besuchen.

Klementina. Der gute Jeronymo! — Ich habe ihn lange nicht gesehen. — Und Sie lieben ihn? Sie kommen ihn zu besuchen? Das ist sehr gütig!

Die Markgräfin. Der Chevalier, ist der beste, der grofsmüthigste Mann, mein Kind!

Klementina. Denken Sie das, gnädige Mama? — Aber mich dünkt, Sie sind sehr lange weggewesen, Chevalier! Warum kamen Sie nicht eher?

Grandison. Es war unmöglich, gnädige Gräfin! Ich hoffe, Sie halten mich keiner Undankbarkeit fähig. Das sehnlichste Verlangen meines Herzens ist allezeit gewesen, Sie und Ihren Jeronymo glücklich wieder zu sehen.

Klementina. Glücklich? — O das kann niemahls, niemahls seyn! — Aber setzen Sie Sich zu mir, Herr Grandison, ich habe Ihnen vieles zu sagen, sehr vieles —

Die Markgräfin. Wie entzücken mich diese Sonnenblicke der wiederkehrenden Vernunft!—Rede, liebstes Kind. Was hast du dem Chevalier zu sagen?

Klementina. Sie müssen wissen, Herr Grandison — Was wollte ich doch sagen? — Ach, mein Kopf!

Sie legt die Hand auf die Stirne.

Wohl! — Aber Sie müssen mich jetzt verlassen — Es ist etwas nicht recht — Verlassen Sie mich! — Ich kenne mich selbst nicht.

Grandison. Ich will mich entfernen, weil Sie es befehlen.

Die Markgräfin. Bleiben Sie noch, Chevalier! Es ist eine Fantasie, die ihr bald wieder vergehen wird.

Klementina sitzt eine Weile mit niedergeschlagenen Augen, wie in tiefen Gedanken; dann steht sie plötzlich auf, als ob sie fortgehen wollte.

Die Markgräfin. Wo willst du hingehen, mein Kind?

Klementina. Ich will zu dem Pater Mareskotti gehen — Aber hier ist ja Kamilla — Gehen Sie, Kamilla, suchen Sie den Pater Mareskotti — Melden Sie ihm —

Sie hält inne, als ob sie sich besinne.

Melden Sie ihm, ich habe ein Gesicht gesehen — Er solle für uns alle beten!

Kamilla geht.

Nach einer kleinen Pause fährt sie fort.

Sie weinen, liebste Mama? — Sie sehen mich traurig an, Herr Grandison? Sie verbergen Ihr Gesicht? Betrübe ich Sie? — O ich Unglückselige! warum lebe ich noch! Ich mache alle unglücklich, die mich kennen — Und doch liebe ich alle Menschen, — auch die grausame unerbittliche Laurana, die kein Erbarmen mit mir hatte, ob ich sie gleich niemahls beleidiget hatte. — Mir ist nicht wohl, gar nicht wohl; ich muſs in mein Zimmer gehen — Folgen Sie mir nicht, Chevalier. Ihre Hand, gnädige Mama! Vergeben Sie Ihrem Kinde, haben Sie Mitleiden mit ihm! — O Sie wissen nicht, was meinem armen Kopf ist! Ich bin nicht mehr ich selbst, nicht mehr die Klementina, die Sie liebten, die jedermann liebte — Ach, Grandison!

Die Markgräfin. Du bist meine geliebte, meine theure Klementina; du bist es allezeit gewesen, und jetzt mehr als jemahls. Ich will dich in dein Zimmer führen. Du hast Ruhe vonnöthen. Leben Sie wohl, Chevalier, wir werden uns bald wieder sehen.

Klementina sieht Grandison mit einem zärtlich traurigen Blick an: und geht mit ihrer Mutter ab.

VIERZEHNTER AUFTRITT.

GRANDISON allein.

Und kann ich endlich meinen Empfindungen den Lauf lassen? — Es ist Zeit! Der Anblick dieses leidenden Engels, ihre Unschuld, ihre Zärtlichkeit, ihr Unglück — und der entsetzliche Zwang, den mir eine grausame Pflicht auflegt, zerdrücken mein Herz! — O Klementina! Niemahls haben meine Lippen dir gesagt, wie sehr ich dich liebe! — Hartes Verhängniſs! grausame Nothwendigkeit! Ich darf weder reden noch schweigen! Ich bin gezwungen, diejenige unglücklich zu machen, die ich liebe, und mich selbst eines Gutes zu berauben, für welches ich Welten hingäbe! — Warum, ach warum wurden meine ersten Vorschläge nicht angenommen? Verwünscht sey dieser betrogne Eifer, der so viele Unglückliche macht! — Doch mein Schmerz macht mich unbillig! — Sie handelten nach ihren Grundsätzen, wie ich nach den meinigen. Sie halten sich berechtigt, ein Opfer von mir zu verlangen — kein geringeres, als mein Vaterland und mein Gewissen. — Ich kann keinen Augenblick unentschlossen seyn — Ach, Klementina, geliebte Klementina, theurer als mein Leben, theurer als alles, was diese Welt geben oder nehmen kann, könnte ich deine Ruhe mit meinem Blut erkaufen! — Ich kenne, ich fühle ihren ganzen Werth, ich liebe sie, ich verehre sie! — Aber! o meine Religion! o mein Vaterland! ich kann, ich kann euch nicht entsagen! Was kann dieses kurze Leben versprechen, was kann es geben, das genug wäre, solch ein Opfer zu ersetzen?

Ende des zweyten Aufzugs.

DRITTER AUFZUG.

ERSTER AUFTRITT.

KAMILLA allein.

Wenn nicht ein unglückliches Verhängniſs die schönsten Anscheinungen zunichte macht, so wird diese Stunde das Ende der Widerwärtigkeiten des Porrettischen Hauses, und der Anfang neuer glücklicher Zeiten seyn. — Ich sehe den Pater Mareskotti; er kommt zu gelegener Zeit.

ZWEYTER AUFTRITT.

DER PATER MARESKOTTI, KAMILLA.

P. Mareskotti. Wie befindet sich Ihre junge Gräfin, Kamilla?

Kamilla. Ihre Besserung übertrifft unsere Hoffnung. Die Wiederkunft des Chevaliers hat die Wirkung gethan, die ich allezeit vermuthet hatte. Warum muſste man doch so lange zögern, ein Mittel zu ergreifen, das der jungen Dame und ihren Verwandten so viel Trübsale erspart hätte! Sie ist, seitdem sie Herrn Grandison gesehen, ganz verändert. Ihr Gesicht heitert sich wieder auf, und in ihren Begriffen und Reden findet sich immer mehr Zusammenhang. Sie erinnert sich wieder des Vergangenen und nimmt Antheil am Gegenwärtigen. Es ist wahr, sie ist noch immer dunkel und niedergeschlagen. Zuweilen scheint sie in ihre alte Schwermuth zurück zu fallen; sie sucht die Einsamkeit; sie spricht oft mit sich selbst, oder mit einem Abwesenden, der (wie es scheint) ihrem Herzen allezeit gegenwärtig ist. Aber diese Anstöfse ihrer ehemahligen Krankheit dauern nicht lange; und wir hoffen, dafs sie ihre völlige Gesundheit erhalten haben werde, ehe sie noch die Gemahlin des Herrn Grandison ist.

P. Mareskotti. Dank sey der wohlthätigen Macht, die mit unsichtbaren Händen an unserm Glücke arbeitet, und sich oft dessen, was wir für die gröfsten Übel halten, als Mittel zu ihren wohlthätigen Absichten bedient! — Aber ich besorge, die Familie sey zu voreilig, sich der Hoffnung zu überlassen, die sie von dem Chevalier gefafst hat. Er ist ein hartnäckiger Mann.

Kamilla. Ein grofser Theil ihrer Hoffnung beruhet auf Ihnen, ehrwürdiger Herr! Gehen Sie in den Garten! Seine Eminenz, der Bischof, und Herr Grandison erwarten Sie daselbst. Sie sollen den letzten Versuch machen, den Verstand des

Chevaliers zu besiegen. Sollte es mifslingen, so wird sein Herz, welches grofsmüthig und zärtlich ist, einer Probe ausgesetzt werden, der es nicht wird widerstehen können.

P. Mareskotti. Der Himmel gebe, dafs der Ausgang unsern Wünschen gleich sey.

Geht ab.

DRITTER AUFTRITT.

KAMILLA, BELVEDERE,

Kamilla. Mich dünkt, ich sehe den Grafen von Belvedere kommen — Ja, — er ist es, den sein böses Gestirn hieher führt, sein Unglück zu erfahren.

Belvedere. Ich höre seltsame Neuigkeiten. Das ganze Haus ist in Bewegung, und einer flüstert dem andern ins Ohr, die Gräfin Klementina werde in kurzem mit Herrn Grandison vermählt werden. Wenn diefs wahr ist, so ist mein Unglück gewifs — Aber beym Himmel! ich will nicht allein unglücklich seyn!

Kamilla. Wie sehr beklage ich Sie, gnädiger Herr! Ihre Verdienste sind eines bessern Schicksals würdig. Aber wollen Sie mit dem Verhängnifse streiten? Es ist in dieser ganzen Sache etwas fatales, eine wunderbare Verwicklung von Umständen, die von einer unsichtbaren Hand herrührt, und (wie es

scheint) von ihr allein wird entwickelt werden. Sie
können niemand anklagen, wenn Sie gerecht seyn
wollen. Euer Gnaden verzeihen, daſs ich so frey-
müthig spreche.

Belvedere. Sie haben nicht nöthig, Kamilla,
mich an etwas zu erinnern, woran mich mein Herz
zu meiner Qual nur allzu oft erinnert — Das Leben
wird mir zu einer unerträglichen Bürde — O, warum
ist es nicht erlaubt? — Doch ich werde bald wissen,
was erlaubt ist! Die Markgräfin hat mir eine Unterredung bewilligt, und ich bin hier, die Entscheidung meines Schicksals zu vernehmen.

Kamilla. Hier ist sie, gnädiger Herr! Ich
entferne mich.

Sie geht ab.

VIERTER AUFTRITT.

DIE MARKGRÄFIN, BELVEDERE.

Belvedere. Verzeihen Sie, gnädige Frau! —
Mein Unglück macht mich ungestüm — Der Himmel wolle, daſs die Verzweiflung mich nicht verwegen mache!

Die Markgräfin. Die Unterredung, die ich
Ihnen zugestanden habe, Herr Graf, soll Ihnen ein
zureichender Beweis meiner Freundschaft seyn.

Belvedere. Wenn nicht diese Achtung, deren Euer Gnaden mich würdigen, mir noch einen Strahl von Hoffnung übrig liefse, so weifs ich nicht, was aus mir geworden wäre! — Haben Sie Mitleiden mit mir, gnädige Frau! — Himmel! wie unglücklich bin ich, dafs ich dasjenige als eine Gnade flehen mufs, was die bitterste Kränkung des menschlichen Stolzes ist! — Ehemahls, gnädige Frau, hielten Sie mich der Ehre nicht unwürdig, mit Ihrem Hause verbunden zu werden. Ich bin mir nicht bewufst, etwas gethan zu haben, das eine Änderung Ihrer guten Meinung von mir erfordert hätte. — Doch, was sage ich? Die Rede ist nicht von meinen Verdiensten. Ich habe deren nicht genug um darauf zu trotzen, und ich könnte niemahls genug haben, um des Besites einer Klementina würdig zu seyn. Auf Ihre Güte, gnädige Markgräfin, auf Ihre Freundschaft, auf Ihr Mitleiden, gründet sich alle meine Hoffnung. Ich liebe Ihre Klementina, liebe sie bis zur Anbetung. Umsonst habe ich versucht, eine Leidenschaft zu besiegen, die eine so englische Vortrefflichkeit zum Gegenstande hat; ich kann ihr bezauberndes Bild nicht aus meiner Seele reifsen. Ich kann nicht ohne Ihre Tochter leben, gnädige Frau, es ist unmöglich! Der Tag, der ihre Hand einem andern geben wird, wird der letzte meines Lebens seyn — Sehen Sie diefs nicht als die eitle Drohung eines Liebhabers an. Ich kenne mein eigenes Herz. Es hat nie geliebt, ehe es die göttliche Klementina kannte. Aber seit diesem Augenblick ist sie mir

mehr als alles. Das Glück, wie verschwenderisch
es auch gegen mich gewesen ist, hat nichts für
mich gethan, wenn es mir diejenige versagt, für die
ich, wenn sie in einer Hütte geboren wäre, einen
Thron verlassen wollte, um Armuth und Niedrigkeit
mit ihr zu theilen, und in ihren Armen das Glück
der Könige zu verachten! — So ist mein Herz, gnädige Frau! So ist meine Liebe! Sie ist mit meiner
Seele verwebt. Das Schicksal meiner Liebe wird
das Schicksal meines Lebens seyn.

Die Markgräfin. Ich bedaure Sie von Herzen, lieber Graf! — Aber was ist unfruchtbares Mitleiden? Wollte der Himmel, dafs ich mehr für Sie
thun könnte! — Sagen Sie — sagen Sie mir, was
verlangen Sie von meiner Freundschaft? was kann
ich für Sie thun?

Belvedere. Alles, gnädige Frau, alles! Mein
Glück ist in Ihren Händen. Sie können mir Klementinen geben. Grandison hat sich gegen mich erklärt.
Er hat keine Ansprüche. Sie sind in Absicht seiner
gänzlich frey. Die theure Klementina hat niemahls
einen Abscheu gegen mich bezeigt. Ihr Vorurtheil
für einen andern wird den erhabnen Beweggründen
der Ehre und Religion Platz machen. Sie hat ein
gütiges, ein edles Herz. Wenn die zärtlichste
Liebe, die tiefste Ehrerbietung, die lebhafteste
Dankbarkeit, wenn alle nur ersinnliche Achtung und
die Unveränderlichkeit dieser Gesinnungen ein grofsmüthiges Herz rühren können, so darf ich nicht ver-

zweifeln, das ihrige endlich zu gewinnen. Lassen Sie Sich erbitten, gnädige Frau — Reden Sie für mich; unterstützen Sie die Bemühungen des Generals; geben Sie mir Klementinen, und ich werde Ihnen mehr schuldig seyn, als derjenigen, die mir das Leben gegeben hat.

Die Markgräfin. Hören Sie mich nun auch, mein lieber Graf! Setzen Sie Sich in meine Verfassung, und alsdann sagen Sie mir, was ich thun soll. So parteyisch die Liebe Sie machen muſs, so will ich es doch auf Ihren Ausspruch ankommen lassen — Meine Tochter — liebet — den Chevalier Grandison. Warum soll ich verschweigen, was ich nicht verbergen kann? — Sie ist bis zu diesem fatalen Zeitpunkt die Freude meines Lebens gewesen. Ihre Aufführung war so rein, so untadelig, als ihre Seele. Sogar ihre Neigung für diesen allzu liebenswürdigen Fremden verdient keinen Tadel. Ihr ganzes Verbrechen war, daſs sie nicht gefühllos war; so wie man Grandison keinen andern Vorwurf machen kann, als daſs er alle Vorzüge in sich vereiniget, die einen Mann einer Krone würdig machen könnten — Sie wissen das Übrige. Ach Belvedere! Aber Sie wissen nicht, mit welcher Tugend, mit welcher Gröſse der Seele dieses allzu unglückliche Geschöpf einer Leidenschaft entgegen gekämpft hat, die bey andern Umständen ihr Ruhm gewesen wäre! — Es war ein Unglück für sie, daſs sie die Flamme so lange verbarg, die ihr schweigendes Herz verzehrte. Noch

unglücklicher waren die Maſsregeln, die man nahm,
selbige zu ersticken. Ich mag, ich kann nicht an
die entsetzlichen Folgen zurück denken, worein uns
ein allzu groſser Eifer für die Ehre der Familie, und
die geheimen Absichten einiger Glieder derselben
stürzten, und die endlich durch die völlige Verfinsterung des Verstandes meines armen Kindes und die
gänzliche Zerstörung der Ruhe unsers Hauses ihren
Gipfel erreichten. Die Verzweiflung nöthigte uns
zuletzt zu einem Mittel, welches die Klugheit lange
zuvor hätte eingeben sollen. Wir baten den Chevalier, uns zu besuchen. Wäre er weniger groſsmüthig, so wäre dieſs die Gelegenheit gewesen, sich
wegen der Begegnung zu rächen, die er vor seiner
letzten Abreise aus Italien von uns erduldet hatte.
Aber er willfahrte uns auf die verbindlichste Art.
Er eilte zu uns herüber, und seine Ankunft that eine
Wirkung, die uns nun völlig überzeugen muſs, wie
nothwendig er zu der Glückseligkeit und selbst zu
dem Leben unsers Kindes sey. Er muſs nicht mehr
von ihr getrennt werden, wenn wir sie nicht auf
ewig verlieren sollen. Dieser einzige Beweggrund
wäre genug, die Aufopferung aller unserer Bedenklichkeiten zu fordern, wenn auch unsere Dankbarkeit nicht verpflichtet wäre. Aber sagen Sie mir,
Belvedere, mit welcher Stirn sollten wir dem Erretter unsers Sohns, dem Manne, der uns unsere Klementina wieder gegeben hat, einem Manne, der
durch die groſsmüthigste und schönste Aufführung
in einer langen Reihe der schwierigsten Umstände

sich als einen echten und uneigennützigen Freund unsers Hauses bewiesen hat; mit welcher Stirn sollten wir einem solchen Manne ins Gesicht sehen, wenn wir fähig wären, uns anders gegen ihn zu beweisen, als er von uns zu erwarten berechtigt ist? Es ist kein Zweifel, dafs er Klementinen hoch achtet, und eine Verbindung mit uns gehörig zu schätzen weifs. Unsere Pflicht vereiniget sich mit der Nothwendigkeit, wir müssen weichen. — Aber das ist noch nicht alles, Herr Graf! Wir haben eine Hoffnung, deren Erfüllung uns in eine neue Verbindlichkeit, gerecht gegen Grandison zu seyn, setzen, und zu gleicher Zeit den Schritt, den wir thun müssen, vor den Augen der Welt rechtfertigen wird. Es ist unnöthig, Ihnen diefs deutlicher zu erklären. Urtheilen Sie nun, werther Belvedere; setzen Sie Sich in unsere Umstände, sagen Sie mir, was Sie an unserer Stelle thun würden.

Belvedere steht in einer trostlosen Stellung, er schweigt, er seufzt, und heftet seine Augen unbeweglich bald auf den Himmel, bald auf den Boden.

Die Markgräfin. Reden Sie, Belvedere! sagen Sie mir, was können, was sollen wir thun?

Belvedere fährt, nachdem er eine Zeit lang stumm und unbeweglich gestanden, auf, und sagt mit einer Veränderung des Gesichts, die sich zu seiner Rede schickt: Ja, Klementina! ich will mich deiner würdig zeigen. Ich will beweisen, dafs ich dich mehr als mich selbst liebe. Wenn ich unglücklich seyn mufs, so will ich doch den Trost haben, dafs ich ein besseres Glück verdienet hätte.

Ich will ohne Hoffnung lieben, ich will mich selbst
aus deinen Augen verbannen; du wirst glücklich
seyn, und ich werde in dem Vergnügen dich zu lieben, und in dem Gedanken, daſs du glücklich bist,
eine Linderung finden, die den kurzen Überrest meines Lebens erträglich machen wird.

Die Markgräfin. Dieser Entschluſs ist Ihrer
würdig, Belvedere! Entfernen Sie Sich eine Zeit
lang; aber überlassen Sie der Zeit nicht alles. Sie
ist zwar vermögend die heftigsten Schmerzen zu
stillen; aber wo bleibt die Macht der Tugend, die
wir in glücklichen Umständen so hoch erheben,
wenn sie nicht vermögend ist, der Zeit zuvor zu
kommen, und uns diese wahre Gröſse der Seele zu
geben, die sich mit gesetztem Muthe dem Sturme
der Leidenschaften und den Anfällen des Schicksals
entgegen stellt?

FÜNFTER AUFTRITT.

Laura, die Vorigen.

Laura. Gnädige Frau, der Markgraf ersucht
Sie um Ihre Gegenwart. Er ist in dem Zimmer des
Barons.

Belvedere. Ich entferne mich, gnädige Frau.
Ich will mich bemühen, mein Unglück wie ein Mann

zu ertragen. Ich will noch mehr thun. Der General soll mich (wenns möglich ist) nicht mehr in Bologna antreffen. Seine feurige Freundschaft für mich würde, wenn er mich gesehen hätte, Ihre Unruhe vergröfsern, ohne mir helfen zu können.

Er geht ab.

SECHSTER AUFTRITT.

Die Markgräfin allein.

Der arme Mann! — Ich beklage ihn! Wir hätten ihn, und er uns glücklich machen können. — O warum mufste doch Grandison nach Italien kommen? Warum mufste er der Freund meines Sohns werden? Warum mufste Er es seyn, der ihn aus den Händen der Meuchelmörder errettete? Warum mufste ihn Klementina sehen? — Aber wie schweife ich aus! Wen klage ich an? — O himmlische Macht, ich verehre dein Schicksal, und schweige! Möchte doch deine Güte so viele Leiden mit einem Ausgange belohnen, der eben so sehr zu deiner Ehre als zu unserer Glückseligkeit gereichte!

Sie geht ab.

SIEBENTER AUFTRITT.

Der Schauplatz verändert sich in Jeronymo's Zimmer.

DER MARKGRAF, JERONYMO.

Der Markgraf sitzt in einiger Entfernung von Jeronymo, in einer kummervollen Stellung. Sie schweigen eine Zeit lang; endlich sagt

Der Markgraf. Mir wird bange, mein Sohn! Ich besorge, sie werden den Chevalier nicht überreden. Er ist ein stolzer Mann und ein hartnäckiger Protestant. — O wozu hat mich dieses Kind gebracht, das der Liebling meines Herzens war! — Armselige Vorzüge! Was ist Adel der Geburt? Was ist hoher Stand? Was ist Reichthum? Was sind alle diese Gunstbezeigungen des Glücks, von denen wir uns in freudigen Tagen dünken lassen, dafs sie uns über das Loos der Sterblichkeit erheben? Können sie uns vor Sorgen und Schmerzen, vor den bittersten Kränkungen unsers Stolzes, vor der schimpflichsten Erniedrigung bewahren? — Beklage mich, mein Sohn! beklage deinen Vater, der dahin gebracht ist, den Mann, der an dem Unglücke seines Hauses Schuld ist, um dasjenige als eine Gunst zu bitten, was sich ehemahls Fürsten Italiens für eine Ehre geschätzt hätten. Arme, erniedrigte Klementina! — Ich habe Mühe, diese Vorstellungen mit Gelassenheit zu ertragen.

Jeronymo. Erlauben Sie mir, gnädiger Herr, Sie zu erinnern, daſs Sie selbst von der Unschuld und dem untadelhaften Betragen meines Freundes überzeugt sind. Ich gestehe, unser Unglück wäre unerträglich, wenn der Mann, der die unschuldige Gelegenheit dazu ist, nicht Grandison wäre. Aber seine Verdienste, sein Charakter rechtfertigen alles; die Liebe meiner Schwester hört auf, eine **Schwachheit** zu seyn, und alles, was die Familie für ihn thun kann, ist **Gerechtigkeit**.

Der Markgraf. Die Freundschaft führet dich zu weit, mein Sohn! Du kannst ihn nicht so sehr erheben, ohne zu vergessen — Doch, ich muſs es ja selbst vergessen! — Meine Betrachtungen verwirren mich! Es ist hart, sich von einer gewohnten Gröſse so herab gesetzt zu sehen! — Aber mein Entschluſs ist genommen: Ich will **nicht ungerecht, nicht undankbar seyn**!

ACHTER AUFTRITT.

Die Markgräfin, die Vorigen,

Die Markgräfin. Grandison ist noch nicht da? Ich besorge —

Jeronymo. Und ich habe alle meine Hoffnung auf die Zärtlichkeit seines Herzens gesetzt. Aber wenn sie fehlschlagen sollte, so erinnern Sie Sich, ich beschwöre Sie bey Ihrer Liebe zu Klementinen und mir, an das was Sie mir versprochen haben!

NEUNTER AUFTRITT.

Die Vorigen, Grandison, der Bischof, Pater Mareskotti.

Diese drey kommen mit einander herein, jeder mit einer Miene, die, auf eine seinem Charakter gemäße Weise, Verwirrung und Betrübniß ausdrückt.

Der Bischof zu Jeronymo. Ach, Jeronymo!

Jeronymo. Ich lese alles in Ihrem Gesicht — Es ist genug!

Der Markgraf. Setzen Sie Sich, wenn es Ihnen gefällt, Chevalier! Ich muſs mit Ihnen von einer Sache sprechen, von der die Ruhe meines übrigen Lebens abhängt. Sie sind unser Freund; ein edler, bewährter Freund. Ich sehe Sie nach allem, was seit zwey Jahren unter uns vorgegangen ist, für ein Mitglied unserer Familie an, gegen welches ich mich ohne Bedenklichkeit frey und offenherzig erklären darf.

Grandison. Sie erweisen mir viel Ehre, gnädiger Herr! Ich bin im Innersten der Seele bekümmert, daſs ich —

Der Markgraf. Hören Sie mich zuerst, Herr Grandison, und fragen Sie alsdann Ihr Herz, was Sie thun können. — Sie haben meine Umstände gesehen, als Sie zuerst in mein Haus kamen. Ich war glücklich, das Haupt einer Familie, die sich einiges Ansehens rühmen kann, der Vater von Kindern, die mein Stolz und mein Vergnügen waren. Klementina war das Kleinod unter denselben. Sie haben sie in ihrer Blüthe gesehen, in vollem Glanze der Schönheit, der Jugend und der unbefleckten Ehre. Alle übrigen Vortheile, die wir dem Glück zu danken haben, zogen uns weniger Achtung und weniger Miſsgunst zu, als der Vorzug, (so nannte es die Welt) Klementinen in unserer Familie zu haben. Wir lebten in der süſsesten Eintracht; wir liebten einander; wir waren eines in dem andern glücklich. Wir kannten keinen Kummer, unsere

Tage flossen in heitern Freuden dahin, und unsere Aussichten übertrafen unsere Wünsche. So fanden Sie uns, Chevalier, da Sie zum ersten Mahl zu uns kamen! — Und wie haben Sie uns gefunden, da Sie Sich erbitten lassen, uns zum dritten Mahl zu besuchen? — Es sey fern von mir, Ihnen Vorwürfe zu machen. Unsere Bekanntschaft fing sich mit Wohlthaten von Ihrer Seite an. Sie verpflichteten uns, ehe Sie uns kannten. Sie sind in gedoppeltem Verstande der Erretter meines Sohns gewesen. Sie retteten sein Leben und seine Sitten. Sie haben so unter uns gehandelt, wie nur Grandison handeln konnte. Nein, ich kann Ihnen keine Schuld geben! Ich kann weder ungerecht noch undankbar seyn! Ich will nur Ihr Mitleiden erwecken.

Grandison. Mein Mitleiden, gnädiger Herr! Ists möglich, dafs Ihnen das Herz Ihres Grandison noch unbekannt seyn kann? Wer bedarf mehr Mitleiden, als derjenige, der sich, ohne dafs ihm sein Herz Vorwürfe machen kann, als die fatale Ursache so vieler Trübsale ansehen mufs, die er, wenns möglich wäre, gern mit Darbietung seines Lebens von Ihnen abgewendet hätte?

Der Markgraf. O Grandison! Grandison! Sie wissen nicht, was für Qualen das Herz eines Vaters fähig ist! Aber ich will Ihrer Zärtlichkeit schonen. Sie sehen eine Familie vor Sich, die erst seit Ihrer Ankunft wieder zu leben anfängt. Vollenden Sie Ihr Werk; es ist Ihrer würdig! Geben Sie uns eine

Glückseligkeit wieder, die Sie allein uns geben können! Wir haben Verbindlichkeiten gegen Sie, die alle unsere Dankbarkeit übersteigen. Sie können Klementinen unter Ihren eigenen Bedingungen von uns fordern. Aber Sie sind zu grofsmüthig, Chevalier, als dafs Sie uns nichts aufopfern sollten, da wir geneigt sind, alles für Sie zu thun. Überwinden Sie Ihren Stolz, entsagen Sie den Vorurtheilen Ihrer Erziehung, werden Sie ein Katholik, und Sie sollen in Klementinen und mit Klementinen einen Schatz bekommen, der Ihrer würdig ist. Was ich ehemahls aus Nothwendigkeit gethan hätte, will ich jetzt aus Bewunderung für Ihre Tugend thun. Theurer Grandison, lassen Sie Sich erbitten! Ich will stolz darauf seyn, Sie meinen Sohn zu nennen! Sie sollen mir lieber seyn, als diejenigen, die das Leben von mir empfangen haben! Sie werden meine Klementina glücklich machen, Sie werden uns alle glücklich machen, und Sie werden es selbst seyn!

Grandison mit Wehmuth. Gnädiger Herr —

Der Markgraf. Ich getraue mir nicht, Ihre Antwort zu erwarten. Bedenken Sie Sich, Chevalier, bedenken Sie Sich!

Er geht ab.

ZEHNTER AUFTRITT.

D1e Vor1gen.

Jeronymo. Ists möglich, Grandison! Sie können Klementinen lieben, und so unerbittlich seyn?

Grandison. Und auch Sie, mein Freund? auch Sie durchbohren mein Herz!

Jeronymo. Liebster Grandison! ich weiſs, daſs die Einwendungen, die Sie wider unsere Religion haben, nicht unumstöſslich seyn können.

P. Mareskotti. Gewiſs sind sie es nicht. Es ist unmöglich, die Gründe umzustofsen, die Se. Eminenz der Bischof und ich dem Chevalier vorgelegt haben.

Grandison. Sie glauben diefs, Herr Pater Mareskotti! Die Überzeugung ist etwas, das nicht von unserm Willen abhängt. Lassen Sie uns, ich bitte Sie, nicht weiter davon sprechen.

Jeronymo. O Grandison, was für eine Glückseligkeit opfern Sie Ihren Bedenklichkeiten auf! Sie wissen nicht, nein, Sie wissen nicht, was Sie aufopfern. Sie verhärten Sich gegen alles, was das unempfindlichste Herz zerschmelzen könnte.— Mit einer Lebhaftigkeit, worin Ungeduld und Unwillen merklich ist. Und müssen wir denn alle vergeblich flehen?

Grandison. Kann mein Jeronymo gegen seinen Grandison ungerecht seyn? Wenn es möglich wäre, dafs meine Seele in einem Entschlufs wankend gemacht würde, der die Folge der unveränderlichsten Überzeugung ist, so müfste ich der verworfenste unter den Menschen seyn, wenn ich gestattete, dafs so verehrungswürdige Personen, als diese vor mir, sich herab liefsen mich zu bitten.

Die Markgräfin. Sagen Sie nichts von Herablassung, Chevalier! Was wollte ich nicht thun, Sie zu erbitten! — Sie haben keine Mutter mehr, Grandison! Mit welcher Entzückung, mit welchem Stolze wollte ich Sie als meinen Sohn umarmen, wenn Sie es auf diejenige Art seyn wollten, die uns allein glücklich machen kann!

Grandison. Verehrungswürdigste Dame! lassen Sie mich zu Ihren Füfsen um Ihr Mitleiden flehen. Hören Sie auf, mich durch eine Grofsmuth, eine Gütigkeit zu ängstigen, die meine Seele zur Verzweiflung treibt, weil ich sie nicht nach Ihren Wünschen verdienen kann. Bedenken Sie, gnädige Frau, was Sie von mir fordern. Es ist nicht in meiner Gewalt, Ihre Wünsche zu erfüllen. Glauben Sie mir, da Sie mich fähig sehen, in diesem Augenblick alles zu verläugnen, was meinem Herzen am theuersten ist. Hätte ich Kronen, hätte ich alle Schätze der Welt, und ich müfste sie für Klementinen geben, ich würde sie für Staub achten. Mein Gewissen ist das einzige, was ich nicht aufopfern kann. Fordern Sie (diesen einzigen Punkt ausgenommen) was Sie wollen; ich bin bereit, jede andere Bedingung einzugehen.

Die Markgräfin. Stehen Sie auf, Chevalier! Ich sehe, dafs es vergeblich wäre, einen Mann, wie Sie, erbitten zu wollen. Stehen Sie auf! — Und so ist denn unser Verhängnifs, ohne Rettung elend zu bleiben? So kann Klementina nicht die Ihrige seyn?

Grandison etwas heftig. Nein! — Niemahls, niemahls ist ein Mensch in einem grausamern Zustande gewesen, als ich. Ich hoffte, nicht verdient zu haben — Vergeben Sie mir, gnädige Frau! Aber warum wollen Sie doch nicht bedenken, wie ungleich die Bedingungen sind, die Sie mir auflegen, und diejenigen, die ich vorschlage? Sie bieten mir mit Ihrer Klementina eine Glückseligkeit an, die meine kühnsten Hoffnungen übersteigt, und nehmen mir alles wieder, da Sie die Aufopferung meiner Ehre und meines Gewissens fordern. Es thut mir leid, (erlauben Sie mir, es zu sagen) dafs man geglaubt hat, die unschätzbare Klementina werde durch die Reichthümer, die man mir mit ihr verspricht, einen höhern Werth in meinen Augen erhalten. Ich bin weit über diese Art von Versuchung hinweg gesetzt. Die Vorsehung hat mir Vermögen gegeben, andere glücklich zu machen; ich bin zufrieden. Klementina allein ist, nachdem ich zu einem so stolzen Wunsch aufgemuntert worden bin, der Gegenstand meiner Wünsche. Geben Sie mir Klementinen, und lassen Sie mir meine Religion, so wie ich ihr die ihrige lassen werde, und ich werde der glücklichste unter allen Sterblichen seyn. Ich würde die Vorschläge, die ich Sr. Eminenz, dem Bischofe, gemacht habe, nicht gemacht haben, wenn ich nicht von ihrer Billigkeit überzeugt wäre; und ich bin genöthigt, Ihnen zu sagen, daſs dasjenige, wozu ich mich erbiete, mehr ist als ich thun wollte, die Erbin eines Königreichs zu erhalten.

Der Bischof. Es wäre ungerecht, dem Chevalier Vorwürfe zu machen. Es ist sein Unglück und das unsrige, daſs seine Irrthümer so tief in seine Seele eingewurzelt sind. Ich sehe, wir werden diesen Punkt aufgeben müssen, obgleich unsere Ehre, unsere Ruhe und unsere Sicherheit für Klementinens Seele an demselben hängt.

Grandison. Ich hoffe, gnädiger Herr, meine Ehre sey zureichend, Sie gegen alles sicher zu stellen, was Sie wegen der Gräfin Klementina befürchten. Sie soll, wenn sie die Meinige ist, eben so frey und ungestört in der Ausübung ihrer Religion seyn, als sie in dem väterlichen Hause gewesen ist. Die gleiche Gesinnung, welche mir verbeut, wider meine Überzeugung zu handeln, verbeut mir, andere in der ihrigen zu beunruhigen.

EILFTER AUFTRITT.

KAMILLA, DIE VORIGEN.

Kamilla. Die Gräfin Klementina bezeigt ein Verlangen, den Herrn Grandison zu sprechen. Sie ist einige Stunden lang sehr trübsinnig gewesen. Ihr Herz schien beklemmt, sie gab keine Acht auf meine Fragen; aber ihre Gesichtszüge verriethen, daſs ihre Seele in einer groſsen Bewegung war. Sie schloſs sich endlich in ihr Kabinet ein. Ich hörte sie seufzen. Ich näherte mich unbemerkt, und sah durch die Thür, daſs sie auf ihren Knieen lag, und ihr Gesicht zwischen ihren ausgebreiteten Armen auf einen Lehnstuhl verbarg. Endlich hob sie die Augen auf, sah einige Minuten unbeweglich gen Himmel, und schien zu lauschen, als ob sie eine Stimme hörte. Hernach stand sie auf, kam mit einer feierlichen Heiterkeit in ihrem Gesichte heraus, und befahl mir, den Chevalier zu suchen. Ich sagte ihr, daſs er bey ihrem Bruder, dem Baron, sey. So will ich selbst zu ihm gehen, war ihre Antwort. Ich eilte ihr also zuvor, zu sehen, ob Herr Grandison noch hier sey.

Die Markgräfin. Sie erwartet ohne Zweifel, den Chevalier bey ihrem Bruder allein zu finden. Wir wollen uns entfernen.

P. Mareskotti. Mir ahnet etwas von dem, was sie mit ihm sprechen will. Vielleicht bedient sich die Gnade dieses Mittels — O Chevalier, der Himmel sendet einen Engel zu Ihnen!

Die Markgräfin, Pater Mareskotti, der Bischof und Kamilla gehen ab.

ZWÖLFTER AUFTRITT.

Grandison, Jeronymo, Klementina,

Grandison. Sie kommt. Wie sehr gleicht sie wirklich einem sichtbar gewordenen Engel, der in göttlichen Geschäften zu den Sterblichen kommt! O Himmel, gieb mir in diesem Augenblick deine Stärke, da ich fühle, daſs mich die meinige verläſst!

Klementina. Ich suchte Sie, Chevalier; ich bin erfreut, Sie hier anzutreffen. Setzen Sie Sich! Ich komme in einer wichtigen Angelegenheit zu Ihnen — Schlieſsen Sie nichts daraus, daſs ich Sie suche. Sie sind mein Bruder, das wissen Sie. Meine Ältern befehlen mir, Sie so zu nennen. — Es war eine Zeit — erinnern Sie Sich dessen noch? — da man mir befahl, Sie in einem noch nähern Lichte zu betrachten. Ich widersetzte mich umsonst. Ich bat meine Mutter auf meinen Knieen, ich beschwor sie, mir eher den Tod zu geben. Und doch liebte ich Sie, Chevalier! — Ich erröthe nicht, es zu ge-

stehen — Aber ich liebte meinen Gott noch mehr!
Ihm, ihm wollte ich in einer heiligen Freystätte,
einsam und vor dem Anblick der Welt beschützt, den
Überrest eines traurigen Lebens widmen. Aber
man hörte mich nicht. Sie wurden von Wien nach
Bologna zurück gerufen. Niemand aufser mir zweifelte daran, dafs Sie, durch das Ihnen angebotene
Glück (so nannte man es) verblendet, Sich das Opfer
gefallen lassen würden, das man von Ihnen forderte.
Ich allein zweifelte; denn ich kannte Sie. Reichthümer können eine Seele, wie die Ihrige ist, nicht
verblenden. Der Adel unsers Hauses, auf den wir
vielleicht zu stolz sind, konnte wenig über einen
Mann vermögen, der in seinem Vaterlande nicht
minder edel ist, und der (wie ich wufste) auf dieses
Vaterland stolz war. Sollten also die Verdienste der
armen Klementina mächtiger gewesen seyn, Sie zu
rühren? Nein, Chevalier, Sie waren es nicht. Ich
hatte es nicht erwartet. Sie schlugen mich aus; ich
vergebe es Ihnen. — Sie sehen, dafs ich mich des
Vergangenen noch erinnere. Dank sey dem Himmel, dafs ich es wieder kann, ob mir gleich der wieder aufgehende Tag eine entsetzliche Rücksicht in
die Finsternisse giebt, worin ich verirret gewesen
bin. — Aber wozu sage ich Ihnen diefs alles? — Ja,
Sie sehen, dafs ich über alle eigennützige Absichten
erhaben bin. Ich wollte Ihnen zeigen, dafs ich einen
höhern Beweggrund haben mufs, weil ich Sie selbst
gesucht habe. Eine himmlische Stimme befahl es
mir. Konnte ich ungehorsam seyn?

Grandison. Theuerste Gräfin Klementina —

Klementina. Machen Sie mir keine Einwendungen, Chevalier! Der Himmel bedient sich oft schwacher Werkzeuge zu grofsen Absichten — Aus der Säuglinge Mund — Erinnern Sie Sich dieser Stelle nicht? O Grandison! Diese Welt! Was ist diese Welt? Welch ein eitler, nichtiger Traum! Sehen Sie, Chevalier, sehen Sie an mir, was diese Welt ist! Es war eine Zeit, da mir von jedermann geschmeichelt wurde, da ich bewundert wurde, da ich lauter schöne Tage sah, lauter glänzende Aussichten rings um mich her — Nun ist alles vorbey, schon lange ist alles vorbey, und ich beklage mich nicht. Sie sehen, dafs ich heiter und gelassen bin. Aber — Erinnern Sie Sich dessen, was ich gesagt habe. Verschmähen Sie die Wahrheit nicht, weil sie aus dem Munde eines unschuldigen Mädchens redet, welches Sie verschmähet haben! — Es kommt eine Zeit, da diese Welt nichts in unsern Augen ist. O Grandison! Dort, dort, sie steht auf, indem sie dieses sagt, und zeigt mit ihren Augen und mit der rechten Hand gen Himmel dort wird entschieden, was wir in dieser Welt gewesen sind. Stofsen Sie den Himmel nicht von Sich! Ihre Irrthümer sind die Wolken, die ihn vor Ihren Augen verbergen. Aber Ihr Herz, Ihr Herz kann diese Wolken zerstreuen. Der Verstand irret nur, weil das Herz den Irrthum liebt. Stellen Sie Sich vor, Chevalier, dafs ich gestorben bin, — ich werde vor Ihnen in die Unsterblichkeit hinüber gehen — und dafs ich jenseits des Grabes stehe, und

Ihnen rufe, und Sie vermahne, Ihre Seele zu retten! — Was antworten Sie mir? — Sie schweigen, Chevalier? Sie sind traurig? Thränen laufen über Ihre Wangen? Habe ich Sie gerührt? O möchte ich Sie gerührt haben! Mit welcher Freude wollte ich mein Leben hingeben, Ihre Seele zu retten!

Jeronymo weinend. O Grandison, Grandison! Wenn das Sie nicht rühren kann — Ich kann es nicht aushalten.

Grandison mit einer Miene und Geberde, die den höchsten Grad von Zärtlichkeit und Wehmuth ausdrückt. Allzu rührender Engel! — Erlauben Sie, — Erlauben Sie, mich einen Augenblick zu entfernen!

Er eilt weg.

DREYZEHNTER AUFTRITT.

JERONYMO.

ruft Grandison mit einer halb erstickten Stimme nach:

Wohin gehen Sie, mein Freund? O bleiben Sie, bleiben Sie! Widerstehen Sie dem Eindruck nicht, den dieses liebenswürdige Geschöpf auf Ihr Herz gemacht hat. — Er ist fort. Nahmenlose Angst, mit der zärtlichsten Sehnsucht vermischt, war auf seinem Gesicht. Was muſs er leiden, wenn es ihm unmöglich ist, sich zu ergeben, — auf so herzrührende Vorstellungen, aus dem Munde derjenigen, die er liebt!

Klementina sitzt indessen, daſs Jeronymo spricht, mit dem Kopf auf den Arm gestützt, in einer melankolischen Stellung. Auf einmahl fährt sie zurück, und ruft:

Wo ist der Chevalier? Ist er fortgegangen, Jeronymo? Warum ging er fort? — Was habe ich gesagt? — Ach Bruder! er ist auf mich erzürnt — Ich habe ihn beleidigt. Er weinte, er sah mich mit einem Blick an — Himmel! welch ein Blick war das! Und er ging fort. Begreifst du das, lieber Bruder? Sage mir die Wahrheit; habe ich etwas gesagt, das ihn beleidigen konnte?

Jeronymo. Ihn beleidigen? Liebste Schwester, du hast nichts gesagt, du kannst nichts sagen, das ihn beleidige. Der Chevalier betet dich an, Klementina, er liebt dich wie seine Seele. Er wird bald wieder zurück kommen. Vielleicht schämte er sich, sehen zu lassen, wie sehr er gerührt war.

Klementina. Du schmeichelst mir, liebster Bruder — Oder glaubst du wirklich, daſs der Chevalier mich liebt? — Aber was hälfe es ihm? Er würde unglücklich seyn, und ich wär' es gedoppelt. — Und doch ist es tröstend für mein Herz, zu denken — Weg! angenehmer Betrug! — Ich will gehen, Jeronymo! Ich getraue mir nicht seine Wiederkunft zu erwarten. Ich will zu unsrer Mutter gehen — Nein! — ich will in den Garten gehen. Ich will allein seyn. Meine Gesellschaft verbreitet Traurigkeit über alle, die mich sehen — O, warum kann ich nicht allein unglücklich seyn!

Sie geht ab.

VIERZEHNTER AUFTRITT.

JERONYMO, GRANDISON.

Jeronymo. Kommen Sie, liebster Freund; fürchten Sie nicht, dafs ich Ihnen Vorwürfe mache. Mein Herz blutete für Sie, da ich sah, was es Ihnen kostete, der zaubernden Beredsamkeit dieses holdseligen Geschöpfes zu widerstehen. Ich bewundere die Gröfse Ihrer Seele. Nach dieser letzten Probe, die Sie ausgehalten haben, müssen Sie keiner andern ausgesetzt werden.

Grandison. Wo ist sie, Jeronymo, wo ist die theure Heilige?

Jeronymo. Sie wollte nicht warten, bis Sie zurück gekommen wären. Vielleicht getrauete sie sich nicht, sich in der stillen Gröfse zu erhalten, zu der sie sich empor geschwungen hatte.

Grandison. Ich sehe sie noch vor mir; ihre reitzende Stimme tönt noch in meinen Ohren — Jedes Wort, das sie aussprach, jeder gütige Blick, womit sie es begleitete, war ein feuriger Pfeil, der meine Seele durchdrang! — Ach Klementina! es ist einer andern Welt vorbehalten, uns glücklich zu machen! — Reden Sie mir nicht mehr von Hoffnung, Jeronymo! Mein Herz weissagt mir einen traurigen Ausgang —

Jeronymo. Weder Sie noch Klementina wissen, was ich für Sie gethan habe. Verzeihen Sie mir, mein Freund, dafs ich mich mit den übrigen vereinigte, Sie zu quälen. Ich war dazu genöthigt. So sehr ich wünschte, dafs Sie in Ansehung der Religion weniger standhaft wären, so habe ich doch niemahls gehofft, dafs Sie es weniger seyn würden. Ich kannte Sie zu wohl! Aber eher wollte ich sterben, als zugeben, dafs meine Schwester noch einmahl von Ihnen getrennet würde! Es wird nicht geschehen, mein Freund! Ich habe schon alles vorbereitet. Meine Mutter ist sehr für Sie eingenommen; es war nicht schwer, sie zu erbitten. Wir verlassen uns auf Ihre Ehre, liebster Grandison! Klementina soll unter **Ihren** Bedingungen die Ihrige seyn. Selbst der Pater Mareskotti fängt an, sich **für Sie** zu erklären. Ich fürchte niemand als meinen Bruder, den General. Er vermag viel über meinen Vater; er fühlt das Ansehen, das ihm die Erstgeburt in der Familie giebt; er ist stolz und ungestüm; aber sein Herz ist edel. Er wird meinen Gründen und meinen Bitten nachgeben. O wie glücklich werden wir dann alle seyn! Wie wird meine Seele frohlocken, wenn ich eine Schwester und einen Freund vereiniget sehe; die alles sind, was mir in der Welt am theuersten ist!

Grandison. Ach, Jeronymo! Sie hoffen — weil Sie mich lieben; aber ich besorge, Sie hoffen umsonst. Ich kann diese traurigen Ahnungen nicht unterdrücken — Meine Seele ist umwölkt — Ich muſs mich entfernen.

Jerónymo. Bey Ihrer Zurückkunft, mein Freund, werden Sie sehen, daſs ich nicht umsonst gehofft habe. Meine Liebe für Sie soll in dieser Zwischenzeit nicht müſsig seyn. Kommen Sie nur bald zurück, Ihre Klementina von der Hand eines Bruders anzunehmen, der keiner andern Glückseligkeit mehr fähig ist, als sich an der Ihrigen zu erfreuen.

Ende des dritten Aufzugs.

VIERTER AUFZUG.

ERSTER AUFTRITT.

KLEMENTINA allein.

Aus was für einem fürchterlichen Traume bin ich erwacht! Wie sehr hat sich alles verändert! Ich habe Mühe zu erkennen, wer ich bin und wo ich bin! — Sie erheben alle den Chevalier in die Wette; sie werden nicht müde Gutes von ihm zu sagen; sie sprechen von seiner Liebe zu mir; sie billigen den Vorzug, den ihm mein zu leicht gerührtes Herz gegeben hat. Was bedeuten diese Veränderungen? — Sollten sie sich entschliefsen können? — Nein, sie können nicht, sie werden nicht! — O du allzu schwaches, verkehrtes, voreiliges Herz! Was pochest du? Was für Wünsche — Wünsche, die du nicht wagen darfst, dir selbst zu zeigen — Und wie, ach, wie wirst du sie demjenigen zeigen dürfen, vor dessen heiligen Augen die scheinbarste Tugend unrein ist? — Unglückliche, betrogene Klementina! du hieltest dich für unschuldig; du nährtest eine Neigung in deiner Brust, die du für rein, für untadel-

haft hieltest, weil sie den liebenswürdigsten unter
den Menschen zum Gegenstand hatte. Mit Entzükkung, mit stillem Triumfe hörtest du sein Lob, die
Billigung deiner geheimen Leidenschaft, aus jedem
Munde! — Betrügerische Einbildungen! — Was ich
für unschuldige Neigung hielt, war Verbrechen.
Der erzürnte Himmel fällte sein Urtheil über mich! —
Was für ein verkehrtes Geschöpf mußte ich seyn,
um eine solche Strafe verdient zu haben! — Doch
nenne es nicht Strafe, Unglückliche! Es war Wohlthat; es war eine Hand aus den Wolken, die dich
von dem Abgrunde zurück rifs, in den du, mit verblendeten Augen, auf dem sanften Irrwege der Liebe
und der irdischen Freude, Gefahr liefest auf ewig
hinab zu stürzen. — O fliehe, fliehe! Alles ist Bezauberung um dich her; alles ist Gefahr und Verführung und Verderben! Fliehe, unglückliche Klementina, fliehe die Liebe, die Welt, dich selbst! —
Himmel! Wen sehe ich? — Grandison? —

ZWEYTER AUFTRITT.

Grandison, Klementina.

Klementina. O Chevalier, in was für einem
Augenblick kommen Sie!

Grandison. Endlich, theuerste Gräfin, endlich ist es Ihrem Grandison erlaubt zu reden. Die gütige Aufmunterung Ihrer Familie erlaubt mir, meine Wünsche zu ihrer geliebten Klementina zu erheben. Alle Schwierigkeiten sind gehoben. Ich darf Ihnen sagen, wie sehr ich Sie verehre, und es steht nur allein in Ihrer Macht, den Ausspruch zu thun, ob der zärtlichste und dankbarste unter den Menschen auch der glücklichste seyn soll?

Klementina. Was sagen Sie mir, Chevalier? — Ists möglich? — Sie kommen von meinen Ältern?

Grandison. Ich komme von ihnen. Der Bischof, Ihr Jeronymo und der Pater Mareskotti waren zugegen. Die feurige Freundschaft des zärtlichen, des grofsmüthigen Jeronymo hat alle zu meinem Vortheil eingenommen. Sie haben mir erlaubt, unter den Bedingungen, die ich vor meiner letzten Abreise vorgeschlagen, mich um die gröfste Glückseligkeit zu bewerben, die ein Sterblicher diesseits des Himmels sich wünschen kann. Darf ich hoffen, gnädige Gräfin, nachdem ich auf eine so grofsmüthige Art mit dem Beyfall Ihrer Altern beehret worden, dafs die vortreffliche Klementina nicht minder gütig gegen einen Mann seyn werde, der sich bestreben wird, durch alle Handlungen seines Lebens eine Liebe und Dankbarkeit zu beweisen, die zu grofs ist mit Worten ausgedrückt zu werden?

Klementina. Wie willig, wie allzu willig ist mein Herz, Ihnen zu glauben! — Es ist nun in meiner Macht, sagen Sie, den Chevalier Grandison

glücklich zu machen? — Wollte der Himmel, es
wäre in meiner Macht! Wollte der Himmel, ich
könnte Sie glücklich machen! Wer würde es besser, sorgfältiger, freudiger thun als ich? — Aber
ich bin nicht zu einer so schönen Bestimmung auser-
wählt! — Mein Herz ist sehr beunruhigt, Herr Grandison, mehr als ich Ihnen sagen kann! Ich fühle den
ganzen Umfang der Verbindlichkeiten, die wir Ihnen
haben, die ich Ihnen besonders habe — und diefs
Gefühl vollendet mein Elend.

Grandison. Kränken Sie mich nicht, theuerste Gräfin, durch die Erwähnung von Verbindlichkeiten. Was habe ich anders gethan, als dem Rufe
der Freundschaft folgen, welchem ein jeder von
Ihrer Familie in gleichen Umständen würde gefolget
haben? Und gesetzt, es wäre in meiner Macht gewesen, Sie zu verbinden, so ist es in der Ihrigen —

Klementina. Hier ist meine Schwierigkeit,
Herr Grandison! Sie können nicht belohnt werden — Ich kann Sie nicht belohnen. — Sehen Sie
mich nicht mit dieser zärtlichen Traurigkeit an! —
Meine Seele leidet nur zu sehr unter dem Gedanken,
dafs ich Sie nicht belohnen kann! — Wie soll ich
Ihnen beschreiben, was in meinem Gemüthe vorgeht?
Meine Pflicht gegen Gott, gegen meine Ältern, —
meine Dankbarkeit gegen Sie — Aber ich kann noch
nicht von dieser Sache reden. Ich wünschte grofs
zu handeln. Sie haben mir ein Beyspiel gegeben,
Herr Grandison!

Grandison. Theuerste Klementina, Sie erschrecken mich! Was bedeutet dieser feierliche Ernst, und diese Reden, die irgend ein trauriges Geheimniſs zu verhüllen scheinen? Warum sollte es nicht in Ihrer Macht seyn, mich glücklich zu machen? — Das Beyspiel, dessen Sie erwähnen, kann keines für Sie seyn. Die Umstände sind ganz verschieden. Es wird nichts von Ihnen gefordert, was Ihr Gewissen nicht erlauben könnte zu bewilligen. Sie werden, wenn Sie die Meinige sind, in Ausübung Ihrer Religion völlige Freyheit behalten. Ich verehre Ihre Frömmigkeit, gnädige Gräfin, und die Ruhe Ihrer Seele ist so wichtig für mich, als die Ruhe der meinigen.

Klementina. Grofsmüthiger Mann! was soll ich Ihnen sagen? — ich, die nicht weifs, was ich mir selbst sagen soll! Aber ich habe angefangen alles aufzuschreiben, was mir über diese wichtige Sache beygefallen ist. Ich darf meinem Gedächtniſs nicht trauen — auch meinem Herzen nicht! Ich will fortfahren, meine Gedanken aufzuschreiben —

DRITTER AUFTRITT.

Laura, die Vorigen.

Laura. Gnädige Gräfin, der Herr General ist angelangt.
Sie geht wieder ab.

Klementina. Er wird betroffen seyn, daſs Sie schon hier sind, Herr Grandison! Er wird Ihnen vielleicht — Ach! von wie vielen Übeln bin ich die unglückselige Ursache gewesen! Ich habe Ihnen Unruhe gemacht; ich habe meine Ältern gekränkt, die besten, die gütigsten Ältern! ich bin eine Plage aller gewesen, die mir angehören! es ist billig, daſs ich leide! — O Chevalier, es ist eine groſse Veränderung mit mir vorgegangen, seitdem Sie hier sind. Vorher war mir sehr schlimm; aber ich fühlte nicht den ganzen Umfang meines Unglücks! Ich verlasse Sie, um meinen Bruder zu sehen, bevor er Sie siehet. Ich zittre vor seiner Hitze —

Grandison. Besorgen Sie nichts, gnädige Gräfin; ich habe mehr Gelegenheit gehabt, meine Hitze zu bezähmen, als der General. Ich werde gelassen, und Er wird nicht unbillig seyn.
Klementina geht ab.

VIERTER AUFTRITT.

Grandison allein.

Was für ein neues Gewölk zieht sich in ihrer Seele auf? So viel Bedeutung, so eine erhabne Schwermuth in ihren Augen! — Sie schien zu fürchten, dafs ich mehr in ihren Augen lesen möchte, als sie mir sagte; aber ich habe nur zu viel darin gesehen! — Wunderbares Verhängnifs! Kaum geht mir endlich ein Schimmer von Hoffnung auf, so verschwindet er wieder, und läfst mich in einer marternden Ungewifsheit zurück! — O Glückseligkeit! schöner Nahme! du wohnest nicht unter dem Monde. Mit erhitztem Verlangen verfolgen wir dich; wir glauben dich zu berühren, und umfassen einen Schatten. — Ich will zu Jeronymo gehen. Die Tröstungen eines Freundes — Aber hier ist der General! Klementina hat ihn verfehlt, wie ich sehe.

FÜNFTER AUFTRITT.

Der General, Grandison.

Der General. Ihre Ankunft in Bologna, Herr Grandison, hat Wunder gewirkt, höre ich. Wir sind Ihnen sehr verbunden; und Sie haben Ursache stolz darauf zu seyn, daſs Sie Sich in einer Familie, wie die des Markgrafen von Porretta ist, so wichtig haben machen können.

Grandison. Wenn ich auf etwas stolz seyn könnte, Herr General, so wäre es auf mein Herz. Es ist unglücklich für mich, daſs Sie in dieser ganzen Zeit von Bologna entfernt gewesen sind, in welcher Ihre schärfste Aufmerksamkeit auf mein Betragen meine beste Rechtfertigung gewesen wäre. Erlauben Sie mir aber Ihnen zu sagen, daſs ich Ansprüche an Ihre Hochachtung mache, weil ich mir bewuſst bin, daſs ich sie verdiene, und daſs ich keine andere Ansprüche zu machen habe, so lange jemand in der Familie ist, der mich der seinigen unwürdig hält.

Der General. Sie reden wie man es von einem Mann erwarten kann, der von dem Triumf aufgeschwollen ist, den er über Leute erhalten hat, die in der That nicht geboren waren, unter den Ritter Grandison herab gedemüthiget zu werden. Ich weiſs nicht, was für ein Taumel von fanatischer Dankbarkeit meine Verwandten bethört. Aber das weiſs ich, daſs ich keine von den schwindlichten Seelen bin, die sich durch den Schein einer schwülstigen Groſsmuth zu Boden blenden lassen. Erwarten Sie keinen Dank von mir, Herr Grandison! Oder soll ich Ihnen dafür danken, daſs Sie durch die Künste einer angenommenen Uneigennützigkeit, und einer in Freundschaft verkleideten Liebe, das Herz meiner Schwester erschlichen, daſs Sie die liebenswürdigste junge Dame Italiens in eine Leidenschaft verstrickt haben, die ihren Ruhm befleckt, ihren Verstand verwirrt, und die Ruhe ihres Lebens vernichtet hat? Soll ich Ihnen dafür danken, daſs Sie dieses unglückliche Geschöpf und ihre noch unglücklichern Verwandten zum Spott und zur Fabel der Welt gemacht haben? — Wahrhaftig! wir haben groſse Ursache, unsre Verbindlichkeiten gegen den Chevalier Grandison durch irgend eine aufserordentliche That zu erkennen; und es fehlt nichts, als durch die Vermählung der Klementina von Porretta mit ihm die ganze Welt zu überzeugen, daſs sie ihre Krankheit der ganzen Familie mitgetheilt habe.

Grandison. Herr General! Sie mögen meiner Gelassenheit bey Ihren Beleidigungen eben so leicht als meinen übrigen Handlungen Beweggründe leihen, die mich verunehren, aber ich bin entschlossen, gelassen zu bleiben. Ihre Vorwürfe verdienen keine Antwort. Ich sehe, daſs Sie von einer Leidenschaft

getrieben werden, die Ihnen nicht erlaubt gerecht
zu seyn. Sie werden mich entschuldigen, wenn ich
mich hinweg begebe. Eine umständliche Unterredung mit Ihrem Herrn Bruder, dem Bischofe, wird
das beste Mittel seyn, Sie zu Sich selbst zu bringen.

Der General. Glauben Sie mich mit dieser
angemafsten Erhabenheit zu täuschen, weil sie Ihnen
vielleicht bey Ungeübtern, als ich bin, gelungen ist?
Ihre Gegenwart ist hier nöthig, Herr Grandison! Ich
verlange nur eine Antwort auf eine einzige Frage:
Unterstehen Sie Sich in meiner Gegenwart zu bekennen, dafs Sie Ansprüche an meine Schwester haben?

Grandison. Wenn es Ihnen gefallen wird,
Herr General, auf eine Art zu fragen, die einer Antwort würdig ist, so sollen Sie eine Antwort erhalten.

Der General. Dieser Übermuth ist nicht auszustehen — Doch ich will mir Gewalt anthun. Ich
erinnere mich, dafs Sie der Erretter meines Bruders
gewesen sind — Aber der Gedanke, dafs Sie meine
Schwester und die ganze Familie, die durch Sie verunehret worden, im Triumf aufführen sollen, ist
mir unerträglich.

Grandison. Und ich erkläre Ihnen, mein Herr,
dafs mir diese Sprache unerträglich zu werden anfängt. — Wie verächtlich macht eine blinde Leidenschaft die edelsten Menschen!

Der General. Ich bediene mich solcher Reden,
die man durch Thaten erklärt.

Er greift an den Degen.

SECHSTER AUFTRITT.

DER BISCHOF, DIE VORIGEN.

Der Bischof. Was für ein heftiger Wortwechsel? — Wie? mein Bruder? — Grandison? — Halten Sie ein, Bruder; Sie vergessen, wen Sie vor sich haben, und in wessen Hause Sie sind.

Grandison. Ich überlasse Ihnen den Herrn General, gnädiger Herr! Er hat nöthig, zu sich selbst gebracht zu werden. — Ich werde mich nicht weit entfernen, Herr General.

Er geht ab.

SIEBENTER AUFTRITT.

DER BISCHOF, DER GENERAL.

Der Bischof. Mäſsigen Sie Ihre Hitze, Bruder! Sie wissen, wer Grandison ist, Sie wissen, was wir ihm für Verbindlichkeiten haben, und Sie begegnen ihm so? In Wahrheit, Sie bedenken nicht, in was für neue Schwierigkeiten Sie uns verwickeln.

Der General. Sie werden die Heftigkeit meiner Gemüthsbewegung besser begreifen, wenn ich

Ihnen sage, daſs ich eben itzt von dem Grafen von
Belvedere komme. Er war im Begriff, sich selbst
aus Bologna zu verbannen. Der Zustand, worin
ich ihn fand, war mehr als es bedurfte, meinen
lange gesammelten Groll gegen diesen Grandison bis
zum Unsinn zu entflammen. Ich erkläre Ihnen,
Bruder —

Der Bischof. Ich bitte Sie, erklären Sie Sich
nicht, ehe Sie wissen, wie weit die Sachen gekommen sind, und was für Gründe unsern Entschluſs
gelenkt haben.

Der General. Ich hoffe, ich habe mich des
Rechts nicht verlustig gemacht, meine Meinung zu
Angelegenheiten zu sagen, welche die Ehre und die
Ruhe einer Familie betreffen, in der ich der Erstgeborne bin. Die Sachen mögen gekommen seyn,
wohin sie wollen; ich habe dem Grafen von Belvedere mein Wort gegeben, und ich will es gehalten
wissen! Er ist von der ganzen Familie aufgemuntert
worden; alle Gründe sind für ihn. Der bloſse Gedanke, daſs ein Fremder, ein Mann von geringerm
Stande, ein Engländer, ein Protestant, der Nebenbuhler des Grafen von Belvedere um Klementina
von Porretta seyn soll, und — verfluchter Unsinn!
ich schäme mich es zu sagen! — daſs er ihm vorgezogen werden soll — Ich sage Ihnen, es ist unerträglich nur daran zu denken! — Aber beym Himmel! so lange noch Athem in mir ist, soll Belvedere
nicht aufgeopfert werden!

Der Bischof. Und doch werden Sie Sich entschliefsen müssen, entweder ihn oder Ihre Schwester aufzuopfern.

Der General. Meine Schwester? — Ich will keine Schwester haben, die den Nahmen beschimpft, den sie trägt.

Der Bischof. Reden Sie nicht so ungerecht von Klementinen. Sie ist ein unschuldiges, edles Geschöpf. Sie ist es mitten in der äufsersten Verfinsterung ihrer Vernunft geblieben. Sie hat nichts gethan, das einen billigen Vorwurf verdiente. Und ich bitte Sie, Bruder, vergessen Sie nicht, dafs wir noch einen Vater und eine Mutter haben. Der Markgraf ist entschlossen, seine Tochter nicht aufzuopfern; und Sie werden Sich gefallen lassen, eine Schwester zu behalten.

Der General. Sie werden sehr hitzig, Bruder! — Ich begreife nicht, wie dieser Grandison alle Welt so sehr bezaubert hat. Wer wird sich nunmehr wundern, dafs ein junges unerfahrnes Mädchen zu schwach gewesen ist, ihm zu widerstehen?

Der Bischof. Wenn Sie ihn ohne Vorurtheil ansehen werden, so werden Sie eben so von ihm denken wie wir. Die Religion ist alles, was man gegen ihn einwenden kann. Wäre er ein Katholik, so sollte sich ein König vergeblich neben ihm um Klementinen bewerben.

Der General. Was? Sie erzählen mir immer gröfsere Wunder! Er wird ein Protestant bleiben, und sie wollen ihm Klementinen geben? Sie, ein Prälat der Kirche, geben Ihren Beyfall dazu? Wahrhaftig! das ist aufserordentlich. Ohne Zweifel wird der Pater Mareskotti auch Ihrer Meinung seyn?

Der Bischof. Er wird sie nach England begleiten. — Glauben Sie, Bruder, dafs es uns genug gekostet hat, uns zu einem solchen Entschlufs zu überwinden. Man hat alles vorher versucht. Aber was sollten wir mit einem Mann anfangen, den die glänzendsten Versprechungen nicht zu versuchen vermochten, der bey den zärtlichsten Bitten unbeweglich blieb? der Klementinen selbst, die er anbetet, seiner Religion aufzuopfern bereit war? — Es ist unser Unglück, dafs wir ihn nicht so wohl entbehren können, als er uns.

Der General. Und so mufs um dieses liebekranken schwindlichten Mädchens willen die Ehre des Hauses von Porretta auf ewig verdunkelt, und ein Mann, wie Belvedere, der Verzweiflung Preis gegeben werden? — Überlassen Sie mich mir selbst, Bruder, ich habe Einsamkeit nöthig —

Der Bischof. Ich bin hieher gekommen, Sie zu dem Markgrafen zu führen. Sie können von niemand besser in den Gründen seines Entschlusses unterrichtet werden, als von ihm.

Der General. Gehen Sie nur voran. Ich werde Ihnen sogleich folgen.

ACHTER AUFTRITT.

Der General allein.

Ich bin ganz betäubt — Was soll ich sagen? Wozu soll ich mich entschliefsen? — Soll ich der Entehrung meines Hauses zusehen? Soll ich meine Schwester unglücklich machen? Soll ich meinen Freund verlassen? — Oder soll ich seinen eigenen Vorstellungen Gehör geben? — Der arme Belvedere! Er liebt die Undankbare bis zur Ausschweifung. Er will sich selbst für ihre Ruhe aufopfern. Er hat die Sache seines Nebenbuhlers mit einer Grofsmuth gegen mich behauptet, die von der Heftigkeit seiner Liebe zeugt! — Aber, nein! es kann nicht seyn! Ehe soll derjenige sterben, der der Urheber aller dieser Verwirrungen ist.

NEUNTER AUFTRITT.

Grandison, der General.

Grandison. Ich habe Ihnen Zeit gelassen, zu Sich selbst zu kommen, Herr General! Wenn Sie jetzt in einer gesetztern Fassung sind, so hören Sie mich an, und lernen Sie mich kennen. Die Sache, wovon ich mit Ihnen reden muſs, ist zu zärtlich, als daſs ich die Unbilligkeit der Vorwürfe, die Sie mir gemacht haben, in ihr völliges Licht setzen könnte. Es ist auch nicht nöthig. Was die ganze Familie weiſs, kann Ihnen nicht unbekannt seyn. Es wird also genug seyn, Ihnen zu sagen, daſs ich ohne Absichten nach Bologna zurück gekommen bin. Ihre Ältern, Ihre Brüder verlangten meine Gegenwart; ich folgte dem Rufe der Freundschaft. So sehr ich Ihre Schwester bewunderte, so fühlte ich doch die ganze Stärke der Gründe, die mir, auch in Absicht auf mich selbst, nicht erlaubten, an eine nähere Verbindung zu denken. Ich entschloſs mich also, mich in einer Sache leidend zu verhalten, worin mir nicht vergönnt war, nach meinem Herzen zu handeln. Ich bin gewohnt, mich in die Stelle andrer zu setzen. Es konnte mir nicht verborgen seyn, daſs Ihre Familie sich zu einer Verbindung mit mir nicht ohne Widerwillen bequemen werde, und ich fand diese Art zu denken in ihren Umständen natürlich.

Der General. Sie haben Sich und uns Gerechtigkeit widerfahren lassen.

Grandison. Die gleiche Denkungsart, die mich gegen andere gerecht seyn heiſst, macht, daſs ich es gegen mich selbst bin. Ein Beweis davon kann Ihnen seyn, daſs ich mich nicht erniedrigen wollte, die Tochter eines Königs unter schimpflichen Bedingungen anzunehmen, und daſs ich selbst auf Klementinen Verzicht thue, so lange jemand in Ihrer

Familie ist, der mich ihrer Hand unwürdig hält. Sie haben meine Erklärung, Herr General! Das Übrige belieben Sie mit Ihren Verwandten auszumachen. Diese werden Ihnen am besten sagen können, was sie zu den verbindlichen Gesinnungen bewogen hat, die sie für mich angenommen haben.

Der General. Ha! Ist es so weit gekommen, daſs uns der Chevalier Grandison Trotz bieten darf? Ich bin auſser mir! Wie? wir sollen uns noch allzu glücklich schätzen, wenn ein Mann, wie Sie, sich erniedrigen will, die Tochter des Markgrafen von Porretta mit seinem Nahmen zu beehren? — Und derjenige, der sich untersteht, mir eine solche Erklärung zu thun, ist weniger als ein König? Er müſste auch mehr als ein Sterblicher seyn, meiner Rache zu entgehen!

Grandison. Drohungen haben mich nie erschreckt, Herr General. Ich würde mich selbst verachten, wenn ich eine Antwort auf eine so willkührliche Auslegung meiner Worte nöthig hielte.

Der General. Keine Worte mehr! Ich bin nicht gewohnt, mich der Zunge statt eines Waffens zu bedienen. Kommen Sie mit mir in den Park, Chevalier! Ihr Leben oder das meinige! Die Erde kann nicht zwey so stolze Menschen, als wir sind, zugleich tragen.

Grandison. Ich bin bereit mit Ihnen zu gehen, wohin Sie wollen.

Sie gehen ab.

ZEHNTER AUFTRITT.

Pater Mareskotti allein.

Ich habe die Stimme des Generals gehört. Es war die Stimme eines Drohenden. Er redete, wie ich glaube, mit Grandison. — Aber hier ist niemand. Sie sind fortgegangen. Der Himmel verhüte, daſs es in schlimmen Absichten geschehen sey! Ich will sie aufsuchen — Aber sehe ich nicht hier den Grafen von Belvedere?

EILFTER AUFTRITT.

Pater Mareskotti, Belvedere.

P. Mareskotti. Ich glaubte, Sie wären nicht mehr in Bologna, Herr Graf!

Belvedere. Der General fand mich, da ich im Begriff war abzureisen. Ich hatte eine Unterredung mit ihm. Meine Besorgnisse für Klementinen, der ich fest entschlossen bin mich selbst aufzuopfern, machten, daſs ich mit Eifer zum Vortheile meines Nebenbuhlers sprach. Es war umsonst. Der General verlieſs mich auf eine ungestüme Art. Ich machte mich sogleich fertig ihm zu folgen, und ich komme jetzt, alles anzuwenden, ihn mit Grandison auszusöhnen. Ich weifs was ich thue, Herr Pater Mareskotti! Es wird mir das Leben kosten; aber ich werde die Zufriedenheit haben, die Glückseligkeit derjenigen befördert zu haben, die ich liebe.

P. Mareskotti. Vielleicht belohnt der Himmel diese edeln Gesinnungen mit einem ganz andern Ausgang, als Sie jetzt vermuthen. Das Glück Ihres Nebenbuhlers ist noch nicht aufser Zweifel. Ich komme eben jetzt von einer langen Unterredung mit der jungen Gräfin — Aber wir haben nicht Zeit hier zu verweilen — Wir wollen gehen, den General zu suchen.

Belvedere. Sie haben mich ganz bestürzt gemacht — Aber ich will meine Ungeduld zurück halten — Lassen Sie uns eilen.

ZWÖLFTER AUFTRITT.

Die Scene ist das Zimmer des Jeronymo.

JERONYMO, KLEMENTINA.

Klementina sitzt, den Kopf auf ihren Arm gestützt, in einem schwermüthigen Stillschweigen, das zuweilen durch Seufzer unterbrochen wird.

Jeronymo. Was fehlt Ihnen, meine liebste Schwester? Sie nähern Sich dem Augenblick, der alle Ihre Trübsale enden wird, Sie werden über Ihre Hoffnung glücklich werden, und Sie sind traurig? Sie beantworten die zärtlichen Ausbrüche meiner Freude mit halb erstickten Seufzern, und indem ich in Entzückung über Ihr bevorstehendes Glück aller meiner Schmerzen vergesse, schleichen stille Thränen, die Verräther irgend eines geheimen Kummers, über ihre Wangen?

Klementina. Ach, Jeronymo! —

Jeronymo. Wie ist es möglich, meine Klementina, daß so frohe, so glänzende Aussichten nicht jede Spur der Traurigkeit aus Ihrer Seele tilgen? — Glückliche, dreymahl glückliche Schwester! Die Geliebte, die Freundin, die Gemahlin meines Grandison! Welch ein Himmel von Glückseligkeiten liegt in diesen Nahmen! Welch ein Vorzug vor allen Ihres Geschlechts!

Klementina. Halten Sie ein, liebster Jeronymo — Wollte der Himmel, meine eigene Fantasie wäre weniger geschäftig, mir das Glück auszumahlen, dem ich zu entsagen genöthiget bin!

Jeronymo. Was sagen Sie, Schwester? Was für neue Besorgnisse? Woher diese Kleinmüthigkeit und diese hoffnungslose Sprache? Hören Sie auf, Sich selbst zu quälen! Alle Hindernisse sind gehoben. Fürchten Sie nicht, daſs unsere Ältern ihren Entschluſs ändern möchten. Das unvergleichliche Betragen unsers Freundes hat sie so sehr eingenommen, daſs sie diese Verbindung jetzt eben so heftig wünschen, als ich selbst. Oder fürchten Sie etwa den General? Sein Widerstand wird nur den Sieg unsers Freundes zu erhöhen dienen. Verbannen Sie also alle traurigen Gedanken, liebste Klementina! Sie haben die schwerste Prüfung überstanden; der Augenblick ist nun gekommen, der Sie für alle Ihre Leiden belohnen wird.

Klementina. Ach, Jeronymo! Sie wissen nicht — Ich kann nicht reden — Ich fürchte mich, Ihnen zuzuhören — Ich fürchte mich vor mir selbst — Verzeihen Sie mir, lieber Bruder! — Aber ich muſs Sie verlassen —

Sie steht auf, um fortzugehen.

DREYZEHNTER AUFTRITT.

Die Markgräfin, die Vorigen.

Die Markgräfin. Ich freue mich, euch bey einauder zu finden, meine Kinder! Dein Bruder, meine theure Klementina, wird dir angekündigt haben, was wir für den Chevalier zu thun entschlossen sind. Er ist deiner würdig, Klementina; und so schwer es mir auch fallen wird, den Liebling meines Herzens aus meinen mütterlichen Armen zu lassen, so beruhigt mich doch die Gewifsheit, dafs du durch den Mann, den dein Herz erwählt hat, so glücklich werden wirst, als man es in diesem Leben seyn kann.

Klementina umfafst ihrer Mutter Knie. O gnädige Mama, wie gütig sind Sie! und was für eine tiefe Empfindung habe ich von Ihrer und meines Vaters liebevoller Nachsicht! Wie soll ich jene ausdrükken? wie soll ich diese erwiedern? — Wie unwürdig würde ich der wiederkehrenden Vernunft seyn, wenn ich mich nicht bemühen würde, sie gänzlich zu Erfüllung meiner Pflicht gegen Gott und Sie anzuwenden! — Aber erlauben Sie mir, ich bitte Sie, dafs ich mich in mein Zimmer begebe, und einige Stunden ungestört bleibe. Ich habe nöthig, mich zu der Scene, die mir bevorsteht, vorzubereiten.

Sie begiebt sich eilfertig hinweg.

VIERZEHNTER AUFTRITT.

Die Markgräfin, Jeronymo.

Die Markgräfin. Was sagte das liebe Geschöpf? Wie feierlich war ihr Gesicht und der Ton ihrer Stimme! Und wie eilfertig ging sie hinweg! — Sie hat etwas auf dem Herzen; aber ich begreife nicht, was es seyn kann. — Wenn ich nicht selbst gehört hätte, wie freundschaftlich der Pater Mareskotti sich zum Vortheil des Chevaliers erklärte, so würde ich glauben, daſs er sie mit neuen Zweifeln beunruhiget habe.

Jeronymo. Ich werfe keinen Verdacht auf Mareskotti. Er ist zu rechtschaffen und zu klug, sich einer solchen Übereilung schuldig zu machen. Klementina wird von allem, was ihr begegnet, noch zu stark gerührt. Die Ankunft des Generals hat sie erschreckt. Furcht und Hoffnung streiten in ihrer Seele, und das Glück, das ihr angekündigt worden, ist zu groſs und unverhofft, als daſs sie es glauben könnte. Sie wird ruhig werden, so bald sie nicht mehr zweifeln kann.

Die Markgräfin. Du beruhigst mich wieder, mein Sohn! Wir haben angenehme Aussichten vor uns; dasjenige, was sie uns gekostet haben, erhöhet ihren Werth. Wir wollen jetzt alle unsere Gedanken darauf richten, deinen Bruder, den General, mit dem Chevalier zu versöhnen. Ich habe defshalben nicht den geringsten Kummer. Es ist unmöglich, gegen die Verdienste dieses Mannes auszuhalten.

ENDE DES VIERTEN AUFZUGS.

FÜNFTER AUFZUG.

ERSTER AUFTRITT.

GRANDISON, KAMILLA.

Kamilla. Ich wünsche Ihnen Glück, gnädiger Herr, zu dem Siege, den Sie über die Hindernisse Ihres Glücks erhalten haben. Sie haben aus dem General einen Freund, und aus Ihrem Nebenbuhler selbst einen Fürsprecher Ihrer Sache gemacht. Alle Glieder der Familie haben es der Gräfin Klementina aufgetragen, die Verbindlichkeiten zu erstatten, welche sie Euer Gnaden schuldig zu seyn erkennen. Die allzu zärtliche Denkungsart der jungen Gräfin ist die einzige Schwierigkeit, die Ihnen, wie ich besorge, noch zu überwinden übrig ist.

Grandison. Die vergangene Nacht ist mir lang geworden, Kamilla! Ich weiſs nicht, was für traurige Vorempfindungen sich meiner bemeistert haben. Ich gestehe Ihnen, daſs ich vor der Zusammenkunft zittre, die mir mit Ihrer Gebieterin bevorsteht.

Kamilla. Die Gräfin Klementina befindet sich in den gleichen Umständen. Sie hat diese ganze Nacht schlaflos zugebracht, und ihre Furcht vor dieser Zusammenkunft scheint jetzt eben so grofs, als ihre Erwartung derselben Anfangs ungeduldig war. Seit dem Augenblick, da ihr die Markgräfin den Entschlufs der Familie entdeckte, ist ihr Bezeigen ganz anders als vorher. Sie ist still, zurückhaltend, und auf eine feierliche Art ernsthaft. Sie hat etliche Stunden in ihrem Kabinet mit Schreiben zugebracht. Es war Mitternacht, da sie noch schrieb. Morgen, Kamilla, sagte sie endlich nach einem langen Stillschweigen, und ihr Gesicht veränderte sich, indem sie diefs sagte, morgen wird ein wichtiger Tag für mich seyn. O dafs er schon gekommen, und auch schon vorüber wäre! — Es kostete mir viele Mühe sie zu bereden, dafs sie sich zur Ruhe begeben möchte. Doch um vier Uhr des Morgens stand sie schon wieder auf, und ging an ihren Schreibetisch. Ich vermuthe, sie setzt einige Bedingungen auf, welche Sie unterzeichnen sollen. Aber aus etlichen Worten, die ihr ungefähr entfallen sind, getraue ich mir zu sagen, dafs es grofsmüthige Bedingungen seyn, und dafs sie mehr Fantasie als Härte haben werden.

Grandison. Hat Ihre junge Gräfin während meiner Abwesenheit eine Unterredung mit dem Pater Mareskotti gehabt?

Kamilla. Ja, und ich bekenne Ihnen, dafs ich der Begierde nicht habe widerstehen können, sie zu behorchen. Ich hatte keine böse Absicht. Was ich von ihrer Unterredung hören konnte, gereicht zur Ehre dieses würdigen Mannes. Er erhob Ihren Karakter, gnädiger Herr, in Ausdrücken, die nur das Herz eingeben kann; und ich hörte ihn sagen, er hoffe, Klementina werde, wenn sie die Ihrige sey, das gesegnete Werkzeug Ihrer Bekehrung seyn.

Grandison. Ich habe niemahls einen Zweifel in die Redlichkeit des Paters Mareskotti gesetzt. — Aber die Stunde der Zusammenkunft ist da. Melden Sie mich der Gräfin, Kamilla!

Kamilla. Sie ersucht Euer Gnaden, Sich indessen bey ihrem Bruder Jeronymo zu verweilen, bis sie, wie sie sagt, mehr Muth gefafst hat, Sie zu sehen. Die Wunden des armen Barons haben sich diese Nacht verschlimmert. Sie werden die Ärzte bey ihm antreffen.

ZWEYTER AUFTRITT.

Der Schauplatz stellt Klementinens Zimmer vor.

KLEMENTINA

kommt mit einem Papier in der Hand aus ihrem Kabinette.

Nun ist sie da, die gefürchtete Stunde — O daſs sie schon vorüber wäre! Wie werde ich mein Gesicht zu diesem erhabenen Manne aufheben? Was werde ich ihm sagen? Was werde ich ihm antworten können? — Dieses Papier soll für mich reden! — Aber, o Grandison, wenn du Klementinen liebst; wenn es mehr als Mitleiden und Groſsmuth ist, was du für sie empfindest; wenn ihr Besitz dich glücklich gemacht hätte: — wirst du ihr vergeben können? Wüſstest du was es ihr gekostet hat! Doch die Thränen, womit dieses traurige Blatt befleckt ist, werden dirs sagen. — Kamilla! — Aber nein! noch kann ich ihn nicht sehen — Ich bin noch nicht gefaſst —

DRITTER AUFTRITT.

KLEMENTINA, KAMILLA.

Kamilla. Sie haben mir gerufen, gnädige Gräfin!

Klementina. Ich will allein seyn, Kamilla — Verlassen Sie mich.

Kamilla. Wissen Sie, gnädige Gräfin, daſs der Chevalier auf die Erlaubniſs wartet, Sie zu sehen?

Klementina. Ich kann ihn noch nicht sehen — Keine Widerrede, Kamilla! Überlassen Sie mich mir selbst.

Kamilla geht ab.

VIERTER AUFTRITT.

KLEMENTINA allein.

Sie wirft sich, nachdem sie etliche Mahl in tiefen Gedanken auf und ab gegangen, in groſser Unruhe und Beängstigung auf einen Sofa.

O warum muſste ich ihn sehen? Warum muſste ich ihn sehen? Warum muſsten einem Manne, der nicht mein Bruder seyn konnte, der Nahme und die Rechte eines Bruders gegeben werden? Warum mufste sein untadeliger Werth meine Liebe zugleich entflammen und rechtfertigen? — Unglückselige! wen beschuldigest du? Klage deine eigene Schwachheit an! Was zwang dich zu reden? Warum liefsest du nicht dein trauriges Geheimnifs, in ewiges Stillschweigen gehüllt, an deiner stummen Brust nagen? — O dafs ich schon bey denen wäre, die im Grabe schlummern! O dafs meine Seele schon entfesselt, schon in jene Welt hinüber gerettet wäre, wo die Tugend nicht mehr kämpfen mufs, und die Glückseligkeit nicht an ewiges Elend grenzt! — Doch sie kommt, ich fühle es, sie nähert sich, die glückliche Stunde — meine Tage laufen zum Ende — Trostvolle Hoffnung! du giebst meiner Seele ihre ganze Stärke wieder!

<small>Sie steht auf.</small>

— Ja! ich will grofs, ich will wie eine Unsterbliche handeln! Und Du, dem ich dieses Opfer bringe, Du wirst mich stärken! — Aber, o bester, liebenswürdigster unter den Männern! soll ich dir entsagen, soll ich dich auf ewig von mir verbannen, ohne dafs du wissest, wie sehr deine Klementina dich geliebt hat? Wirst du es auch glauben, wirst du es begreifen können, dafs nur eine Liebe, wie die ihrige, ein menschliches Geschöpf fähig machen konnte, das zu thun, was ich thun will? — Ja, Geliebter, nur damit ich dich ohne Vorwürfe meines Herzens, ohne Gefahr meiner Seele, lieben könne, entsage ich dem Glück, die Deinige zu seyn! Eine bessere Welt soll uns wieder geben, was uns diese vorenthält! Diefs sollen meine unermüdeten Gebete und meine glühenden Thränen vom Himmel erbitten! — Mich dünkt ich bin nun ruhiger — Ja, ich bin es, ich will Kamillen rufen — Kamilla!

Kamilla erscheint.

Sagen Sie dem Herrn Grandison, daſs ich ihn erwarte. —

Kamilla entfernt sich wieder.

— Nun wird er kommen! Nun soll ich ihm sagen — Ach! niemahls, niemahls werden es meine Lippen aussprechen können — O ihr Engel und ihr Heiligen des Himmels alle, stehet mir bey! Ihr Zeugen meiner geheimen Thränen und des schmerzhaften Kampfes, den meine Seele gekämpft hat, verlasset mich nicht! Verlasset mich nicht in diesem furchtbaren Augenblicke!

FÜNFTER AUFTRITT.

GRANDISON, KLEMENTINA.

Grandison. Wie sehr, liebenswürdigste Klementina, hat mich nach dieser Zusammenkunft verlangt! Das Gut, nach welchem ich zu streben aufgemuntert worden, ist zu unschätzbar, als daſs ich ruhig seyn könnte, ehe ich des Besitzes desselben gewiſs bin. Diese englische Gütigkeit, die ich in Ihren Augen sehe, macht mich kühn — Darf ich hoffen, theuerste Gräfin, daſs Ihr Entschluſs mit demjenigen übereinstimmt, was nunmehr der vereinigte Wunsch aller Ihrer Verwandten ist?

Klementina sitzt mit niedergeschlagenen Augen, und antwortet bloſs mit Seufzern.

Grandison. Die Bedingungen sind Ihnen schon eröffnet worden. Der Pater Mareskotti wird fortfahren, Ihr geistlicher Führer zu seyn. Ich werde stets um das andere Jahr, wechselsweise in Italien und England, durch meine Klementina glücklich seyn.

Klementina mit einem Gesicht und Ton, welche eine Mischung von Vergnügen und Wehmuth ausdrücken. Ihre Klementina? — Ach! Herr Grandison!
Sie wendet ihr Gesicht.

Grandison. Ja, gnädige Gräfin, die Hoffnung, daſs Sie es seyn werden —

Klementina fällt ihm schnell in die Rede. Halten Sie ein, Chevalier — Sprechen Sie es nicht aus — Ach! wie werde ich —

Sie geht gegen ihr Kabinet, kehrt aber wieder um, und wendet sich mit einem Blick voll zärtlichem Ernst gegen Grandison.

Und sind Sie unveränderlich entschlossen, Herr Grandison? Werden Sie, können Sie kein Katholik werden?

Grandison. Sie haben ja eingewilliget, gnädige Gräfin, als ich das letzte Mahl in Italien war, daſs ich den Aussprüchen meines Gewissens folgen dürfe.

Klementina zeigt in ihrem Gesicht und durch ihre Geberden die äusserste Verlegenheit. Sie versucht zu reden, aber sie kann kein Wort hervorbringen. Endlich geht sie nach ihrem Kabinet, und indem sie dem Grandison ein Papier in die Hand giebt, sagt sie mit stockender Stimme:

Dieses Papier — Lesen Sie es — Verlassen Sie mich! Verlassen Sie mich.

SECHSTER AUFTRITT.

Grandison allein.

O das ist zu viel! Was seh' ich? Sie fällt auf ihre Knie — sie zerfliefst in Thränen — O diefs Ächzen durchbohrt meine Seele! Es ist das Ächzen eines Sterbenden — Meine Ahnungen sind erfüllt! — Aber, o Klementina, in diesem Augenblick habe ich keinen Wunsch, keinen Gedanken für mich selbst! — Ich zittre dieses Papier zu eröffnen. — Doch, sie verlangt es. —

Er eröffnet das Papier, und versucht zu lesen.

Ich kann nicht lesen — meine Augen sind umnebelt — Gütiger Himmel! welch ein Ausgang ist das!

SIEBENTER AUFTRITT.

Die Markgräfin, Grandison.

Die Markgräfin. Was ist vorgegangen, lieber Chevalier? Ich finde Klementinen in Thränen. Sie bittet mich, sie dem Kampfe mit sich selbst zu überlassen. Die Beängstigung ihres Herzens macht sie athemlos. Sie fürchtet Ihren Unwillen, Chevalier! Sie hat Ihnen ein Papier gegeben. Lassen Sie ihn das lesen, sagte sie, und lassen Sie mich hier so lange bleiben, bis er nach mir fragt; wofern er anders, nachdem er es gelesen hat, ein Geschöpf noch vor seinen Augen leiden kann, das seiner Gütigkeit unwürdig ist — Ich bin ganz erstaunt — Was bedeutet alles dieses?

Grandison. Gnädige Frau, Sie sehen mich so bestürzt, als ich niemahls gewesen bin. Ich weifs den Inhalt des Papiers noch nicht. Ich will es Ihnen vorlesen, wenn ich kann.

Die Markgräfin. Lesen Sie es allein, Chevalier! Ich gehe, dem Markgrafen zu melden, was vorgeht.

ACHTER AUFTRITT.

GRANDISON allein.

Ich errathe den Inhalt dieses Papiers. — Ihre Einbildungskraft, die durch ihre Krankheit über die natürliche Höhe getrieben worden, hat die Bedenklichkeiten ihres Gewissens geschärft. Sie wird sich verpflichtet glauben, dem Himmel ein Opfer von ihrer Liebe zu bringen — Liebste Klementina, soll ich deinen Besitz — Doch, ich will lesen.
Er setzt sich und liest.
— Vortreffliches Geschöpf! — Ich muſs inne halten — Welche Zärtlichkeit! Welche Unschuld! Welche Hoheit der Seele! — O Klementina! warum muſstest du dich in der strahlenden Vollkommenheit eines Engels vor meine Augen stellen, wenn ich deinem Besitz entsagen soll? —
Er fährt fort zu lesen.
— Unwiderstehliches Geschöpf! wie verehre ich dich! — Es ist genug! Ich bin alles, was du willst, das ich seyn soll!

NEUNTER AUFTRITT.

Der Bischof, Grandison.

Der Bischof. Was höre ich, liebster Grandison? Was ist aus meiner Schwester geworden? — Sie sind aufserordentlich gerührt, Chevalier! Was hat diese liebe Träumerin —

Grandison. Lesen Sie, gnädiger Herr, lesen Sie dieses Papier, und seyn Sie stolz auf Ihre Schwester! Sie ist ein Engel! Ihr Besitz würde ein irdischer Himmel für mich gewesen seyn! — Sie hat mich abgewiesen — aber aus so grofsen Beweggründen und auf eine solche Art, dafs ich sie mehr als jemahls verehren mufs — Sie ist das liebenswürdigste unter allen menschlichen Wesen —

Der Bischof. Ich begreife nichts von dieser seltsamen Aufführung. Ich will ihr Papier dem Markgrafen und der Markgräfin lesen. Aber der Inhalt mag auch seyn welcher er will, so hoffe ich, Sie werden Sich nicht so schnell durch die hoch fliegenden Schwärmereyen eines fantastischen Mädchens blenden lassen. Ihre Einbildungskraft ist auf einer Höhe, worauf sie sich nicht erhalten kann. Sie wird ganz anders denken, wenn sie wieder gelafsner seyn wird.

Grandison. Lesen Sie, gnädiger Herr, bewundern Sie Klementinen, und bedauern Sie mich.

Der Bischof geht mit dem Papier ab.

ZEHNTER AUFTRITT.

Grandison, Klementina, Kamilla.

Indem Grandison mit den äuserlichen Zeichen einer grofsen Unruhe auf und ab geht, erscheint Klementina auf dem hintern Theile des Theaters. Sie bleibt stehen, da sie Grandison sieht, und lehnt sich an Kamillen zurück.

Klementina. Können Sie mir verzeihen, Grandison? — Können Sie einer Kreatur verzeihen, die Ihren Unwillen weder vermeiden noch ertragen kann?

Grandison. Ihnen verzeihen, theuerste Klementina? Vergeben Sie mir, dafs ich so vermessen gewesen bin, dafs ich noch so vermessen bin, und hoffe, einen solchen Engel mein zu nennen.

Klementina. Reden Sie nicht von Hoffnung, Chevalier! Sagen Sie, dafs Sie mir vergeben. Beruhigen Sie mein Herz, wenn es Ihnen möglich ist!

Grandison. Sie haben nichts gethan, das Vergebung nöthig hat. Ich bete die Gröfse Ihrer Seele an — Aber — O dürfte ich Ihr Mitleiden — Vergeben Sie mir, allzu liebenswürdige Klementina — ich schweige! Was auch mein Herz dabey leiden mag, so will ich doch nichts anders seyn, als was Sie wollen, das ich seyn soll.

Klementina. Wenn Sie mich lieben, theurer Grandison, so machen Sie mir Muth, in dem Entschlusse standhaft zu bleiben, den ich gefaſst habe. Ich würde unaussprechlich elend seyn, wenn der Verlust meiner Person Sie unglücklich machen könnte. Meine Liebe können Sie nie verlieren. Die besten, die zärtlichsten Empfindungen meines Herzens sind Ihnen heilig. Sie sind in den Grund meiner Seele eingewebt. Sie werden unsterblich seyn, wie sie.

Grandison. Verehrungswürdiger Engel! Wie gütig muntern Sie mich auf, mich Ihrer würdig zu zeigen! — Fahren Sie fort, liebste Klementina! Helfen Sie mir, lehren Sie mich, einen Verlust zu ertragen, dessen ganze Gröſse Sie mich erst jetzt kennen gelehrt haben.

Klementina. Könnte Grandison schwächer seyn, als seine Klementina? — O wüſsten Sie, was es ihr gekostet hat, diesen Entschluſs zu fassen! — Ich habe keine Ursache mehr, zu verbergen, wie theuer Sie mir sind! — Ja, liebster Chevalier! wenn ich ohne Unruhe meines Gewissens die Ihrige hätte seyn können; die wildeste Einöde wäre mir mit Ihnen ein Paradies gewesen. Schlieſsen Sie aus der Gröſse meiner Selbstverläugnung, mit welcher Stärke die Beweggründe auf mein Gemüthe wirken müssen, die mich derselben fähig machen! — Das Opfer war grofs, das der Himmel von mir forderte. Aber, da ich die Kürze dieses Lebens betrachtete, und die Ewigkeit mit allen ihren Hoffnungen und Schrecknissen vor meiner Seele lag, konnte ich mich da bedenken, was ich wählen sollte?

Grandison. Ich verehre Ihre Beweggründe, ob sie mich gleich nicht überzeugen; ich verehre die Zärtlichkeit Ihrer Denkungsart, und diese Frömmigkeit, die Sie in meinen Augen über die menschliche Natur erhebt. Aber — o meine Klementina — Ich bemühe mich umsonst, Ihnen zu verbergen, wie schwer es mir ist, einer Glückseligkeit zu entsagen—

Klmentina indem sie ihm mit zärtlichen Geberden die Hand auf den Mund legt. Liebster Chevalier, sagen Sie das nicht! — Wie soll ich sonst meinen Vorsatz halten? — Lassen Sie mich nicht in meiner Hoffnung betrogen werden! Ich sah Sie als den Freund meiner Seele an — ich kannte Sie als den edelsten und besten unter den Sterblichen — hätte ich es sonst wagen dürfen, mein Schicksal Ihrer Grofsmuth zu überlassen?

Grandison. Sie sollen Sich nicht betrogen haben, unnachahmliche Klementina! Ich will der Freund Ihrer Seele seyn; und diese geliebte Seele nehme ich zum Zeugen, dafs ich von diesem Augenblick an jedem eigennützigen Wunsch entsage, und mich aller Vortheile begebe, die mir die Grofsmuth

Ihrer Verwandten, meine Liebe, und die Gütigkeit der Gräfin Klementina selbst, zu Bestreitung Ihres Vorsatzes geben könnte.

Klementina. Wie würdig sind Sie in diesem Augenblicke meiner ganzen Zärtlichkeit! — Unsterbliche, liebster Grandison, Engel schauen auf uns herab und billigen uns! O möchte ich durch den Dienst dieser unsichtbaren Freunde der Menschen den Geliebten meiner Seele dort wiederfinden, wo uns nichts mehr trennen könnte! — Hören Sie mich, Grandison, und geben Sie mir noch den letzten Beweis, daſs Sie mich lieben! — In dem Augenblicke, da ich entschlossen war, den Wunsch meines Herzens meiner höchsten Pflicht aufzuopfern, habe ich alle Ansprüche an irdische Glückseligkeit aufgegeben. Die Welt hat keine Reitzungen mehr für mich. Dasjenige, was ich durch meine Krankheit erlitten, und was mir der gewaltthätige Kampf mit mir selbst gekostet hat, bekräftiget die Ahnung, die ich in mir fühle, daſs ich nicht lange mehr zu leben habe. Soll ich nicht den Überrest meines Lebens anwenden, glücklich zu sterben? Ja, Chevalier! ich bin entschlossen, mich von der Welt zu entfernen. Alle meine Gedanken, alle meine Wünsche sind auf dieses Einzige gerichtet. Helfen Sie mir, Chevalier! Sie vermögen alles bey meinen Ältern. Unterstützen Sie mein sehnliches einziges Verlangen! — Meine Liebe zu Ihnen wird mir in die heilige Freystätte folgen, die ich mir erwählet habe. Die ewige

Glückseligkeit Ihrer Seele soll Tag und Nacht der
Gegenstand meines Gebetes seyn. Gott wird die
Thränen eines armen Geschöpfes ansehen, das ihm
alles aufgeopfert hat. Seine Gnade wird Sie erleuchten — und — o entzückende Hoffnung! — ich werde
Sie in den himmlischen Wohnungen wiederfinden! —
Was sagen Sie zu meinem Vorhaben, Chevalier?
Wollen Sie Ihrer Klementina diesen Beweis geben,
daſs Sie ihre Seele lieben?

Grandison. Auf was für eine Probe stellen Sie
eine Liebe, an der Sie nicht mehr zweifeln können?
Wie soll ich einwilligen, wie soll ich selbst dazu
behülflich seyn, daſs eine Dame von so auſserordentlichen Vorzügen in der Blüthe ihrer Jugend der Gesellschaft entzogen werde, welche desto gerechtere
Ansprüche an sie hat, je gröſser ihre Tugenden sind?
Wie soll ich es wagen dürfen, Ihren Ältern einen
Antrag zu machen, der sie einer Tochter beraubte,
von der sie hoffen, daſs sie das Vergnügen ihres
übrigen Lebens seyn werde? Ein Antrag, der mir
das Ansehen geben würde, als ob ich wünschte, daſs
Sie, weil Sie nicht die Meinige seyn können, für
alle Welt verloren seyn möchten! — Erlauben Sie,
gnädige Gräfin, Ihrem Grandison, Sie zu bitten,
daſs Sie mit verdoppelter Aufmerksamkeit erwägen,
was Sie so gütigen Altern und so zärtlichen Verwandten, wie die Ihrigen, schuldig sind, ehe
Sie Sich —

Klementina unterbricht ihn ein wenig hitzig. Ich habe alles erwogen, Chevalier! Meine Ältern verlieren nicht mehr, als sie durch unsere Vermählung verloren hätten. Ich fühle mit der gerührtesten Dankbarkeit alles, was ich ihnen schuldig bin; aber ist nicht meine Pflicht gegen sie einer höhern Pflicht untergeordnet? Glauben Sie mir, dafs ich alles erwogen habe. Ich bin überzeugt, dafs der Trieb, den ich in mir fühle, von Gott ist. Er ist unwiderstehlich! — O Grandison! warum wollen Sie mich des einzigen Mittels berauben, welches mir den Schmerz unserer Trennung erleichtern kann? Und haben Sie auch wohl bedacht, was die Folgen davon seyn werden, wenn Sie mich verhindern, den Schleier anzunehmen? Ach, Chevalier! von Ihnen hätte ich das nicht vermuthet! Von dem Augenblick an, da Sie Bologna werden verlassen haben, werde ich den Verfolgungen des verhafsten Belvedere und meines Bruders ausgesetzt seyn. Alle werden sich wider mich vereinigen. Man wird mich zur Verzweiflung treiben, und ich werde mein elendes Leben vor der Zeit endigen, ohne dafs ich den Trost gehabt habe, mich zu dem künftigen vorzubereiten. Können Sie so grausam seyn, Chevalier, und mich einem solchen Zustand überlassen?

Grandison. Theure Klementina! Sie setzen mich in die äufserste Verlegenheit. Ich darf es nicht wagen, Sie um die Widerrufung des strengen Gesetzes zu bitten, das Sie mir aufgelegt haben —

Ich habe mein Wort gegeben — Ich kann nicht unedel seyn — Aber ist denn kein ander Mittel als der Schleier, Sie vor demjenigen, was Sie fürchten, sicher zu stellen? Ich kenne ein Mittel, das unfehlbar ist. Sie haben Beweise von der Gütigkeit Ihrer Ältern. Von einem so grofsmüthigen Vater, von einer so zärtlichen Mutter dürfen Sie Sich alles versprechen. Und erlauben Sie mir auch zu sagen, dafs der Graf von Belvedere Sie zu sehr verehrt, als dafs er sich der Freundschaft Ihrer Verwandten bedienen sollte, Ihnen Unruhe zu machen. Er ist unglücklich, weil er Klementina ohne Hoffnung liebt; aber er verdient nicht, dafs Sie ihn hassen.

Klementina für sich, mit einer trostlosen Stimme und Geberde. Arme, unglückliche Klementina! — So vereiniget sich alles, dich elend zu machen! — Es war ein Trost für mich zu glauben, dafs er mich liebe — Der angenehme Betrug schläferte meine Schmerzen ein, und gab mir Augenblicke von Ruhe — Mufste ich auf eine so grausame Art belehrt werden, dafs ich mich betrogen habe?

Grandison. Hören Sie auf, Klementina, mein Herz mit diesen ungütigen Zweifeln zu martern! — Doch es ist noch gröfsere Pein für mich, Sie von diesen selbstgemachten Schmerzen gequält zu sehen! — Sie können nicht an meiner Liebe zweifeln, liebste Klementina! was wollte ich nicht thun, was wollte ich nicht leiden, Sie zu überzeugen —

Klementina. Vergeben Sie mir, Chevalier!
Ich bin ungerecht gewesen — Vergeben Sie Ihrer
Klementina! Aber, o lassen Sie mich Sie bitten —
Sie wirft sich ihm zu Füſsen.

Grandison indem er sie aufheben will. Stehen Sie
auf, liebste Gräfin — Ich beschwöre Sie, stehen
Sie auf.

Klementina. Nein, Grandison, ich will nicht
aufstehen; hier zu Ihren Füſsen will ich liegen bleiben, und nicht aufhören, Sie zu bitten — O wenn
Ihnen Klementina jemahls werth gewesen ist, wenn
Ihr groſsmüthiges Herz nicht für sie allein ohne Mitleiden ist — bey meiner Liebe, Grandison, bey den
Thränen, die nun so lange mein einziges Labsal sind,
beschwöre Sie, lassen Sie Sich erbitten! Billigen
Sie, unterstützen Sie meinen Entschluſs! Lassen Sie
den Überrest meines Lebens glücklich seyn! Lassen
Sie mich —

Grandison hebt sie auf. Unwiderstehlicher Engel! Ich will — ich will alles was Sie wollen! Meine
Seele wird von der Ihrigen fortgerissen — Vergeben
Sie mir, daſs ich mich Ihren Wünschen widersetzte;
ich habe keine andere als Ihre Glückseligkeit!

Klementina. O Grandison! der Allmächtige
belohne Sie für diese groſsmüthige Liebe, die ich
nicht belohnen kann! — Ich werde also nicht ganz
unglücklich seyn! In der Stille einer einsamen Zelle

werde ich ungetadelt und ungestört meiner Zärtlichkeit und meiner Thränen geniefsen. Nur unsichtbare Engel werden sie sehen, und die Seufzer zu dem Throne des Ewigen tragen, in denen sich meine Seele für Sie aushauchen wird! — Sie haben mir das Leben wieder gegeben, Chevalier! — Gehen Sie, meinen Vater zu bewegen, dafs er meinen Vorsatz billige. Lassen Sie mich Ihnen die einzige Glückseligkeit zu danken haben, deren ich fähig bin!

Grandison. Möchten Sie in diesem Augenblick in meine Seele schauen können! Ich gehe — Sie verlangen es! — O Klementina, wenn nicht ein besseres Leben auf uns wartete, wie unglücklich wär' es, geboren zu seyn!

Er geht ab.

EILFTER AUFTRITT.

Die Markgräfin, Klementina.

Die Markgräfin. Ich glaubte, den Chevalier bey dir zu finden, Klementina?

Klementina. Er hat mich diesen Augenblick verlassen, gnädige Mama!

Die Markgräfin. Du hast uns alle in Erstaunen gesetzt, Klementina! Wer hätte einen solchen Ausgang vermuthen sollen? Wir sind in grofser Verlegenheit — Dein Bruder Jeronymo dringt hitzig darauf, dafs wir uns nicht an deine Schwärmereyen kehren sollen. Diefs war sein Ausdruck. Das Übermafs seiner Dankbarkeit gegen Grandison macht ihn ungehalten auf seine Schwester. Aber du hast an dem Pater Mareskotti und mir Fürsprecher gefunden. Ich bedaure den Chevalier; ich bedaure dich, Klementina; ich fühle alle die Wunden, womit der Kampf dein Herz zerreifsen mufste, ohne den du keinen solchen Sieg erhalten konntest. — Aber wirst du auch Stärke genug haben, meine Liebe, bey dem Vorsatze zu bleiben, den du so grofsmüthig genommen hast?

Klementina. Ich fühle meine Schwäche, und ich hoffe, dieses wird meine Sicherheit seyn. Ich habe nicht ohne Überlegung gehandelt. Ich überdachte alle meine Pflichten; ich setzte mich an die Stelle einer Person, die mich in solchen Umständen, wie die meinigen, um Rath fragte. Die Entscheidung war wider den Vortheil meines Herzens. Ich zweifelte; mein Herz empörte sich wider die Aussprüche meiner Vernunft; ich durfte mir selbst nicht trauen. In der Beängstigung, worein mich diese Ungewißheit setzte, nahm ich meine Zuflucht zum Himmel. Ich bat die heilige Jungfrau, einer Unglücklichen beyzustehen, deren Herz willig war, seine Pflicht zu thun, deren Vernunft aber geschwächt war. Mein Gebet wurde erhört. Es wurde mir eingegeben, was ich thun sollte. Ich schrieb alles auf. Meine Seele war des himmlischen Triebes voll, der ihr geschenkt wurde. Ich war gelassen und tapfer, bis die Stunde kam, die ich dem Chevalier bestimmt hatte. Der innerliche Streit fing jetzt wieder an, ich rang mit mir selbst; sein Anblick erschütterte alle meine Entschließungen. Ach! könnte ich ihm nur mein Papier geben, dachte ich, so würden alle Schwierigkeiten vorüber seyn. Ich bin gewiß, wenn er die Redlichkeit meines Vorsatzes siehet, so wird seine Großmuth mich selbst darin unterstützen. Ich habe mich in meiner Erwartung nicht betrogen, und nun hoffe ich, sein Beyspiel, und eben die unsichtbare Macht, die mir Muth gegeben, nach meiner Pflicht zu handeln, werde mir Standhaftigkeit geben, darin zu verharren.

Die Markgräfin. Liebste Klementina, was
kann ich dir sagen? Ich bewundere dich, und verehre
die geheime Leitung der Vorsicht. So sehr
dein Entschluſs meiner Erwartung und selbst meinen
Wünschen entgegen ist, so kann ich ihn doch nicht
miſsbilligen. Ich bin stolz auf dich, meine Klementina!
— Aber was sollen wir nun mit diesem vortrefflichen
Manne machen? Du warest das einzige seiner
würdige Geschenk, das wir ihm anbieten konnten.
Nun vermehrt selbst die Groſsmuth, womit er in
deinen Vorsatz williget, die Last unsrer alten Verbindlichkeiten.

Klementina. Dieſs ists, was mich am meisten
beunruhiget. — Aber ich bin versichert, daſs
diese Unruhe den Chevalier beleidigen würde, wenn
er sie wüſste. Groſsmüthige Handlungen sind seiner
Seele zur Natur geworden. Seine Tugend erhebt
ihn über alle Belohnungen; sie macht ihn durch sich
selbst groſs und glücklich. Aber, gnädige Mama —
Erinnern Sie Sich — Ich wünschte — Ich fürchte
mich zu reden — Sie sagten, daſs Sie mich bedauerten
— Ach liebste Mutter, ich habe aller Ihrer Zärtlichkeit,
alles Ihres Mitleidens vonnöthen!

Die Markgräfin. Rede frey, meine Klementina!
Du bist alles, was mir am theuersten ist.
Kannst du an meiner Liebe zweifeln? Sage was du
von mir verlangst! Deine Glückseligkeit ist mir
mehr als meine eigene.

Klementina. Eben diese allzu gütige Zärtlichkeit macht mich furchtsam. — Aber ich muſs reden — Sie wissen, gnädige Mama, daſs von der Kindheit an mein Verlangen gewesen ist, mich dem einsamen Stande zu widmen. Sie wissen, wie sehr dieser Trieb zugenommen hat, seitdem ich den Chevalier kannte. Ihre Liebe zu mir hat sich bisher meinem sehnlichen Verlangen widersetzt, und meine Dankbarkeit, mein Gehorsam gegen die beste unter den Müttern hat auf Unkosten meiner Ruhe mit dem Triebe meines Gewissens gekämpft. Befreyen Sie mich, liebste Mutter, von einem Streit, unter welchem ich erliegen muſs — Machen Sie Ihre Klementina glücklich! — Hat nicht mein unglücklicher Zustand auch Sie unglücklich gemacht? — In der Welt würde ich es allezeit bleiben. Lassen Sie mich unter die Flügel einer heiligen Einsamkeit fliehen! Ich werde nicht aufhören, Ihr Kind zu seyn, wenn ich ein Kind Gottes bin — Sie werden Ruhe und Heiterkeit auf meinem Gesichte sehen; Sie werden den Frieden des Himmels, die Hoffnungen der Unsterblichen in meinen Augen lesen; Sie werden mich glücklicher sehen, als mich der Besitz aller irdischen Güter machen könnte; und dieser Anblick wird Ihr Herz mit Trost und Freude erfüllen.

Die Markgräfin. Ach, Klementina! was forderst du von meiner Zärtlichkeit? — Du kennest die Gründe, welche die Familie verhindern, in dein Begehren zu willigen. Unsere Liebe zu dir giebt ihnen eine überwiegende Stärke. Wir können uns weder von dir trennen, noch unsere Absichten mit dir aufgeben.

Klementina. Und könnten Sie zusehen, gnädige Mama, dafs Ihre Klementina das unglückliche Opfer von Absichten würde, an denen ihr Herz keinen Antheil nehmen kann? — Nein! ich beleidige Ihre Grofsmuth! Sie können es nicht! — Bedenken Sie, was ich schon gelitten habe! — Schonen Sie Ihres armen Kindes! Lassen Sie mich nicht durch einen Widerstand in dem einzigen Wunsche, auf den mein Herz gerichtet ist, von neuem muthlos gemacht werden. Ein Rückfall könnte mich auf immer zu Grunde richten.

Die Markgräfin. Allzu rührendes Kind, wer kann deinen Bitten widerstehen? Du ängstigest mein Herz, Klementina — Hier kommt dein Vater; wenn er in dein Begehren williget, so werde ich mich unterwerfen müssen.

ZWÖLFTER UND LETZTER AUFTRITT.

DIE VORIGEN, DER MARKGRAF, GRANDISON, DER BISCHOF, DER GENERAL, DER PATER MARESKOTTI.

Der Markgraf. Ich habe Mühe zu glauben, was ich sehe und höre. Ist es möglich, meine liebe Klementina, daſs du bey einem Entschlusse beharrest, der unserer Erwartung und deinen eigenen Wünschen so sehr entgegen ist?

Klementina. Die Stimme meiner Pflicht hat so stark zu mir gesprochen, daſs es unmöglich war, ungehorsam zu seyn. Ich empfinde mit dem gerührtesten Herzen Ihre Gütigkeit, gnädiger Herr; Sie haben aus Mitleiden gegen mich —

Der Markgraf. Es ist eben so sehr aus Dankbarkeit gegen den Chevalier und aus Hochachtung gegen seine Verdienste, als aus Liebe zu dir geschehen, daſs ich deine Verbindung mit ihm beliebt habe.

Klementina. Wenn ich wüſste, daſs ich ihn glücklich machen könnte — Aber, ach, Chevalier, ich würde Sie nicht glücklich machen!

Grandison. Ich empfinde es zu stark, daſs Sie es könnten, gnädige Gräfin, als daſs ich —

Klementina. O versuchen Sie nicht mehr, mich zu bereden, lieber Grandison! Ihre Güte gegen mich macht Sie parteylich. Klementina ist Ihrer nicht mehr würdig. Ihr geschwächter Verstand; ihre gestörte Gemüthsruhe; die Zweifel, die ihr Herz ängstigen würden; die Versuche, die sie immer erneuern würde, Sie zu bekehren; ihr Verdruſs, wenn diese Versuche vergeblich wären; das Miſstrauen gegen mich selbst; und die Furcht, die mir selbst Ihre Zärtlichkeit zu einer Quelle von Plagen machen würde: alles dieſs würde Sie mit derjenigen unglücklich machen, mit der Sie ein Leben verwebt hätten, das ihr theurer ist, als ihr eigenes, und welches so sehr verdient glücklich zu seyn.

Der General. Ich bewundere meine Schwester. Sie handelt wie es einer Klementina von Porretta würdig ist!

Grandison. Sie können Sie nicht mehr bewundern, Herr General, als ich es thue, obgleich unsere Beweggründe sehr verschieden sind.

Der Bischof. Die Groſsmuth des Chevaliers verdient so viel Bewunderung, als die Entschlieſsung meiner Schwester. Welcher andre hätte so edel handeln können, als er in dieser ganzen Sache gehandelt hat?

Die Markgräfin. Ich will Sie mit meinen Lobsprüchen verschonen, werther Grandison! Dieser Ausgang ist meinen Hoffnungen und meinen

Wünschen zuwider. Die fehlgeschlagene Verbindung mit einem so würdigen Manne ist eine Glückseligkeit, die wir verloren haben.

Grandison. Ich bin ohne Hoffnung und ohne eigennützige Absichten nach Bologna gekommen, gnädige Frau. Meine Erwartung wurde übertroffen, da man mich aufmunterte, nach dem Besitz der unvergleichlichen Klementina zu streben; und jetzt finde ich einen Trost darin, dafs ich so gütig von Ihnen bedauert werde, nachdem mich Ihre bewundernswürdige Tochter auf eine Art abgewiesen hat, die von ihrer Seite so edel, und für mich so rühmlich ist.

Klementina. Es ist mein Schicksal, theurer Grandison, dafs ich Ihnen verbunden seyn soll, ohne meine Dankbarkeit zeigen zu können. — Erlauben Sie mir nun, gnädiger Herr, sie wendet sich gegen ihren Vater dafs ich die gütige Nachsicht, die Sie so oft gegen Ihre Klementina bewiesen haben, zum letzten Mahl erflehe. — Die Ruhe, die mein Gesicht und mein Betragen ankündiget, betrügt vielleicht diejenigen, die mich sehen. Sie gründet sich ganz allein auf die Hoffnung, dafs meine Bitte werde gewähret werden. Die Verweigerung derselben würde mich zum elendesten aller Wesen machen.

Der General. Ich errathe deine Bitte, Schwester! Es ist die Eingebung einer fehlgeschlagenen Liebe. Aber ich hoffe, die gleiche Empfindung deiner Pflicht, die dich verhindert hat, die Nachsicht deiner Ältern zum Vortheile deiner Neigung zu gebrauchen, werde dich zurück halten, einen Schritt zu thun, der das ganze Verdienst einer so schönen That vernichten würde.

Klementina. Ich kenne Ihre Absichten, Bruder, und ich vergebe Ihnen. Aber ich bin fest entschlossen, keine Kränkungen mehr zu leiden, die ich verhindern kann. — An Sie wende ich mich, theuerster Vater; ich weifs, dafs Sie die Glückseligkeit Ihres Kindes verlangen. Ich habe keinen Anspruch, keinen Wunsch für irdische Glückseligkeit. Lassen Sie also meine Seele glücklich werden. Alles was mir seit zweyen Jahren begegnet ist, beweiset, dafs ich berufen bin, aus der Welt auszugehen — Es würde unbillig seyn, meine Sehnsucht nach dem Schleier einer fehlgeschlagenen Liebe beyzumessen. Wurde es nicht in meine Gewalt gestellt, dem Triebe meines Herzens zu folgen? — Dieser Trieb befiehlt mir, die Welt zu verlassen. Ich weifs, dafs er von Gott ist! Wenn er es nicht wäre, so hätte er die Liebe nicht überwiegen können, die ich für diesen würdigsten unter den Männern ohne Erröthen gestehe. — Ich kenne Ihre Frömmigkeit, gnädiger Herr! Sie kann Ihnen nicht erlauben, mich abzuhalten, dem Rufe des Himmels zu folgen. Aber ich wünschte, dafs Sie es ohne Abneigung thun könnten! — O wenn Sie wüfsten, wie sehr meine Seele nach diesem glücklichen Zustande schmachtet, Sie würden mich in diesem Augenblick meines Wunsches gewähren!

Der Markgraf. Meine liebste Klementina — hast du auch erwogen, was die Welt von einem solchen Schritt urtheilen wird? Glaube mir, so rein deine Beweggründe seyn mögen, so wird sie dir doch solche zuschreiben, die deinen Ruhm verdunkeln werden.

Klementina. Das Urtheil der Welt bekümmert mich nicht mehr. Ich habe ihren Beyfall aufgegeben. Meine einzige Sorge ist, wie ich vor dem Gerichte meines Gewissens, und dessen, der durch dasselbe über mich urtheilet, bestehen möge — Ich weiſs alles, was gegen meinen Entschluſs eingewendet werden kann. Ich entsage einem groſsen Vermögen — aber es ist Staub in meinen Augen. Ich entziehe mich den Freuden der Welt — aber diese Freuden sind Träume, die mit wirklichen Plagen, mit immer währender Unruhe, mit dem Verluste reinerer Freuden, und der Gefahr der Seele zu theuer erkauft werden — Die Entfernung von Ihnen, liebste Ältern, und von meinen Brüdern und Freunden ist das Einzige, was mir schmerzlich ist. Aber soll ich demjenigen nichts aufopfern, die mir alles anbietet?

Der Markgraf. Deine Verachtung gegen die Güter der Welt ist die Frucht der Schwermuth, der du dich so sehr überläſsest. Deine Groſsväter waren fromme Männer; sie bemerkten, daſs du dein gröſstes Vergnügen im Wohlthun fandest, und sie setzten dich in den Stand, deinem Herzen genug zu thun. Du entsagest dem Vermögen, Gutes zu thun, wenn du dich eines Erbtheils begiebst, auf welches deine Brüder so grofsmüthig Verzicht gethan haben, um eine geliebte Schwester desto glücklicher zu sehen.

Klementina. Lassen Sie diese Güter meiner Base Laurana werden! Wie kann ich einen bessern Gebrauch davon machen, als derjenigen freywillig Gutes zu thun, die mir durch ihre Verfolgungen wider ihre Absicht Gutes bewiesen hat?

Der General zum Bischof. Welche schwärmerische Grofsmuth! Brauchen wir einen stärkern Beweis als diesen, dafs ihr Verstand noch nicht in seiner natürlichen Fassung ist?

Der Markgraf. Deine Entschlossenheit verwundet das Innerste meines Herzens, meine Tochter! — Du willst dich von mir reifsen? — Du zerstörest die Entwürfe, die ich zu deinem Glücke gemacht habe? Du raubest mir die gehofften Freuden meiner sinkenden Jahre! — Nein, Klementina, ich kann dich nicht von mir lassen — Du sollst nicht vor der Zeit gestorben seyn! — Verlange nicht, dafs dein Vater dich überleben soll!

Die Markgräfin. Vergifs nicht, Klementina, vergifs nicht, dafs du eine Mutter hast! Denke, ehe du ihr entsagst, dafs sie, als sie dich mit Schmerzen gebar, hoffte, du würdest der Trost ihres Alters seyn! — Siehe mich an, meine Liebe, lies in meinen Augen — Ich kann nicht reden —

Klementina. O wie durchbohren Sie mein Herz!

Grandison. Theuerste Gräfin! —

Der Bischof. Liebste Schwester! —

Klementina wirft sich ihren Ältern zu Füssen. Vergeben Sie mir! ach, vergeben Sie mir! — O wenn nicht eine göttliche Kraft mich unterstützte! — Zürnen Sie nicht auf Ihr Kind — Der entsetzliche Kampf, den Sie in mir erregen, kann mir das Leben nehmen; aber er kann meinen Entschluſs nicht erschüttern! Wie könnte ich der Stimme Gottes ungehorsam seyn? Bedenken Sie, daſs ich zu viel gelitten habe, um noch lange zu leben. Lassen Sie mich mein Gelübd erfüllen, das ich dem Himmel gethan habe! Lassen Sie mich als eine Geweihte Gottes sterben!

P. Mareskotti. Der Ruf des Himmels ist zu stark, als daſs wir ihm länger widerstehen dürften.

Der Markgraf. Ich erkenne ihn, und ich verehre die Hand, die mich verwundet. — Stehe auf, Klementina; du bist ein Engel in meinen Augen! —

Klementina. Lassen Sie mich hier zu Ihren Füſsen die Versicherung Ihrer Liebe und Ihren Segen empfangen. Segnen Sie, — segnen Sie Ihre dankbare Klementina!

Der Markgraf. Der ganze Himmel öffne sich über dir, meine Tochter, seine Segnungen auf dich herab zu schütten! — Stehe auf, und bitte den Ewigen, dem du heilig bist, für diejenigen, die du in einer kummervollen Welt zurück lässest.

Grandison. Göttliche Klementina, erinnern Sie Sich in der geheiligten Abgeschiedenheit, die Sie Sich erwählt haben, erinnern Sie Sich zuweilen auch desjenigen, der fähig war, Ihrem Besitze zu entsagen, weil er Ihre Seele liebte. Die Verschiedenheit des Glaubens trennte uns, aber eine bessere Welt wird uns wieder vereinigen! — Ich verlasse Sie von der Gröfse Ihrer Seele durchdrungen! Das Bild der himmlischen Klementina wird mich wie ein Schutzengel durch den Labyrinth dieses Lebens begleiten! Das unauslöschliche Andenken ihrer Frömmigkeit wird mich aufmuntern, so zu leben, dafs ich verdienen möge, sie bey den Bewohnern des Himmels wieder zu sehen.

Klementina. Nun bin ich glücklich! — Die Welt rollt unter meinen Füfsen; unbegrenzte Himmel öffnen sich über mir! — Selige Einsamkeit! Dunkle, der Andacht geheiligte Zelle, sey mir willkommen! Willkommen, du werthes Bild des Grabes, worin ich bald diesen dem Tode geweiheten Leib niederlegen werde, um in das unsichtbare Land der Unsterblichen zurückzukehren! — Leben Sie wohl, theure, verehrungswerthe Ältern! — Lebet wohl, meine Brüder! — Leben Sie wohl, ewig werther Grandison! Erinnern Sie Sich alle Ihrer Klementina mit Zärtlichkeit! — Und du, dem ich alles schuldig bin, und dem ich alles aufopfre, zu deinen Füſsen lege ich jeden irdischen Wunsch, jede Hoffnung einer weltlichen Glückseligkeit nieder. Mit Freuden folge ich deinem Rufe! Was ich vergängliches zurück lasse, ist Tand; und was unsterblich ist, werde ich in deinem Schoofse wieder finden!

PANDORA.

EIN LUSTSPIEL MIT GESANG

in zwey Aufzügen. 1779.

PERSONEN.

PROMETHEUS.
MERKUR.
PANDORA.
HYLAS, Lalagens Liebhaber.
GLAUKON, ein Alter.
KORIDON, ein reicher Bauer.
LALAGE.
MYRA, ihre Mutter.
KORONIS, ihre Tante.
CHLOE, ihre Base.

Ein Haufen bewaffneter Bauern im Gefolge Koridons.
Einige andre, die mit Hylas und Glaukon auftreten.

Die Scene ist am Fuße des Kaukasus.

VORBERICHT

Die Idee dieser, ursprünglich zum Gebrauch eines Liebhaber-Theaters bestimmten dramatischen Kleinigkeit und einige Scenen, sind aus der *Boëte de Pandore* genommen, welche *le Sage* (der berühmte Verfasser des *Gil Blas*) im Jahre 1721 für die Truppe des *Sr. Francisque*, die damahls zu Paris *à la Foire de St. Laurent* spielte, geschrieben hat, und die im vierten Bande des *Theatre de la Foire* befindlich ist. Der Gedanke, auch den Prometheus auftreten zu lassen, dem Merkur die Harlekins-Maske abzunehmen, und überhaupt dem Ganzen mehr Sinn, Gestalt und Rundung zu geben, machte, dafs aus dem, was Anfangs blofs Übersetzung seyn sollte, beynahe etwas ganz Neues wurde, wiewohl man das Beste aus der sinnreichen Posse des le Sage beyzubehalten kein Bedenken getragen hat. Von einem geschickten Tonkünstler bearbeitet und von einer guten komischen Truppe gespielt, würde es wahrscheinlich auf dem Schauplatz keine schlimme Wirkung thun.

ERSTER AUFZUG.

Der Schauplatz stellt eine Wildniſs vor. Im Hintergrunde erblickt man in einem oberhalb mit Gesträuchen bewachsnen Felsen die Werkstatt des Prometheus, mit verschiednen Statuen und Bildnerarbeiten ausgeziert, und in noch gröſserer Entfernung eine ländliche Gegend mit zerstreut liegenden Hütten.

ERSTE SCENE.

PROMETHEUS tritt auf.

Prometheus.

Es ist nun endlich einmahl wieder Zeit
Zu sehn, was meine guten Menschen machen —
Wie doch aus Scherz so leicht Ernst werden
kann!
Da ich mit meinen lieben Vettern im Olymp
Mich länger nicht vertragen konnte, stieg ich
Herab zur Erde, um es bey den Thieren zu
Versuchen, die in jenen Tagen

Die einz'gen Erdbewohner waren. Eine Zeitlang
Ergetzte mich des thierischen Instinkts
Manchfalt'ges Spiel; und als ich an Betrachtung
    dessen,
Was jeder Art natürlich, jeder eigen ist,
Mich lang genug belustigt hatte,
Laſs sehen, dacht' ich, ob die Kunst vielleicht
Die engen Schranken der organischen Natur
Erweitern kann? — Ich machte den Versuch
Mit den gelehrigsten. Den Elefanten
Lehrt' ich, des nervenvollen Rüssels sich
Wie einer Hand bedienen, lehrte
Den Hund ins Wasser gehn, den Affen tanzen,
Den Papagey die Göttersprache schwatzen.
Auch dessen ward ich endlich überdrüssig.
Des Elefanten Rüssel war doch keine Hand,
Und meine Affen tanzten just so ungeberdig,
Als meine Papageyen albern schwatzten.
Vor lauter langer Weile kam ich endlich auf
Den Einfall, zu versuchen ob sich nicht aus Lehm
Und Wasser etwas Neues machen lieſse.
Nun fing ich an zu knäten, drückte, bildete
Und bildete und drückte, ohne Plan und Absicht,
Bis unversehns ein gabelförmiges
Possierlichs, embryon'sches Ding zum Vorschein kam,
So ungefehr, als wenn ein ungeschickter Bildner

Aus einem feigenbaum'nen Klotz
Euch einen Bacchus oder Hermes schnitzeln wollte.
Denn, wie's auch einer anfängt, der was machen will,
Am Ende kommt doch immer was heraus,
Das seines Machers Bild und Umschrift trägt.
Und da ich nun mein Händewerk besah,
Auf einmahl blitzt mir der Gedanke auf,
Es könnte aus dem absichtlosen Spiel
Der Laune noch was leidlich Gutes werden.
Der Lehmen war so folgsam! — bildete
Mit jedem Druck sich schöner — Kurz, ich brütete
Mit Liebe über dem, was ich aus Grille
Begonnen hatte; formte, leckte, putzte
So lange dran, bis nun das neue Lehmgeschöpf
Dem Ideal in meinem Kopf so ähnlich sah,
Als — Lehm und Wasser es erlauben wollten.
Und wie ich fertig war, da stand's so schön
Vor meinen Vateraugen da,
Daſs ich dem Drang nicht widerstehen konnt',
Es zu beseelen, um es glücklich machen
Zu können: und so wurden — Menschen draus,
Ein drollig Mittelding von Thier und Gott;
Und ich, ich hatte meine Lust daran,
Zu wohnen unter ihnen, meines überlästigen
Vorzugs vergessend, Theil an ihren kindlichen

Schuldlosen Freuden nehmend, mit den Menschen
Ein Mensch, mit Kindern Kind zu werden.
Denn weil ich glücklich, ohne Mischung glücklich
Sie machen wollte, hatt' ich sie so gut gemacht,
Als möglich; aber freylich auch so gut, so gut —
Daſs es doch wahrlich in die Länge nicht
Bey ihnen auszudauern war. — Ich zog mich also,
In aller Still', in meine Werkstatt, dort
In jenen Fels, zurück — Schon sechzigmahl
Erneuerte den Lauf der Jahreszeiten
Die Sonne, seit ich dort, zu meinen dichtenden
Gedanken eingeschlossen, sinn und sinne,
Und rastlos einen miſsgerathenen
Versuch anstelle nach dem andern, wie es wohl
Zu machen wäre, daſs die guten Leutchen
Einander nicht — und auch sich selber nicht —
So gar einförmig ähnlich sähen, etwas weniger
Langweilig wären, etwas mehr Gewandtheit
Und Geist und Leben überkämen,
Und doch so fromm und bieder blieben wie
Zuvor. Am Ende bin ich nun
Des ewigen Versuchens müde worden,
Und wahrlich auch der ew'gen Einsamkeit!
Denn selbst uns andern Göttern taugt es nicht,
Zu lang allein zu seyn, und auch die frostigste
Gesellschaft ist zuletzt doch immer besser

Als keine. — Überdiefs gelüstets mich, zu sehn
Was wohl in all der Zeit aus meinen Menschen
Geworden seyn mag? Ob sie immer noch
So gut, so glücklich noch, und — immer so
Langweilig sind, als wie ich sie vor sechzig Jahren
Verlassen habe —

Eine liebliche Musik läfst sich von ferne hören, und Pandora zeigt sich langsam aus dem Walde hervorkommend.

Wie? was hör ich? — Was
Erscheint mir dort? — So ähnlich des Olymps
Bewohnerinnen an Gestalt, und doch
Mir unbekannt?

Er tritt hinter einen Baum.

Pandora.

Willkommen, ihr lieblichen grünen Gefilde,
 Ihr schattenden Lauben, so freundlich, so gut!
Geblendet vom Glanze der Himmelsbewohner,
 Verlechzt in der reinen ätherischen Gluth,
Wie süfs mir in eurer erfrischenden Milde
 Die Brust sich dehnt, des Auge ruht!
Willkommen, ihr lieblichen Schattengefilde,
 Ihr duftenden Lauben, so freundlich, so gut!

Sie schaut umher, erblickt den Prometheus, stutzt, und tritt ein wenig zurück.

Prometheus vor sich.

Kein Werk von meinen — und doch keine Göttin!

zu Pandora. 1)

Sag an, mit welchem Nahmen, schöne Nymfe, grüfs'
ich dich,
Und was ists, Absicht oder Zufall,
Was dich zur Erde führt?

Pandora.

Pandora nannten mich
Die Götter, als sie mich, ein athemloses Bild
Von Elfenbein, gebildet vom Vulkan,
Belebten, und mit ihren Gaben in die Wette
Beschenkten — Und du, göttergleicher Mann,
Täuscht mich mein Auge nicht, so bist du der,
Zu dem sie mich gesandt?

Prometheus.

Wie ist sein Nahme?

Pandora.

Prometheus.

Prometheus.

Und die schöne Büchse da
In deiner Hand ist ohne Zweifel auch

---

1) Der folgende Dialog zwischen Prometheus und Pandora mufs als obligates Recitativ gesetzt werden.

Der Gaben eine, womit die Götter dich
Beschenkten?

Pandora.

Nein, die ist für dich; sie dir
Zu überbringen komm ich —

Prometheus.

Mir?

Pandora.

Wenn du Prometheus bist!

Prometheus.

Die Herren des Olympus also senden dich
Zu mir, aus ihrer Hand mir ein Geschenk
Zu bringen?

Pandora.

Und verboten mir mit großem Ernst,
Die Büchse nicht zu öffnen, eh ich sie
In deine Hand gestellt.

DUETT.

Prometheus.

Geöffnet also soll sie werden?

Pandora.

Ja freylich! aber nur von dir.

Prometheus.

Geöffnet, aber nur von mir;
Und darum sendeten Pandoren
Die Herren des Olymps zu mir?

Pandora.

Bloſs darum sendeten Pandoren
Die Herren des Olymps zu Dir.

Prometheus.

Sie haben ihre Müh' verloren!
Ich öffne nicht! Beym Styx an mir
Ist diese Hinterlist verloren!

Pandora.

So sieh doch nur die Arbeit an,
Die feinste Arbeit von Vulkan!
Nie sah man eine schönre Büchse.

Prometheus.

Nie sah ich eine schönre Büchse;
Doch sie eröffnen? Nein! beym Styxe!
Eröffne sie wer will! nicht ich!

Pandora.

Was hör' ich? Du verschmähst Pandoren?
Der Götter Gaben?

Prometheus.

O, nicht dich!
Für dich, Pandore, leg' ich mich
Den Herren des Olymps zu Füſsen.
Viel Dank's für dich! Zu rechter Zeit
Erscheinst du, mir die Einsamkeit
In dieser Wildniſs zu versüſsen.

Pandora.

Von Herzen gern! Ich bin bereit.
Allein zuvor, zuvor gebeut
Dir Zevs, die Büchse aufzuschlieſsen.

Prometheus.

Begehre alles, holdes Kind!
Nur dieses nicht! Ich habs verschworen.

Pandora.

So hab ich meinen Gang verloren!
Grausamer! du verschmähst Pandoren?

Prometheus.

Da wär' ich fühllos, taub und blind!
Beym ersten Anblick, holdes Kind,
Hab ich zur Braut dich mir erkohren:
Beym ersten Anblick liebt' ich dich.

Pandora.

Du liebest mich, und kannst es wagen
Mir eine solche Kleinigkeit,
Die erste Bitte! abzuschlagen?

Prometheus.

Kind, wir verlieren unsre Zeit;
Wir könnten besser sie vertreiben.
Sonst alles soll gewährt dir seyn,
Begehre was du willst; allein
Die Büchse muſs verschlossen bleiben!

Pandora. a)

Du fürchtest also, wie es scheint —

Prometheus.

Ich weiſs nicht was;
Genug, ich traue den Geschenken nicht,
Die mir von solchen Freunden kommen!
Auf ein Kamin zu stellen, nun, dazu
Ist diese Büchse schön genug;
Gieb immer her!

Pandora.

Miſstrauest du auch mir?

---

a) Was nun folgt, wird bloſs gesprochen.

Prometheus.

Gieb nur!

Pandora.

Du willst sie also öffnen?
Ich möchte gar zu gerne sehen
Was drin ist — ganz gewiſs was Schönes!

Prometheus.

Gewiſs nichts, was dich schöner machen kann.

Pandora.

Wer weiſs? Auf Juno's Nachttisch sah ich einst
So eine Büchse —

Prometheus.

Still! ich sehe Leute sich uns nahen —
Komm, reitzende Pandora, laſs in meine Wohnung
Dich führen: komm, wir können dort die Sache
Bequemer überlegen; und, mich däucht,
Nach einer Reise vom Olymp hierher
Wird dir Erfrischung nöthig seyn und Ruhe.

Sie gehen ab.

ZWEYTE SCENE.

Der Schauplatz verwandelt sich in eine anmuthige Gegend, nahe bey den Hütten.

LALAGE und HYLAS von verschiednen Seiten.

Lalage auf ihn zueilend. Ah, da kommst du ja wie gerufen, Hylas! ich suchte dich überall.

Hylas. Wie das zusammen trifft! Ich suchte dich auch allenthalben — Höre, Lalage! ich weiſs dir gar nicht mehr, wie mir zu Muth' ist. Wenn ich dich nur eine halbe Stunde nicht gesehen habe, so wirds mir gleich so wunderlich ums Herz — es ist, als wenn ich gar nicht mehr Athem hohlen könne, wenn du nicht bey mir bist.

Lalage. Mir ists just eben so; ich kann mich nirgends freuen, wo ich dich nicht sehe. Woher das wohl kommen mag?

Hylas. Das macht wohl, weil wir uns lieb haben, Lalage! Ach! wenn ich's dir nur zeigen könnte, wie lieb ich dich habe! Und doch bin ich dein Mann noch nicht.

Lalage. Ha! da erinnerst du mich eben recht! Vor lauter Freude, daſs ich dich sah, hätt' ichs schier vergessen. Du wirst heute noch mein Mann werden, heute noch.

Hylas. Heute noch? er thut einen Sprung vor Freude. Heute noch?

Lalage. Meine Mutter, meine Tante, meine
Base Chloe, alle werden gleich hier seyn und die
Sache vollends richtig machen.

Hylas. O! das ist ja herrlich! Für die gute
Nachricht muſs ich dir auch gleich im Gebüsche dort
die schönste Rose pflücken.

Sie hüpfen mit einander weg.

DRITTE SCENE.

MERKUR allein.

Jupiter schickt mich herab, zu sehen wie Pandora
ihren Auftrag ausrichten wird, und ein wenig nach-
zuhelfen, falls es nöthig seyn sollte. Wenn Prometheus, wie nicht zu zweifeln ist, sich weigert die
Büchse zu öffnen, so soll ich Pandorens Neugier
reitzen, es selbst zu thun. Die Olympier wollen
sich die Kurzweil machen, zu sehen, was die Leidenschaften unter der feinen Töpferarbeit, womit
Prometheus die Erde ausmöbliert hat, für einen Spuk
anrichten werden. Ein Bischen Schadenfreude mag
wohl auch mit dabey seyn. — Weil sie aber doch
nicht für die Urheber des Bösen angesehen seyn
möchten; so soll alles so eingeleitet werden, daſs
Prometheus oder Pandora am Ende sich selbst die
Schuld geben müssen. — Aber wo ist mir Pandora
schon hingeschlüpft? — Daſs man doch ein hübsches
Mädchen keinen Augenblick aus dem Gesicht verlieren darf!

VIERTE SCENE.

HYLAS und LALAGE zurückkommend werden den Merkur gewahr.

Hylas. Ey sieh doch, Lalage, was für ein seltsames Geschöpf das ist — Es hat Flügel an den Ohren und an den Fersen!

Lalage. Seltsam! und doch läſst's ihm gut. — Ein hübscher Mann, gar ein hübscher Mann, nicht wahr, Hylas?

Hylas. Gefällt er dir? So wollen wir näher zu ihm gehen.

Lalage. Das wollen wir. Sie hüpfen zu ihm hin.

Merkur vor sich. Die guten Geschöpfe! — Ich will mich an sie machen, sie können mir vielleicht auf Pandorens Spur helfen. zu Hylas und Lalage. Guten Tag, Kinder! Wünsche viel Glück! Ihr sollt ja heute Mann und Frau werden?

Hylas. Und das weiſs er schon?

Merkur. Ich weiſs alles.

Lalage. Ist's möglich? So weiſs er wohl auch, warum mir gleich das Herz so schlägt, wenn ich den Hylas kommen sehe, und mir doch so wohl dabey ist?

Hylas. Und warum ich die Lalage so lieb habe, da sie doch meine Frau noch nicht ist?

Merkur. Allerdings. Ich weiß auch, daß der alte Glaukon, der die großen Herden und die vielen Kornfelder hat, die schöne Lalage gern zur Frau haben möchte.

Hylas. Das glaub ich! Aber er kommt zu spät — Nu, nu! er wird sich schon ein andres hübsches Mädchen zur Frau aussuchen.

Merkur. Habt ihr einander denn im Ernst so lieb, Kinder?

Hylas. O! ich habe meine eigne Mutter nicht lieber als sie. auf Lalagen weisend.

Lalage. Ich kann die Stunde kaum erwarten, bis er mein Mann wird.

Merkur vor sich. Was das unschuldig ist! zu Hylas und Lalage. Ihr werdet also ein gar gutes Ehepaar abgeben.

DUETT.

HYLAS und LALAGE.

Hylas.

Das glaub er mir, das beste Paar,

Lalage.

Das glaub er mir, das beste Paar,

Beide.

Das je im Dorf gesehen war.

Hylas.

Von der Früh' bis in die Nacht,
Bey der Arbeit, auf der Weide,
Will ich auf nichts anders sinnen,
Als was Lal'gen Freude macht.

Lalage zu Hylas.

Von der Früh' bis in die Nacht
Soll dein Weibchen nichts beginnen,
Nichts beginnen, als was Freude
Ihrem lieben Hylas macht.

Hylas zu Merkur.

Ob wir ein gutes Ehpaar geben?

Lalage.

Was das für eine Frage war!

Beide.

Kein solches Paar
Sah er fürwahr
In seinem Leben!

Merkur vor sich Das ist was anders als unsre Ehen im Olymp! — Die guten Kinder! Schade drum, daſs sie aus einer Dumpfheit gezogen werden sollen, durch die sie so glücklich sind!

FÜNFTE SCENE.

MYRA UND KORONIS ZU DEN VORIGEN.

Merkur tritt auf die Seite.

Lalage Ah, da kommen sie, da kommen sie!

Myra *zu Hylas.* Ey, mein künftiger Schwiegersohn! mich freut ja recht, daſs ich ihn so allein bey meiner Tochter antreffe.

Merkur *bey Seite.* Das gute Mamachen!

Koronis *zu Lalage.* Nichte, du hast da eine recht gute Wahl an dem jungen Hylas getroffen! und ich freue mich, daſs du so glücklich mit ihm seyn wirst. Ich hatte zwar selbst willens seine Frau zu werden; aber ich habe mich bedacht, daſs du dich besser für ihn schickst als ich.

Lalage. *mit einem Knicks.* Danke schönstens, liebe Tante; ich habe das auch gedacht.

Hylas. Ihr habt recht wohl daran gethan, Koronis; denn ich habe Lalagen lieber als euch.

Koronis. Da hast du recht; sie ist auch viel liebenswürdiger als ich.

Merkur. Das nenn' ich eine Tante!

Myra. Nun, Kinder, schüttet euer Herz frey vor eurer Mutter aus! Hylas, was soll ich meiner Tochter zur Mitgift geben?

Hylas. Ich verlange nichts als Lalagen.

Lalage. Wenn ich nur meinen Hylas habe; das Übrige kümmert mich nichts.

Myra. Hört nur! Ich gebe meinem Mädchen zum Brautschatz mein grofses Feld dort am Hügel mit allen Früchten darauf.

Hylas. Nein, nein, liebe Mutter! Behaltet ihr euer Feld für euch! Haben wir nicht meinen Garten und Lalagens Herden? davon wollen wir unsre Haushaltung schon bestreiten.

Lalage. Hylas ist gar ein guter Gärtner; er wird mirs an nichts fehlen lassen.

Myra indem sie Merkur gewahr wird. Was habt ihr da für einen Fremden bey euch?

Hylas. Es ist ein guter Freund von uns; er kennt uns alle, wenn schon wir ihn nicht kennen.

Merkur. Ich bin ein Diener von beiden Familien; ich will einer von den Brautführern seyn, wenn's euch nicht entgegen ist.

Myra.
Hylas. } Soll uns sehr angenehm seyn.
Lalage.

SECHSTE SCENE.

GLAUKON UND CHLOE ZU DEN VORIGEN.

Glaukon. Guten Tag, Lalage! Guten Tag, Myra, guten Tag, Koronis! guten Tag, Hylas! Er schüttelt ihm freundlich die Hand.

Chloe. Guten Tag der ganzen Gesellschaft!

Myra. Ihr allein fehltet uns, um unsre Freude ganz zu machen.

Hylas. Willkommen Glaukon! Ich besorgte schier, ihr würdet nicht kommen.

Glaukon. Warum das?

Hylas. Weil ich Lalagen heirathe, die ihr auch zur Frau haben wolltet; da dacht' ich, ihr würdet vielleicht nicht gerne bey meiner Hochzeit seyn wollen.

Glaukon. Wer? Ich? Ich wünsche ja nichts, als daſs sie recht glücklich sey. Weil sie mit dir glücklicher seyn wird als mit mir, so verdreuſst michs gar nicht, daſs du den Vorzug bekommen hast.

Merkur zu Glaukon. Ihr seyd ein sehr gefälliger Nebenbuhler.

Glaukon. Ich habe Herden in Menge, und meine Scheunen und Kornböden sind voll bis oben an. Das alles steht dem jungen Hylas zu Dienste, weil ihn Lalage liebt.

Hylas *umarmt ihn.* Ihr seyd auch gar zu gut, Vater Glaukon. Gebt mir einen Kuſs; ich versprechs euch, ich will ihn Lalagen in euerm Nahmen wieder geben.

Glaukon. Ich verlange nichts von ihr, als daſs ich euch zuweilen besuchen darf. Wenn ich sie nur sehe, so bin ich schon zufrieden.

Merkur. Ein genügsamer Mann!

Chloe *zu Lalage.* Base, mich freut recht herzlich, daſs ihr den Hylas heirathet. Es ist ein hübscher Junge, ich bin ihm immer gut gewesen. Wenn er nicht euer Mann würde, so hätt' ich wünschen mögen, daſs er der meinige geworden wäre.

Myra. Nun, Kinder, wozu all das Gerede? die Hauptsache wär' also richtig! Geht, ihr Mädchen, und hohlt eure Blumenkränze. Die ganze Gesellschaft ist hiemit in meine Hütte zur Hochzeit eingeladen! Du, *zu Lalagen* komm, und hilf mir alles vollends zum Empfang unsrer Gäste anordnen.

Myra, Chloe und Koronis gehen ab.

Lalage *zu Hylas im Weggehen.* Komm bald nach, Hylas!

Glaukon und Hylas gehen auf einer andern Seite ab.

SIEBENTE SCENE.

Merkur vor sich. Auf meine Ehre, es ist Jammerschade um die guten Leutchen, wenn Pandora ihre Büchse öffnet. Was das für eine Hochzeit gewesen wäre! Eine Mutter, die nicht eigennützig ist! Eine Tante, die sich nicht ziert, um ihre Nichte zu verdunkeln! Braut und Bräutigam, beide so unschuldig, wie die Kinder! Ein reicher Alter, der so billig ist, einem jungen Nebenbuhler freywillig zu weichen, und sein Vermögen aus purer Gutherzigkeit mit ihm theilen will!

Verliebte ohne Eifersucht,
Und Mädchen ohne Neid!
Verwandte ohne Hader,
Nicht eine böse Ader
Im ganzen Völkchen, weit und breit,
Und lauter gute Ehen!
Das nenn' ich eine goldne Zeit!
Das wird nur hier gesehen!
Die Liebe ohne Eifersucht,
Nicht eine böse Ader
Im ganzen Volke, ohne Neid
Die Mädchen, ohne Hader
Verwandte, nichts als Freundlichkeit

Und guter Wille weit und breit,
Und lauter gute Ehen!
Nein, niemahls wird die Folgezeit
Diefs Wunder wieder sehen!

ACHTE SCENE.

Hylas, Glaukon zurück kommend.

Hylas. Ey, ey! Schier hätten wir unsern guten Freund, den Fremden, vergessen; und er könnte uns doch nöthig haben.

Glaukon. I, da ist er ja schon.

Merkur. Hört einmahl, gute Freunde, ist euch diesen Morgen keine fremde Jungfrau in diesem Walde vorgekommen?

Hylas. Eine fremde Jungfrau? Mir nicht, dafs ich wüfste.

Glaukon. Mir auch nicht. Wie sah sie denn aus?

Merkur. Ihr würdet ihrs gleich angesehen haben, dafs sie eine Ausländerin ist — Sie kann nicht weit seyn. Wollt ihr mir sie ein wenig suchen helfen?

Glaukon.
Hylas. } Von Herzen gern.

Sie gehen ab.

NEUNTE SCENE.

PANDORA kommt bald drauf aus einer andern Gegend des Waldes hervor.

Pandora sich schüchtern umsehend. Er folgt mir doch nicht nach? — Und doch — wofür fürcht' ich mich? — Ich sah wohl, daſs ich ihm nicht gleichgültig war. Beynah hätt' ich ihn überwältigt. Zauberin, rief er, wer kann deinen Blicken, deinen Liebkosungen widerstehen? — O wenn das wahr wäre, sagt' ich, du würdest mir so eine Kleinigkeit nicht abschlagen. Wenn du mich nur ein wenig lieb hättest — „Wollte der Himmel daſs ich dich weniger liebte! rief er; Warum haben die Olympier dich zu mir geschickt? Konnten sie mir nicht einmahl den Augenblick von Ruhe gönnen, den ich auf der Erde fand?" — Wie? du wolltest mich lieber gar nicht gesehen haben? und du nenust das Liebe? — „Ach, Pandora! was kann mir Liebe ohne Gegenliebe helfen?" — O, sagt' ich, ist's nur das? Ich will dich gewiſs recht sehr lieb haben, wenn du die Büchse öffnest — Du? sprach er, und sah mir scharf in die Augen! Du willst mich lieben? Du, lieben? Die Olympier haben dich zu reichlich begabt — du kannst nichts lieben, als dich selbst. — Nun merkt' ich, daſs ich alles über ihn erhalten könnte. — Ich verdoppelte meine Bitten, meine

Liebkosungen. Er wuſste sich gar nicht mehr zu helfen. Laſs mich, rief er zuletzt — ich will gehen — aber versprich mir bey deiner Hand, daſs du die Büchse indeſs nicht öffnen willst — ich will gehn, und das Schicksal fragen — Ich begreife nicht, was er damit sagen wollte. Es war wohl nur eine Ausrede, denk' ich — Genug, ich versprach ihm alles. Ich bin bald wieder bey dir, sagt' er, und ging tief in seine Felsenwohnung hinein. Aber ich wartete seine Zurückkunft nicht ab. Ich weiſs nicht, was für ein Grauen mich ankam, da ich mich in seiner Werkstatt mitten unter all den wunderbaren Göttergestalten allein sah — Es war wohl auch Neugier dabey, was er anfangen würde, wenn er mich nicht mehr fände. Kurz, ich lief davon — und da bin ich nun mit meiner Büchse — und möchte für mein Leben gerne wissen, was drin wäre, und — getraue mir doch nicht, sie aufzumachen! — Wenn er nur bald käme! Er soll sie mir ganz gewiſs aufmachen, da bin ich gut dafür!

ZEHNTE SCENE.

Chloe mit Blumenkränzen geputzt, Pandora.

Pandora. Ey! was kommt da für ein Mädchen gegangen? Eines von Prometheus Geschöpfen ohne Zweifel. Sie gefällt mir. Ich will sie anreden. zu Chloe: Wohin, schönes Mädchen?

Chloe stutzt bey Pandorens Anblick. Wer bist du, Schöne — weiſs nicht, wie ich dich nennen soll? Keine von den unsrigen, das seh' ich wohl — und doch lieb' ich dich, als ob du schon lange meine Gespielin gewesen wärst. Wie nennst du dich?

Pandora. Pandora.

Chloe. O des schönen Nahmens! Und wo kommst du her?

Pandora. Vom Olymp.

Chloe. Vom Olymp? Was ist das für ein Ort?

Pandora. Die Götter wohnen da, deren Werk ich bin.

Chloe. Die Götter wohnen da? Was nennst du Götter?

Pandora. Wie? kennt man bey euch die Götter nicht?

Chloe. Nicht daſs ich wüſste; ich habe nie von ihnen reden hören.

Pandora. Kennst du auch den Prometheus nicht?

Chloe. Dem Nahmen nach wohl; gesehen hat ihn niemand von den Meinigen. Aber wir lieben und ehren ihn dennoch unbekannter Weise. Denn man sagt, er hab' unsern Vorältern das Leben gegeben, und alles, was wir haben, all unser Glück sey sein Geschenk! Es muſs ein gar guter Herr seyn! Aber er hat sich schon lange dort in die schrecklichen Felsen zurückgezogen; und niemand getraut sich, ihn da zu suchen. Die Leute sagen, man verirre sich darin, wenn man ihn suchen wolle, und es sey nicht möglich sich wieder herauszufinden. Man kann ihn nur sehen, wenn er sich einem von selbst sehen lassen will. Er soll verschiednen aus den Unsrigen schon begegnet seyn. Sie können nicht genug rühmen, was es für ein liebenswürdiger gütiger Herr sey. Wir haben ihm Feste und Opfer anstellen wollen; aber er verbat sichs; er brauchte das nicht, sagte er; wenn wir nur immer gut und glücklich blieben, so wär er schon zufrieden. — Aber, was hast du da für ein schönes glänzendes Gefäſs im Arm?

Pandora. Es ist eine goldne Büchse, die mir die Götter zum Geschenk mit gegeben haben. — Es sind gar schöne, gar gute Sachen drin, das bin ich versichert; aber ich darf sie nicht öffnen.

Chloe. Und warum nicht?

Pandora. Die Götter haben mirs verboten. Prometheus soll sie öffnen, sagten sie; aber der weigert sich's! er meint, man könne nicht wissen — es möchte was Böses drin stecken.

Chloe. Zeig doch her! Ich möchte sie gern selbst in Händen haben.

Pandora giebt ihr die Büchse. Da!

Chloe. O, wie schön das ist! Wie zierlich! So was hab' ich mein Lebtage nicht gesehen! Was da erst für schöne Dinge drin seyn mögen!

Pandora. Das denk ich auch.

Chloe. Ich hätte grofse Lust, den Deckel ganz sachte, ganz sachte ein wenig aufzuheben.

Pandora. Was du verwegen bist! Gieb her! *sie nimmt ihr die Büchse.* Es mufs doch seine Ursache haben, dafs Prometheus so hartnäckig darauf besteht, die Büchse nicht aufzumachen.

Chloe. Aber was könnt' es denn seyn?

Pandora. Das begreif ich nicht.

Chloe. In einer so schönen Büchse wird man doch gewifs nichts Garstiges verschliefsen! — Und — sagtest du nicht, sie sey ein Geschenk von den Göttern, und die Götter wollen, dafs sie geöffnet werde?

Pandora. Ja, aber nur von Prometheus.

Chloe. Nun, wenn Prometheus sie aufmachen darf, warum solltest du's nicht auch dürfen?

Pandora. Mir däucht, da hast du recht.

Chloe. Du hebst den Deckel nur ein wenig, ein klein wenig auf, und guckst hinein — du kannst ihn ja geschwinde wieder zumachen, wenns nöthig seyn sollte.

Pandora. Gut! willst du's wagen? Da hast du die Büchse — probier's!

Chloe *verschüttelt sich.* Nein, nein! Behalte nur, Pandora; du kannst's eher wagen als ich.

Pandora. Aber was wird da auch am Ende viel zu wagen seyn? In einem so kleinen Gefäfse kann doch wahrlich kein Ungeheuer stecken!

Chloe. Mir ists gar nicht ums Aufmachen; wenn ich nur wüfste, was drin wäre.

Pandora. Das ist es eben. Weifst du was, Mädchen? Ich will den Deckel aufheben, so sind wir auf einmahl aus dem Wunder —

Sie versuchts, wiewohl furchtsam, den Deckel aufzurücken, und zieht die Hand immer wieder zurück.

EILFTE SCENE.

MERKUR UND HYLAS ZU DEN VORIGEN.

Merkur *vor sich.* Wie ich sehe, hätten mir die Götter eine Müh ersparen können. Pandora ist ein Mädchen, und sollte nicht vorwitzig seyn?

Hylas *auf Chloen zueilend.* He, Chloe! bist du da? wo hast du meine Lalage?

Merkur *zu Pandoren, die, sobald sie ihn erblickt, die Hand vom Deckel zurück zieht.* Pandora!

Pandora. Ah! Merkur! Wie kommst du hierher?

Merkur. Als die Zefyrn dich auf die Erde herabtrugen, befahl mir Jupiter, dir nachzueilen, und ein wenig Acht auf dich zu haben. Beynah wär' ich, wie ich sehe, zu spät gekommen.

Pandora. Wie so?

Merkur. War'st du nicht im Begriff, die Büchse zu öffnen?

Pandora. Und was wär' es denn, wenn ich sie auch geöffnet hätte? Was kann denn drin seyn, das man nicht sollte sehen dürfen?

Merkur. Hast du sie dem Prometheus schon gebracht?

Pandora. Er will nichts damit zu thun haben. Er traut den Göttern nicht.

Merkur. Da hat er Unrecht.

Pandora. Das denk' ich auch. Ich wollte um meine Augen wetten, daſs die schönsten Sachen von der Welt drin sind.

Merkur. Deine Augen? — Das wollt' ich dir doch nicht rathen.

Pandora. Merkur, laſs mich nicht so lang am Messer — Sag mir, was in der Büchse ist; du weiſst es ganz gewiſs.

Merkur. Sagen kann ich dirs leicht — Die Büchse ist bis oben an mit Leidenschaften angefüllt.

Pandora.
Chloe. } Mit Leidenschaften?

Hylas. Mit Leidenschaften? Was sind das für Thierchen?

Merkur. Zum Theil gar artige! Sie schlüpfen dir ins Herz, wie die Regenwürmer in einen lockern Boden, und dann wird dir so warm, so wohl, so —

Chloe. O, das müssen ja allerliebste Geschöpfe seyn!

Merkur. Das will ich eben nicht sagen. Es ist mit den Leidenschaften, wie — mit Allem in der Welt — Wenig schadt wenig — Zu viel ist immer ungesund; und Wasser, das gut zum Trinken ist, taugt nichts in den Schuhen.

Pandora. Ich verstehe nicht recht, was du damit sagen willst.

Merkur. Ich will damit sagen, es kommt bey den Leidenschaften alles auf Maſs und Ziel, Zeit und Ort an. Sie können gut oder böse seyn, je nachdem man sie zu behandeln weiſs.

Pandora. Sie sind also nicht an sich selbst schlimm?

Merkur. Das eben nicht! Im Gegentheil! Es kann unendlich viel Gutes und Schönes aus ihnen entstehen. Aber —

Pandora. Was aber?

Merkur. Auch unendlich viel Böses.

Pandora. O! vor dem Bösen wollen wir uns schon in Acht nehmen.

Merkur. Da werdet ihr wohl dran thun. Aber —

Chloe. Schon wieder ein Aber?

Merkur. Sie werden euch viel zu schaffen machen; viel Unruhe, viel Schmerzen, viel —

Chloe. }
Hylas. } Schmerzen?

Pandora. Wie so, Schmerzen?

Merkur. Die Leidenschaften machen Schmerzen, oder Unruhe, wenigstens ehe sie befriedigt sind.

Pandora. Aber wenn sie befriedigt werden?

Merkur. Dann machen sie auch grofses Vergnügen, das mufs ich gestehen.

Hylas. I, so ist's ja damit, wie mit Hunger und Durst? Oder, wie wenn ich meine Lalage einen Tag nicht gesehen habe?

Merkur. So ungefehr.

Pandora. Ich will dir was sagen, Merkur — ich mache den Deckel auf.

Merkur. Du hast deinen freyen Willen, Pandora! Gerathen will ich dir's nicht haben!

Pandora. Ich darf also, wenn ich will?

Merkur. Wenn du willst, so kannst du. Der Deckel ist leicht aufzuheben. Aber überlege wohl, was du thust!

Pandora. Ich hab' alles überlegt. Ich mache den Deckel auf.

Chloe. O ja, Pandora! das thu doch!

Merkur vor sich. O Prometheus! Du hättest deine Geschöpfe an der blinden Seite besser verwahren sollen!

Pandora indem sie den Deckel aufheben will. Das ist wunderlich! — es fährt mir ganz kalt über den Rükken hin, da ich den Deckel aufheben will —

Merkur sehr ernsthaft. Es ist vielleicht eine geheime Warnung der Götter, Pandora.

Pandora. Ah! Du willst mich wieder abschrecken? —

Merkur. Es würde nicht viel helfen.

Pandora. Nein wahrhaftig nicht!

Merkur. Es ist deine Sache! mich gehts nichts an.

Geht ab.

Pandora. Herzhaft! Sie macht die Büchse auf. Auf einmahl fällt eine dieser Scene angemessene, und den ganzen Rest derselben begleitende Instrumental-Musik ein. Der Schauplatz verfinstert sich, und verschiedene kleine geflügelte Ungeheuer steigen in einem dicken Dampf, unter Blitz und Donner, aus der Büchse auf und verbreiten sich zu beiden Seiten. Hylas und Chloe rennen mit Angstgeschrey davon. Pandora, die Büchse noch immer erschrocken in der Hand haltend, bleibt allein auf dem Schauplatz. Indem erscheint Prometheus. Pandora erblickt ihn, läfst die Büchse vor Schrecken fallen, und flieht.

Prometheus ruft ihr nach. O was hast du gethan? Unglückliche!

Geht ab.

ZWEYTER AUFZUG.

Der Schauplatz bleibt unverändert.

ERSTE SCENE.

MERKUR allein.

Ey, ey, Pandora, was hast du angestellt? Was wird Prometheus dazu sagen, wenn er kommt, und sein ganzes Machwerk auf den Kopf gestellt findet? —

Pathetisch, als ob er eine Stelle aus einem Melodrama deklamierte.

O du schönes, liebliches goldnes Alter,
Lächelnde Kindheit der Welt, Musik.
Holdes, friedsames Schäferleben,.....
Selige Freyheit und Gleichheit
Brüderlicher Menschen,
Fromme Unschuld, süfse Eintracht und tiefe
Ruhe,.....

Schöner, reitzender, goldner Traum,.....
Wo bist du hin?.....
Sie waren so glücklich in ihrer Beschränktheit!
Bedurften so wenig!
Und ihr Weniges war für sie so viel!.....
Alle Menschen waren gleich,.....
Alle Menschen waren gut,.....
Alle Menschen befanden sich wohl.....

In seinem natürlichen Ton.

Das alles hat nun ein Ende! — Die Leidenschaften haben sich ihrer Herzen bemeistert, und wir werden bald ein schönes Gewirre in der guten Familie sehen, die kaum noch lauter Harmonie und Liebe war. Sie selbst merken nichts von der Veränderung, und sind jetzt mit eben der Treuherzigkeit v e r k e h r t, womit sie vorhin gerad und fromm waren. — Da kommt Hylassens gutherziger Nebenbuhler, und die wohlbedächtliche Tante Koronis — Laſs doch sehen, wie ihnen die Eröffnung der Büchse zugeschlagen hat.

ZWEYTE SCENE.

Merkur. Koronis. Glaukon.

Koronis zu Glaukon, der in Gedanken ist. Wie, Herr Glaukon? Es gereut euch schon, daſs ihr meine Nichte dem jungen Hylas so gutwillig abgetreten habt?

Merkur vor sich. Herr Glaukon? Was die Leutchen schon höflich geworden sind!

Glaukon. Ich war ein Narr wie ich das that! Es ist mir aber ganz anders gekommen. Was? Ich sollte leiden, daſs mir der Geelschnabel so einen leckern Bissen vor dem Maul wegschnappte?

Merkur. Da haben wir's!

Koronis indem sie sich ziert und einen kleinen Mund macht. Aber, Herr Glaukon, giebt es denn sonst nichts Liebenswürdiges in unserm Dorf, als meine Nichte? — Ich dächte doch — in der That — seht ihr denn keine andre, die eurer Aufmerksamkeit werth ist?

Merkur vor sich. Die Koketterie ist nicht im Bodensatz geblieben, wie ich sehe.

Glaukon ohne auf Koronis Acht zu geben. Der Lümmel sollte vor meinen Augen mit einem so hübschen Mädchen zu Bette gehen? Ich möchte toll werden!

Merkur zu Glaukon. Aber, Herr Glaukon (weils doch geherrt seyn muſs) Ihr umarmtet ja den Hylas vor einem Augenblick noch so treuherzig?

Glaukon zornig. Ey was, jetzt möcht ich ihm den Hals umdrehen! er hustet.

Merkur. Nehmt euch in Acht, daſs euch der Athem nicht im Halse stecken bleibt! — vor sich. Da haben wir den Husten an der Spitze der neuausgeflognen Krankheiten; der ist auch aus der Büchse!

Glaukon ganz auſser sich. Ah! wenn ich ihn hier hätte, ich zerriſs' ihn in Stücken.

Koronis. Erzürn' er sich nur nicht so, Herr Glaukon. Ich wollt' ihm lieber rathen, sich an meiner Nichte, die ihm den dummen Jungen vorzieht, zu rächen, und — eine andre zu lieben. Sie ist ein albernes Ding, das einen Mann, wie er ist, nicht zu schätzen weiſs.

Glaukon. Ich will auch gleich zu Myra hingehen, und ihr vorstellen, was sie für einen dummen Streich macht, mir einen armseligen Gärtner vorzuziehen; mir, der hundertmahl mehr im Vermögen hat!

Koronis. Das ist wirklich das Beste, was er thun kann. Ich will mitgehn, und seine Vorstellungen bey meiner Schwester unterstützen. — Glaukon geht. Vor sich — und sehen, daſs ich den Hylas für mich bekomme. Denn wahrlich, das will ich mir nicht nachsagen lassen, daſs ich Jungfer bleiben und den Verdruſs haben soll, meine Nichte verheirathet zu sehen. *Geht dem Glaukon nach.*

Merkur *allein.* Ein hübscher Anfang! Eifersucht, Haſs, Wuth, Neid, Verläumdung, Koketterie — das wird eine feine Gährung geben! — Aber, da kommt ja Hylas mit seiner Lalage? — Wie er das Maul hängt! Wie sie so spröde und vornehm thut! — Ein hübscher Anfang, beym Styx, ein hübscher Anfang!

DRITTE SCENE.

Hylas. Lalage, *geputzter als zuvor, mit Blumen und Federn in den Haaren.*

Hylas *vor sich.* Daſs ich das erst jetzt gewahr worden bin! Chloe ist doch weit hübscher, und — ich glaube, sie hat mich auch lieber.

Lalage *vor sich.* Hylas ist freylich jünger und schöner, aber dafür ist Glaukon reicher als Hylas.

Merkur *vor sich.* wohl räsonniert!

Hylas *zu Lalagen ziemlich brüsk.* Ey, hör sie, Jungfer Lalage, was soll denn das bedeuten, daſs sie sich da so viel Blumen und Federn an den Kopf gesteckt hat.

Merkur *vor sich.* Die Eitelkeit hat sie einstweilen angesteckt, bis die Diamanten und Perlenschnüre aus Indien angelangt seyn werden.

Lalage zu Hylas. Was hat Mosjeh Hylas sich drum zu bekümmern, was ich anstecke?

Hylas. Was ich mich drum zu bekümmern habe? Eine schöne Frage! Ich habe mich sehr viel darum zu bekümmern, wenn sie meine Frau werden will. Komm sie mir nicht so, Jungfer Lalage! Weiſs sie wohl, daſs ihre Base Chloe — Sieht sie, wenn sie mich böse macht —

Lalage schnippisch. Nun? Wenn ich ihn böse mache — was denn?

Hylas. So — heirath ich gleich Chloen.

Lalage. Nichts als das? I, das kann er meinthalben!

Hylas sich brüstend und spreitzend. Chloe ist ein hübsches Mädchen, und wir haben die Ehre, ihr nicht zu miſsfallen.

Merkur klopft dem Hylas auf die Schulter. Es lebe **Kleinmeister der Erste!**

Lalage. Ich weiſs auch gar nicht, wo ich meine Sinne hatte, da ich mir einfallen lieſs, mich an einen Gärtner wegzuwerfen!

Hylas. Der wahrlich wohl die Tochter der Madam Myra werth ist!

Lalage. Da kommt ja meine Base wie gerufen! Ich will euch nicht hinderlich seyn.

Sie thut als ob sie gehen wolle.

VIERTE SCENE.

Chloe. Die Vorigen.

GESANG ZU VIEREN.

Chloe zu Lalage.

Du fliehst mich, Base?

Lalage.

Nicht dich, nur Hylas.

Chloe.

Wie? deinen Hylas?

Lalage vor sich.

Die falsche Katze!
Wie kocht mein Blut!

Chloe vor sich.

Die haben, merk' ich,
Sich überworfen,
Ha! das geht gut!
Zu Lalage.
Was hast du Base?

Lalage vor sich.

Sie spottet noch? Ich rase
Vor Scham und Wuth.

Chloe zu Lalage.

Wer wird denn aber gleich
So ernstlich schmollen?

Hylas zu Chloe.

Du wirst die Närrin doch
Nicht halten wollen?
Laſs sie doch gehen,
Das kleine Ungethüm!

Lalage zu Chloe.

Nimm ihn für dich! Ich mache
Dir ein Geschenk mit ihm.

Hylas.

Ey, das ist meine Sache!
Zu Chloe.
Ich schenke selbst mich Dir.

Chloe zu Hylas.

Du scherzest nur mit mir.

Lalage zu Chloe.

Nimm ihn, ich schenk ihn dir.

Hylas.

Ich schenke selbst mich ihr.

Chloe.

Du scherzest nur mit mir.

Zu drey.

Hylas zu Chloe.

Es ist mein barer Ernst!

Chloe

O dürft' ichs glauben!

Lalage vor sich.

Sie legt's ihm nah,
Die garst'ge Nixe!

Merkur vor sich.

Auch das ist aus Pandorens Büchse!

Hylas zu Chloe.

Du kannst mir glauben,
   Auf Merkur weisend.
Frag nur den Herren da!

Merkur zu Chloe.

Du kannst ihm glauben,
Es ist sein barer Ernst.

Hylas.

Es ist mein barer Ernst.

Chloe.

O dürft ichs glauben!

Hylas.

Es ist mein barer Ernst
Du hörst es ja!

Merkur. Lalage.

Es ist sein barer Ernst
Du hörst es ja!

<small>Lalage geht stolz und hohnlächelnd ab.</small>

Merkur. Es ist sein Ernst; du kannst dich ihm ohne Gefahr entdecken.

Chloe. Nun, Hylas, wenn das ist, so will ich dir sagen: — <small>sie tritt etwas näher zu ihm.</small> Lalage gestand mir gestern Abend im Vertrauen, daſs sie nur so dergleichen thue als ob sie dich liebe —

Merkur vor sich. Gestern Abends? Die kleine Spitzbübin! Da ist sie gleich mit der ersten Lüge heimlich niedergekommen.

Chloe. Aber im Grunde sey's ihr gar nicht so um's Herz.

Hylas. Wer bekümmert sich drum?

Chloe. Wenn ich an deiner Stelle wäre, ich wollte mich schon zu rächen wissen.

Hylas. Das will ich auch. Ich will mich rächen! O, es muſs gar was Angenehmes seyn, sich zu rächen! Gleich stehenden Fuſses will ich gehn — Komm, Chloe, mit zu deiner Tante — ich will mein Wort zurückziehen, und dich vor ihrer Nase heirathen.

Merkur. Viel Glücks!

<small>Hylas und Chloe gehen ab.</small>

Merkur allein. Die Süſsigkeit der Rache! — Armer Hylas! Arme, arme Lehmgeschöpfe! Was wollt ihr, so schwach, so zerbrechlich wie ihr seyd, mit Götterleidenschaften anfangen? Wie wollt ihr sie handhaben? — Jupiter ist doch grausam, daſs er sich so ein Spiel aus euerm Glücke macht! — Aber, so sind wir andern! Wenn nur sein Groll gegen Prometheus befriedigt wird, auf Glück oder Unglück einer Welt voll armer Menschlein kommts ihm nicht an! — Doch, in dem Allen ist des Schicksals Hand. Wir regieren Himmel und Erde, und sind doch nur Werkzeuge einen Plan auszuführen, den wir weder gemacht haben, noch kennen — Da kommt Myra mit Lalage und dem Alten. Nun werden wir die neuen Familientugenden bald beysammen haben.

FÜNFTE SCENE.

Merkur. Myra. Lalage. Glaukon.

Myra. Was ich höre, Vater Glaukon, so habt ihr also noch nicht auf meine Tochter Verzicht gethan?

Glaukon hustend. Ich, ich thu auf nichts Verzicht.

Merkur. Ihr habt doch da einen Husten, däucht mich, der euch nöthigen wird, auf allerley Verzicht zu thun.

Glaukon. Das wird sich schon geben, wenn ich die schöne Lalage geheirathet habe.

Merkur. Ich sollte selbst glauben, daſs es sich geben wird.

Myra. War ich nicht eine Närrin, meine Tochter an einen armen Gärtner verschenken zu wollen? Ein reicher Bauer schickt sich doch wohl besser für sie?

Glaukon. Das dächt' ich!

Myra. Ihr habt Vermögen; das ist just was meine Tochter braucht.

Glaukon. O! ich hoffe noch viel mehr vor mich zu bringen. Ich will sparen, will mir abbrechen, will mir das Brot vor'm Mund abbrechen —

Merkur vor sich. Bravo! Es wollte mich schon Wunder nehmen, wo der Geitz bliebe? — Nun will ich doch geschwind einen kleinen Flug nach dem Olympus thun, um Jupitern Bericht abzustatten, wie seine Büchse wirkt. — Der ehrliche Prometheus! Der ist garstig angeführt! So ein Tausendkünstler er ist — was Pandora heute verdorben hat, macht er in Ewigkeit nicht wieder gut.

Geht ab.

SECHSTE SCENE.

HYLAS UND CHLOE ZU DEN VORIGEN.

Hylas zu Myra. Wir suchen euch überall, Frau Myra.

Myra Was wollt ihr meiner?

Hylas. Wollt' euch nur sagen, dafs ich eure Tochter nicht mehr verlange.

Lalage. Und sie dich noch weniger.

Myra. Ihr kommt mir nur einen Augenblick zuvor, Mofsje Hylas. Ich gebe meine Tochter dem Glaukon.

• Glaukon hustet.

Hylas. Ah! ich merke wohl wie das gemeint ist. Ihr gebt sie dem Glaukon seines Hustens wegen.

Glaukon. Wie so? Was wollt ihr damit sagen, Mofsje Hylas?

Hylas. I, zum Wetter, das ist ja leicht zu verstehen. Seht ihr denn nicht, dafs ihr euch bald zu Tode husten werdet, und dafs sie sich dann mit der Haut des Alten einen jungen Mann kaufen will?

Glaukon. Ihr seyd ein Grobian.

Hylas Chloen bey der Hand nehmend. Komm, Chloe, wir wollen gehen, und das wohlgegattete Paar lassen wo es ist. Mögen sie doch reich seyn. Vergnügen geht über Reichthum. Komm!

Sie wollen gehen.

SIEBENTE SCENE.

Koronis. Die Vorigen.

Koronis zu Lalage. Wie, Nichte? was giebts hier?

Lalage. Ein unverhofftes Brautpaar, wie ihr seht!

Koronis vor sich. I, verwünscht! dafs ich doch immer zu spät kommen mufs! — zu Hylas. Hör er, Mofsje Hylas, nur ein Wort!

Sie nimmt ihn beym Arm, und zieht ihn auf die Seite.

Hylas. Aber fein ein kurzes, ich kann mich nicht aufhalten.

Koronis. Er wird doch kein Thor seyn, und das grüne Mädchen da mit Nichts und wieder Nichts heirathen wollen? Hör' er nur, weil ich doch mit der Sprache heraus muſs — ich bin ihm schon lange gut gewesen. Er weiſs, ich habe Vermögen. Chloe hat nichts — Ich bin zwar — ein paar Jährchen älter —

Hylas *indem er sie scharf ansieht.* Ein paar Jährchen?

Koronis. Aber was thut das? Ich bin jung genug für einen Mann, und ich kann ihn glücklicher machen als Chloe. Glaukon darf ihm dann seine Armuth nicht mehr vorrücken, und Lalage wird vor Ärger gelb werden, wenn sie sieht, daſs Hylas so dicke thun kann als der Beste im Dorfe. Besinn' er sich wohl, Hylas, und laſs er das Mädel gehn! Ich will ihm bis Morgen Bedenkzeit geben.

Hylas. Bedenkzeit? Nun ja, Bedenkzeit kann ich schon brauchen. Wir wollen sehen. Die Sache ist schon überlegenswerth. Wenn ich das hätte denken können —

Koronis. Laſs er sich nur noch nichts gegen Chloen merken.

Chloe *sich ihnen nähernd.* Nu, was habt ihr da für Geheimnisse? *zu Koronis.* Höre sie nur, Jungfer Koronis, es gefällt mir gar nicht, daſs sie so vertraut mit Hylas thut.

Koronis. Was will das Mädchen? Ich glaube, sie ist nicht klug!

Hylas *zu Chloe.* Bis ruhig, Chloe! es ist nichts.

Chloe. O nur gar zu klug! Ich merke wohl, was sie für Absichten hat. Aber wahrhaftig, so ein altes Ding, wie sie ist, sollte sich schämen — *weinend.* einem jungen Mädchen ihren Bräutigam abspenstig zu machen.

Koronis. Was? Wie? Altes Ding? Abspenstig machen? Dir, deinen Bräutigam abspenstig machen? Das hab ich wohl vonnöthen! — Ich weiſs nicht, was mich abhält, daſs ich dir nicht gleich die Augen auskratze.

Chloe läuft mit einem Schrey davon. Hylas folgt ihr.

Lalage und Glaukon *die Koronis zurückhaltend.* Nu, nu, Tante, halte sie Friede! Erboſse sie sich nicht so!

Koronis. Laſst mich! Ich will nicht so weit gegangen seyn, um stehen zu bleiben.

Geht ab.

Man hört ein Getöse von Trompeten und Trommeln.

Myra. Was ist das für ein Getöse?

Glaukon. Meiner Lebetage hab ich so was nicht gehört!

Lalage. Ich zittre an allen Gliedern.

ACHTE SCENE.

KORIDON, von einem Haufen bewaffneter Bauern begleitet, MYRA, GLAUKON, LALAGE.

Koridon zu seinen Leuten. Laſs sehen, ob sich die auch erst lange bey den Ohren ziehen lassen werden.

Myra zu Glaukon und Lalage. Es ist Koridon, der reichste Bauer in unsrer Gegend.

Glaukon. Eh, guten Tag, Nachbar.

Einer von den Bauern zu Glaukon, indem er ihm den Hut vom Kopfe schlägt. Will dich Respekt lehren, du alter Krautschuft! Kannst'n Hut nit 'runternehmen, wenn du mit deinem gnädigen Herrn sprichst?

Glaukon. Was Herrn? Wir haben keinen Herrn hier.

Myra. Er ist ein Bauer wie wir.

Glaukon. Wir wissen ja, zum Wetter! wer Koridon ist.

Koridon. Du sollst wissen, ich heiſse nicht mehr Koridon; ich bin nun der Herr von Koridon von und zu Koridonshausen.

Lalage. I, wo wollt ihr mit dem langen Nahmen hin? Lacht.

Koridon. Es ist nur, um euch mehr Prospekt für meine Parson einzuflöfsen, versteht ihr? Ich habe mich zum Herrn dieser Gegend aufgeworfen.

Myra. Da habt ihr kein Recht zu, das ist unbillig!

Koridon. Kein Recht? Wer sagt euch das? Will euch mein Recht schon fühlen lassen! — Kein Recht! Ihr sollt wissen, ich hab Kurasche im Leib wie ein Bär, und hohen Muth und Thatkraft. Will euch weisen, ob ich'n Recht hab, ihr Lumpenvolk!

Glaukon. Was für ein toller Einfall? Ein schlechter Bauer —

Koridon. Willst's Maul halten, alter Murrkater? Du sollst gleich der erste seyn, der sich vor mir demüthigt.

Glaukon. Das werd' ich fein bleiben lassen.

Myra. Und ich wahrlich auch.

Koridon. Will' euch schon lehren! Hab schon drey solche Flegel mausetodt geschlagen, weil sie sich nicht unterwerfen wollten.

Glaukon. Ich will von niemand abhangen; lieber sterben!

Koridon. Nu, so habt's an euch selber! *zu seinen Leuten.* Kinder, nehmt mir die Rebellen da beym Kopfe!

Die Bauern schicken sich an seinen Befehl zu vollbringen.

Glaukon } *sich ihm zu Füssen werfend.* Ach! gnädi-
Myra } Herr, wir bitten um Barmherzigkeit.

Lalage *kniend.* Wir wollen uns nicht weiter sträuben, gnädiger Herr Koridon von und zu Koridonshausen!

Koridon. Beym Element, das dacht ich ja, daſs ich euch zur Räson kriegen würde!

NEUNTE SCENE.

Merkur. Die Vorigen.

Merkur. Ey, ey, sein Diener, Herr von Koridon!

Koridon. Wer ist der?

Merkur. Gut Freund, und zur Zeit wohlbestellter Brautdiener bey Lalagens Hochzeit.

Koridon. Wen heirathet sie denn?

Merkur *auf Glaukon weisend.* Da, dieſs grauköpfige Liebchen hier, wenn ihr nichts entgegen habt.

Koridon. Zum Element! ich hab' aber sehr viel entgegen. Wie? der alte Kerl da sollte so'n hübsches Mädel zur Frau haben? das werden wir nicht zugeben.

Merkur. Da habt ihr auch recht. Lalage schickt sich viel besser für einen braven Edelmann, wie ihr seyd, den Vater der Nobilität — das ist keine Frage.

Koridon. Zum Wetter! das denk ich just auch.

Glaukon. Ich laſs mir eher das Leben nehmen, als Lalagen.

Koridon. Blitz und Hagelwetter! Was? der Kerl räsonniert noch? Gleich, packt ihn an, steckt ihn ins Loch, fort mit ihm!

Die Bauern schleppen den Glaukon mit Gewalt fort.

Merkur vor sich. Die Ambizion hat in meiner Abwesenheit gewaltig um sich gefressen, wie ich sehe. Zu Koridon. Kurasche, Herr von Koridonshausen; es ist schön, daſs ihr so gute Zucht und Ordnung unter den Menschen einführen wollt.

Koridon. Das ist mir so auf einmahl zu Kopfe gestiegen. Dacht', 's müſste hübsch seyn, wenn einer so Herr über die andern wär, und nur befehlen könnt, wie's ihm in'n Sinn käm — zu Lalage. Nu, heyda, mein Hühnchen! wollen dir die Ehre erweisen, und dich zu unsrer Hausfrauen erwählen. Du sollst nichts beym Tausch verlieren.

Lalage mit einem Knicks. Es soll mir groſse Ehre seyn.

Koridon. Alle Weiber im Lande müssen dir dann Platz machen, und aufwarten.

Lalage auſser sich vor Freude. Heysa! Das wird schön seyn!

Koridon. Du sollst alle Tage so geputzt gehen, wie eine Braut an ihrem Hochzeittag.

Lalage mit einem Sprung in die Höhe. Das ist herrlich!

Merkur. Euer Gnaden können sich dann einen sechsellenlangen Schweif nachtragen lassen, wenn's beliebt.

Man hört Lärm hinter der Scene.

Koridon. He! was giebts da? — zu seinen Leuten. Holla, ihr dort, pafst auf!

ZEHNTE SCENE.

Glaukon, Hylas, und etliche Bauern mit Stangen und Knitteln bewaffnet. Die Vorigen.

Hylas. Wo ist er; der Grofsprahler, der Schnapphahn, der Gauner, der uns zu Sklaven machen will?

Glaukon. Und ehrlichen Leuten ihre Bräute vor der Nase wegnimmt?

Koridon. Wie? Was? Alle Wetter! Ich glaube die Lumpenhunde unterstehen sich gar, mir Trotz zu bieten? — Zu seinen Leuten. Allons! Frisch ihr Bursche, schlagt zu! Schlagt sie zu Boden!

Sie werden handgemein. Myra und Lalage erheben ein Geschrey, und flüchten sich hinter Merkur.

Hylas auf Koridon losgehend. Ich will dir den Edelmann aus dem Schedel klopfen, du Mistfinke!

Lalage dazwischen laufend. O, lieber Hylas, halt ein! Vergreif dich nicht an meinem Herrn Bräutigam.

Das Getümmel nimmt überhand.

Merkur vor sich. Blut soll diefsmahl nicht vergossen werden. Ich mufs mich ins Mittel schlagen — Aber, da kommt ja, zu gutem Glück, Prometheus selbst.

EILFTE SCENE.

Donner und Blitz.

PROMETHEUS. DIE VORIGEN.

Sie fahren alle aus einander, und stehen wie versteinert.

Prometheus mit Unwillen.

Wie? Welch ein Unfug? Mufs ich selber kommen,
Und Friede machen unter euch? Elendes Töpferwerk!
Was hält mich, dafs ich nicht mit Einem Streich
Ein Werk vernichte das mir Schande macht,
Und euch, so viel ihr seyd, nichtswürdige,
Mit meiner Feinde Unrath angefüllte
Gefäfse, allesammt zu Scherben schmettre?
Weg, Augenblicks! — und wehe dem von euch,

Der gegen seinen Bruder einen Finger nur
Zu heben sich erkühnt!

Sie rennen alle in ängstlicher Verwirrung davon.

Merkur.

Ereifre dich nicht so,
Prometheus — was geschehn ist, ist geschehn.

Prometheus.

Wohl! Wohl! Ihr habt da eine grofse That vollbracht!
Könnt stolz drauf seyn mit euerm Jupiter!
Ihr habt euch schön gerochen! Was ich gut gebildet,
Habt ihr verhunzt! Aus meinen lieblichen
Gutartigen Geschöpfen eine Brut von Narr'n und Schurken
Gemacht, zu elend um gehafst, und kaum
Noch gut genug, um kalt bedaurt zu werden!
Für Götter, wie ihr seyn wollt, ein gewaltiges
Glorreiches Unternehmen, über ein Gemächt
Von nassem Lehm so obgesiegt zu haben! — Wohl!
Sag deinem Vater Zevs, er soll hinfür
Nichts, das der Müh sich lohnt, von meiner Arbeit
Verderben können. Was ich jemahls wieder bilde
Soll Marmor seyn, und ewig Marmor bleiben,
Bis es die Luft zerbeitzt, die Zeit zerfrifst;
Und diese Erdbewohner, einst mein Lieblingswerk,

An deren Unschuld, Eintracht, Kinderfreuden,
Ich mein Vergnügen hatte — diese nun
Verdorbenen, besudelten Geschöpfe,
Vom Wurm gestochne Knospen, — ich begebe
Mich alles Rechts an sie! — Ihr habt sie euch geeignet,
Nun, so behaltet sie, und macht daraus
Was euch gefällt!

Merkur.

Vetter Prometheus, wenn die böse Laune,
Die dich in Jamben sprechen macht,
Dir anders Freyheit läfst, Vernunft zu hören,
So höre an! Ich will die Herren des
Olympus weder tadeln noch rechtfertigen.
Auch ists natürlich, wenn im ersten Augenblick
Es dich verdreufst, dafs Zevs die schwache Seite
Von deinem Mittelding von Thier und Gott
So bald gefunden, und zu seiner und
Der andern Götter Kurzweil so benutzt,
Wie du gesehen hast. — Doch, lafs es seyn!
Das Schicksal, dem wir alle, ungern oder gern,
Gehorchen müssen, hat's mit deinen Menschen
So übel nicht gemeint. Sie sind auf gutem Wege, nun
Zu werden, was du sie seit sechzig Jahren
So gerne machen wolltest, und nicht konntest —

Prometheus.

Nicht konnte? Freylich wollte und nicht konnte,
    weil
Ich, um vollkommner sie zu machen, sie darum
Nicht minder gut und glücklich machen wollte.

Merkur.

Pandorens Büchse hat nicht mehr gethan,
Als das beschleunigt, was am Ende doch
Die Zeit, auch ohne sie, bewirken musste.

Prometheus.

Ein feiner Trost!

Merkur.

Und dann, bedenke, Vetter!
Dafs wenn die Einzelnen, wenn Hylas, Chloe, Lalage
Und Glaukon, und so weiter, bey der Katastrofe
Verlieren, — doch das Ganze sehr dabey gewinnt.
Und selbst die Einzelnen gewinnen! Immer Einerley,
Auch wenn das Einerley aus lauter Freuden
Gewebt wär, ist, beym Himmel! doch kein Leben.
Veränderung, Wechsel, ist des Lebens Würze.
Auf Schmerz ist Wollust desto süfser; Ruh auf
    Arbeit.
Aus Dissonanzen webt der Musen Kunst
Die Zauberey'n der Harmonie; und Glück,

Mit Sorgen, Kampf, Gefahr, und angestrengter Müh
Errungen, lohnt im Augenblicke des Genusses
Die Kosten tausendfach.

Prometheus.

Wohl, Hermes, weils nun einmahl ist, wie's ist,
So kann's und soll's denn auch nicht anders seyn!
Daſs aus dem Bösen selbst, durch unsre Kunst, was
Gutes
Gezogen werden kann, ist freylich Trost, wiewohl
Kein Trost für mich! Ich liebe reine Formen,
Und eure Mischerey von Licht und Finsterniſs,
Von Süſs und Bitter macht mir keine Freude.
Am Ende, Freund! ist all das Gute, das
Im Treibhaus eurer Leidenschaften je
Hervorgezwungen werden soll,
Für alles Böse nur ein ärmlicher Ersatz.
Dem Unglückseligen, an dessen Eingeweide
Des Schmerzens Geyer nagt, dem ist kein Labsal
Daſs Andre Wollust athmen.

Merkur.

      Auch für dieſs
Hat Zevs gesorget.

Prometheus.

   Er? Nichts mehr davon!

Merkur.

Zwar eigentlich nicht Zevs: das Schicksal
selbst
Hat für die Übel, die Pandorens Vorwitz
Den Menschen aufgeladen, auch Arzney bestimmt,
Und durch Pandoren selbst — *Eine sanfte Musik kündigt*
Pandorens Ankunft an. Horch! Horch!
Sie nähert sich — die Lüfte um sie her zerfliefsen
In Harmonie — Ein Zeichen guter Vorbedeutung!

ZWÖLFTE SCENE.

Pandora. Die Vorigen.

Pandora *zu Prometheus.*

Prometheus — kannst du mir verzeihn?

Prometheus.

Du bist ein Weib, Pandora — deine Hand,
Wiewohl vom Vorwitz ausgestreckt, war nur
Das Werkzeug einer andern unsichtbaren —
Sey ruhig! Dir hat längst mein Herz verziehn.

Merkur.

Und beide höret nun des Schicksals Spruch
Aus meinem Munde! Sie soll nun die Gattin

Des Menschenbilders seyn; soll eine göttergleiche
Tochter ihm
Gebären, die auf ewig bey den Menschen wohne,
Und, aller ihrer Leiden süfse Trösterin,
Sie stets begleit', im Leben und im Tode
Sie nie verlafs', und **Hoffnung** sey ihr Nahme!

Prometheus und Pandora.

Geheimnifs des Schicksals!
Wir beten dich an.

Prometheus und Merkur.

Was lebet und strebet
Ist dein Organ.

Pandora.

Wir taumeln, wir irren
Auf nächtlichen Pfaden
Nach deinem Plan,

Pandora und Prometheus à 2.

Und wähnen zu wirken
Was du gethan.

Alle Drey.

Geheimniſs des Schicksals!
Wir beten dich an.

Mit dem letzten Worte dieses Gesanges thut sich der Schauplatz auf, und zeigt auf einer Anhöhe, in einer Art von Glorie die Göttin des Friedens, Irene, und die Musen, Thelxinoe, Aöde, Polymnia und Erato, die zu ihren Füſsen sitzen.

Irene.

Herbey, herbey, ihr Kinder der Erde,
Der Sturm ist vorüber, herbey!

Chor der Musen.

Der Sturm ist vorüber,
Verschüchterte Herde
Der Kinder der Erde,
Herbey, herbey!

Während dieses Gesangs erfüllt sich der Schauplatz zu beiden Seiten mit Bewohnern der Gegend, die Personen des Stückes, Hylas, Lalage, u. s. w. an ihrer Spitze.

Thelxinoe.

Das Feuer der Zwietracht,
Das wilde Getümmel
Der thierischen Triebe

Zu sänftigen, sendet
Die Göttin der Liebe
Aus offenem Himmel
Die Musen euch zu.

Irene.

Der Leidenschaften Stürme schweigen
Dem süfsen Zauber ihrer Töne,
Die Ungeheuer alle fliehen.
Bekränzt mit Palmen steigt Irene,
Ihr Sterblichen, zu euch hernieder,
Bringt euch zurück des Lebens Freuden,
Ihr fühlt euch wieder alle Brüder,
Und alle Sorgen, alle Leiden
Verlieren sich in sanfte Ruh.

Chor der Musen, Prometheus und Merkur.

Das wilde Getümmel
Der thierischen Triebe
Zu, sänftigen sendet
Die Liebe vom Himmel
Die Musen euch zu.

Prometheus.

Mit Freude seh ich Ruh und Glück
 Zu meinen Kindern wiederkehren;
 Allein wie lange wird es währen?

Merkur.

So lang als sie Irenen ehren,
 Als Mäſsigung, Genügsamkeit,
 Und Musenliebe sie beseelen.

Prometheus.

Dieſs Glück, o könnt ichs mir verhehlen!
Ist nur ein schöner Augenblick.

Irene, die Musen.

Wir wollen nie von ihnen weichen,
Wofern sie uns nicht selbst verscheuchen.

Kor des Volks.

Dank euch, wohlthät'ge Wesen,
 Ihr bringt uns Glück und Ruh!

à 2.

Wenn wir von euch uns kehren,
Wie könnten wir genesen?

Alle.

Hört unsern Schwur! Wir schwören
Uns ew'ge Bruderliebe,
Euch ew'ge Treue zu!

DIE BUNKLJADE

ODER

QUINTESSENZ

aus Johann Bunkels Leben, Bemerkungen und

Meinungen. 1778.

Vor einigen Jahren kam zu Paris kein Büchlein, in Prose oder Reimen, in dessen Aufnahme Autor und Verleger einiges Mifstrauen setzten, zum Vorschein, ohne dafs es durch eine Anzahl *Vignetten*. von *Eisen* und *Longueil* unterstützt wurde. Bey uns ist jetzt Chodowiecky der Nothhelfer; und wahrlich, wenn der Gewinn, den ein Deutscher Verleger durch ihn macht, den des Französischen so weit überträfe als Chodowiecky über Eisen ist, so wär' es keinem Buchhändler zu verdenken, wenn er einer so glänzenden Versuchung nicht widerstehen könnte. Im Grunde haben die Liebhaber, falls auch das Buch selbst ihre Erwartung noch so übel betrogen hätte, sich nicht zu beklagen, wenn sie zum Beyspiel für drey und einen halben Thaler Konvenzionsgeld sechzehn Kupferstiche von Chodowiecky, von den besten Abdrücken, und, nach billigem Abzug eines halben Alfabets für das Beste was das Buch enthalten mag, noch vier bare Alfabete Makulatur in den Kauf bekommen.

Ob diefs auch bey Herrn Johann Bunkels Leben und Meinungen der Fall sey, wollen wir nicht voraus entscheiden; so viel scheint gewifs zu seyn, dafs

der Herausgeber, nach der hohen Meinung, die ihm
von dem innern Werthe des Buches selbst, von so
glaubwürdigen Männern als die *Monthly Reviewers*, beygebracht worden war, zu urtheilen,
dasselbe durch die Kupfer von unserm berühmten
Künstler vielmehr zu ehren als zu unterstützen
gedachte. Denn wahrlich „die Biografie seines
eignen Lebens, von einem funfzigjährigen Manne
geschrieben, der auf sein wohlgelebtes Leben mit gutem Gewissen und völligem Bewufstseyn unbescholten und nützlich gewesen zu
seyn, zurücksieht, — und ein Schriftsteller,
der (nach dem vollgültigen Zeugnifs der Monatli-
chen Musterschreiber in London) nicht nur
vollkommen einzig für sich und in seiner Art
eben so original als Shakespear und Samuel
Richardson, sondern auch der sonderbarste,
der launigste, der angenehmst-seltsamste
Schriftsteller ist, der je die Feder geführt, — ein
solches Buch, von einem solchen Verfasser, macht
sein Glück durch sich selbst, und bedarf keiner fremden Unterstützung.

So dachte (wie ich wenigstens jetzt, im Jahre
1798 gänzlich versichert bin) der Deutsche Herausgeber dieses in der That in seiner Art ganz einzigen
Werkes, als er es ankündigte; und wenn wir andern,
auf seine und der Reviewers Garantie hin, auch
zu sanguinisch in unsrer Erwartung waren, so sind
wir doch wenigstens zu entschuldigen, wenn wir

nach einer solchen Ankündigung erwarteten, dafs
hier noch mehr als Cervantes, Fielding und
Sterne seyn werde.

Wie diese Erwartung erfüllt worden, ist ohne
Zweifel manchen von den Lesern, welche Johann
Bunkel im Jahre 1778 hatte, und die seinen litterarischen Tod überlebt haben, noch erinnerlich. Genug,
die beynahe allgemeine Wirkung, die es auf den
Leser that, war so beschaffen, dafs der Verfasser der
Bunkliade sich bewogen fand, und, im eigentlich-
sten Verstande des Wortes, ein gutes Werk zu thun
glaubte, eine so sonderbarst-seltsamste Erschei-
nung in der litterarischen und moralischen Welt
genauer zu beleuchten, und da sie doch nur eine
schnell vorübergehende Dauer zu versprechen schien,
wenigstens die Quintessenz oder den Geist derselben
auszuziehen, und die grofse Mehrheit der Käufer
des Buchs, die sich unmöglich überwinden konnten,
es von einem Ende zum andern zu durchlesen, für
das was sie dadurch verloren hätten, einigermafsen zu
entschädigen. — Und nun kein Wort weiter zur
Einleitung, Rechtfertigung oder Entschuldigung der
folgenden Blätter!

―――――――――

Wessen man sich zu Herrn Johann Bunkel, was
seine Fähigkeiten betrifft, zu versehen habe, lernen wir von einem Zeugen, gegen dessen Glaubwür-
digkeit nichts einzuwenden ist, von Herrn Johann

Bunkel selbst. „Ich habe, sagt er, (1. Th. S. 288) wenig Recht auf aufserordentliche Erkenntnifs Ansprüche zu machen, da ich nur einen **langsamen Kopf** habe, wie man ihn gewöhnlich bey der **niedrigern Art** von Gelehrten antrifft." — Damit man aber gleichwohl begreifen könne, woher so viel filologische, metafysische, mathematische, theologische, mineralogische, chemische u. s. w. Schul- und Kollektaneen - Gelehrsamkeit, als er in seinem Buche auslegt, in seinen langsamen Kopf gekommen sey, setzt er hinzu: „Aber ich bin sehr fleifsig gewesen, und mein ganzes Leben ist mit **Lesen und Denken** zugebracht." — Aus diesem Zeugnisse von sich selbst sehen wir, dafs wir wenig von seinem **Witz** zu erwarten haben; und so könnten wir uns billig verwundern, wie die mehr besagten Reviewers diesen langsamen Alltagskopf mit **Shakespearen** und **Richardson** zusammen stellen und sagen konnten: „Wenn jener Vortrefflichkeit aus angebornem unkultiviertem Genie hergerührt, so scheine hingegen Johann Bunkels **erhabene Sonderbarkeit** die Frucht eines Genies und einer Einbildungskraft zu seyn, die durch romantisches Wesen und religiösen Eifer wie in einem Treibhause erhitzt und zum Sprossen getrieben worden." — Unstreitig verdient über diesen Punkt Bunkel selbst, und sein getreuer Zeuge, sein vor uns liegendes Werk, mehr Glauben als die Herren **Musterer**; und was liegt auch am Ende daran, wenn Bunkel kein Dichtergenie hat? Da er sein Leben mit **Lesen und Denken** zugebracht, so muſs er, trotz der Langsamkeit seines Kopfes, ein desto stärkerer und tieferer Denker seyn; und so können wir darauf rechnen, für das, was ihm an Einbildungskraft und Witz abgeht, reichlich entschädiget zu werden. Was für neue, tief geschöpfte, reichhaltige Bemerkungen, was für eine lehrreiche Geschichte seines Geistes haben wir von einem solchen Denker zu erwarten!

Unglücklicher Weise findet sich aber von dem allen nichts in seinem Buche; nichts, nichts, was man im strengsten Sinne nichts heiſst; nicht zwey neue Bemerkungen von einiger Erheblichkeit; nicht einmahl die Gabe, den Gemeinörtern, wovon das ganze Buch voll ist, ein Ansehen von Neuheit zu geben. Zehnmahl wird uns das nehmliche wässrige, kühle, sofistische Gewäsche gegen gewisse ihm äuſserst verhaſste Artikel der alt hergebrachten Christlichen Dogmatik, bald in etwas veränderten Worten, bald durch andere Personen aufgetischt; und, so heftige und unermüdliche Gegner des Athanasischen Glaubensbekenntnisses Herr Johann Bunkel und alle die polemischen Damen und Herren, die er nach und nach auftreten läſst, sind, — denn offenbar ist das ganze Buch bloſs dazu geschrieben, seiner herzlichen Erbitterung gegen dieses Symbolum und die neun und dreiſsig Artikel der Englischen Kirche Luft zu machen, — so findet sich doch im ganzen Buche nicht ein einziger Einwurf gegen die Orthodoxen, nicht ein einziger Grund für seinen

Christlichen Deismus, der nicht wer weifs wie oft von seines Gleichen, und bessern als er ist, meistens viel besser vorgebracht worden wäre. Und so ein Mann sollte die Hälfte seines Lebens mit Denken zugebracht haben?

Noch lustiger ists, wenn man die Versicherung, die er uns I. Th. S. 7 giebt, „dafs er auf der Schule mit besonderem Fleifse Lockes Buch über den menschlichen Verstand studiert, und nichts anders vorgenommen habe, als bis er dieses Werk dreymahl durchlesen, und den richtigen Gebrauch seines Verstandes daraus erlernt habe;" ich sage, noch lustiger ists, wenn man diese Versicherung und die angehängte Ermahnung an die liebe Jugend, „nur den Locke recht zu studieren, weil sie dadurch zu der Richtigkeit und Wahrheit der Erkenntnifs gelangen würden, welche die gröfste Vollkommenheit eines vernünftigen Wesens sey," mit seinem Buche selbst vergleicht, mit der jämmerlichen Verworrenheit und Seichtheit seiner Begriffe und Vernünfteleyen, die der Übersetzer oder Kommentator — der zwar auch ein Razionalist, aber doch ein ganz anderer Denker als Master Bunkel ist — beynahe so oft zu verbessern nöthig findet, als dieser seinen lehrreichen Mund zum Räsonieren aufthut. Und Johann Bunkel sollte von Johann Locke seine Begriffe zergliedern, bilden, unterscheiden, verbinden gelernt haben? Wahrlich, wenn dem so wäre, so wär' es eines der auffallendsten Beyspiele, dafs dem, den die Natur am Verstande verwahrlost hat, weder Aristoteles noch Bakon, weder Locke noch Leibnitz Verstand eintrichtern können.

―――――

Bevor Bunkel zu Erzählung der wichtigsten Begebenheiten seines Lebens schreitet, fängt er in einem sehr weisen und frommen Ton an, uns seiner wahren Gottergebenheit und Hoffnung einer bessern Zukunft zu versichern. „In diesem Leben, sagt er, sey ihm das Loos nur kümmerlich gefallen; aber er hoffe einst Welten vortheilhaft zu verwechseln." — Man sieht augenscheinlich, daſs der Autor des Buchs (der wohl in jedem Betracht ein armer Schlucker seyn mag) hier in einem unfreywilligen Zurücksinken in sich selbst plötzlich vergiſst, daſs Er und Johann Bunkel *ex hypothesi* nur Eine Person seyn soll. Denn daſs Bunkel unverschämt genug seyn könnte, sein Loos in dieser Welt kümmerlich zu nennen; er der achtmahl das grofse Lotterie-Loos des menschlichen Lebens, achtmahl das beste, weiseste, frommste, zärtlichste, schönste und reitzendste Weib, das nur immer ein Plato idealisieren und ein Pygmalion schnitzeln könnte, gezogen, mit jeder dieser Frauen ein ansehnliches Vermögen erheirathet, immer nichts gethan als was ihm behagte, den besten Theil seines Lebens in paradiesischen Einsiedeleyen und Zauberinseln, mit den besten Menschen, im Genuſs alles dessen, was sich der wollüstigste Jünger eines Saint-Evremond für Seele und Leib nur immer wünschen könnte, zugebracht, dann die Reise um die Welt gemacht, u. s. w. daſs er das Alles nur für ein kümmerliches Loos halten sollte, das läſst sich doch unmöglich denken. Es wäre der vollendende Zug zum Bilde eines Menschen, für dessen Verkehrtheit sich kein Nahme in irgend einer Sprache fände.

Die Lobrede, die er auf der dritten Seite des I. Theils seinem eigenen moralischen Karakter hält, hätte er billig ersparen sollen, da er im Begriff war, ein dickes Buch von seinem Leben zu schreiben. Denn da heiſst es: Zeige mir deinen Karakter aus deinen Werken! Er bekennt: „Sein Leben sey nicht von groſsen Vergebungen frey geblieben. Allein bey dem allen hab' er doch stets mit den Betrübten Mitleid gehabt, fremde Noth tief empfunden, und um andern Gutes zu erweisen, weder Mühe noch Kosten gescheut. Daher habe er das Vertrauen, daſs, wenn er einst von dieser Erde genommen werde, er aus einem dunkeln und wolkichten Horizont zu den Gegenden der Freude, des Lichts und einer völligen Offenbarung werde erhoben werden. Dieser Glaube, spricht er, erheitert meine Tage bey allen Zufällen, unterstützt mich in allen Trübsalen, und macht mich fähig, daſs ich überhaupt mein Leben in beständiger Zufriedenheit und Freude erhalten kann."

Wer, der mit aller Gutherzigkeit, die man nur immer zum Lesen eines Buchs bringen kann, so weit gelesen hat, würde sich nun vorstellen, dafs das ganze Leben eines so weisen und frommen Mannes, wenigstens alles was er uns davon erzählt, darauf hinaus liefe: dafs er in den Gebirgen, durch die Gebirge, und unter den Gebirgen von Westmoreland, Cumberland, Durham, u. s. w. herum klettert; immer aus dem wildesten, unzugangbarsten, schauerlichsten Chaos von Felsen, Höhlen und Wasserfällen, in irgend ein romantisches Thal, ein kleines Elysium, kommt, wo er stracks auf einen Engel von einem Mädchen stöfst, die so aufblühend wie Hebe, so schön wie Venus, und wenigstens eine so grofse Virtuosin, Filologin und Theologin als Anna Maria von Schurmann ist — sich gleich stehenden Fufses mit ihr in ein weitläuftiges dogmatiko - polemisches Colloquium gegen die Athanasische Glaubensregel, gegen die göttliche Eingebung der heiligen Schrift, u. s. w. einläfst; hernach sich zu einer Sybaritischen Tafel hinsetzt, und etliche Tage, wie jedes andre Weltkind, mit ländlichen Ergetzungen, Fischen, Jagen, Kartenspielen, Tanzen, Essen und Trinken hinbringt; dann wieder geht, wieder kommt, das schöne Wundermädchen heirathet, aber bald darauf wieder begräbt; dann wieder klettert, und krack! wieder eine romantische Einsiedeley, und wieder ein Engel mit dem Verstand des Aristoteles im Kopf einer Fryne und mit dem Herzen einer Christin

im Busen einer **Venus**; und **wieder auf den
Athanasius und die Englische Kirche** losgedrescht; und **wieder geschmaust und geheirathet und begraben!** und von neuem geklettert — kurz, die ganze Komödie von fünf Akten so oft wiederhohlt, bis alle die **Engel von Schönheit, Deisterey, Talenten und erstem Christenthum** der Reihe nach **durchgeheirathet sind**; — hierauf, um seiner Geschichte einen neuen Schwung zu geben, sein mit allen diesen Weibern zusammen gebeirathetes Vermögen in einer Nacht verspielt, und, um wieder zu Kasse zu kommen, eine reiche Erbin entführt, die er, da sie noch vor der Kopulazion in eine lange Ohnmacht fällt, eilends begraben läfst; bald darauf wieder eine andere freyet, sie aber eben so bald wieder verliert; dagegen seine begrabene Braut als **Frau Doktorin Stanville** wiederfindet, und (weil der Herr Doktor so höflich ist, ihm über Hals und Kopf Platz zu machen) sie nun im Ernste heirathet; darauf das Vergnügen hat, seinen Vater (dessen Orthodoxie die erste gelegentliche Ursache aller Abenteuer unsers antitrinitarischen Helden war) zwar auf dem Sterbebette, aber — o Freude und Jubel! durch Meditierung der zurück gelassenen Manuskripte seines heterotoxen Herrn Sohnes, ganz zum **reinen Christlichen Deismus** bekehrt, anzutreffen; sodann, nachdem er auch diese Frau durch die Blattern wieder verloren, den **Einfall** bekommt zur See zu gehen, und, wiewohl er vom Seewesen nichts ver-

steht, als Kapitän seines eignen Schiffes in der
Welt herum zu streichen; — endlich im funfzigsten
Jahre seines Alters zurück kommt, ein Landgut
kauft, und nun — sich unter den Schatten seines
Feigenbaums hinsetzt, um auf ein so **wohl gelebtes** Leben, mit völligem Bewufstseyn **unbescholten und nützlich** gewesen zu seyn, zurück zu
sehen, und aus dieser schönen Kette von Landstreicherey, Heirathen, Religionsgesprächen, Predigtfragmenten und Schattengefechten mit dem Gespenste des **Athanasius** — das schalste, platteste, impertinentste Buch zusammen zu flicken, das
je aus dem Gehirn eines **nonkonformistischen**,
stoisch-christliche Moral **schwatzenden** und
Bachanalia **lebenden**, mifsgeschaffnen **Drittelding von Deisterey, Pietisterey** und **Epikurismus** hervor gegangen ist! — Das lafs mir,
als **Beyspiel** betrachtet, **das Leben eines
Christen**, oder, als ein **poetisches Werk**,
ein Originalmeisterstück von **Erfindung** und **Zusammensetzung** seyn!

Wahr ists, wir werden zwischen den Akten dieser feinen Komödie mit allerley unerwarteten, lehrreichen, erbaulich lustigen Zwischenspielen regalirt,
als da sind — die wundervolle **antitrinitarische
Frauenzimmer-Republik** der schönen Azora
— die Bekehrungsgeschichte eines Bösewichts, der,
nachdem er alle Unthaten, Sünden und Schanden
begangen, die ein menschliches Vieh und einge-

fleischter Teufel begeben kann, zuletzt ein **Einsiedler** und (was sich von selbst versteht) ein **antitrinitarischer Einsiedler** wird — der Besuch bey den **Filosofen zu Ulubrä**, wo ein merkwürdiger Zweykampf zwischen **Ritter Floh** und **Held Laus**, durch ein doppelt reflektierendes Teleskop beobachtet, mit grofser Darstellungskunst beschrieben wird — u. dgl. m. Aber unglücklicher Weise ist der Autor von dem Anti-Athanasischen Teufel so schrecklich besessen, dafs er uns keines von seinen **Intermezzi** geben kann, ohne dafs wir durch Anhörung einer langweiligen, wortreichen und kläglich räsonierten antitrinitarischen Dedukzion, oder einer ascetischen Predigt dafür bezahlen müssen. Denn auf das, was man eigentlich **Dialog** nennt, findet er, aus Ursachen, für gut, sich niemahls einzulassen. Wenn er zwey oder mehrere Personen über irgend einen Artikel seiner heterodoxen Theologie sprechen läfst, so ists doch immer nur **Eine**, die das Wort führt; die andern sind allerseits schon **voraus** von dem, was gesagt werden wird, **überzeugt**, oder wenn ja eine Einwendung zum Vorschein kommt, so greift man doch mit Händen, dafs es nur **pro forma** geschieht, um dem Sprecher oder der Sprecherin Gelegenheit zu gehen, irgend ein Loch, das der Autor in seinem System gewahr worden, nach Möglichkeit zuzustopfen.

In so fern mufs man allerdings diesem theuern Rüstzeug sein gebührendes Lob ertheilen, dafs er den grofsen und letzten Hauptendzweck seines Werkes nie aus den Augen verliert, indem selbst die Zwischenspiele, Episoden und Abschweifungen unversehens zu wirklichen Theilen des Ganzen werden, und zu zweckmäfsigen Mitteln, sein System von Christlichem Deismus und deistischem Christenthum zu befestigen, oder auszuzieren oder zu zäunen und zu verpfählen dienen müssen. Nur ist, wie der scharfsinnige Verfasser der Anmerkungen und Zusätze mehr als Einmahl bemerkt, zu bedauern, dafs Herr Johann Bunkel sich selbst und seiner grofsen Diana, dem Rasionalismus, nicht immer getreu bleibt, sondern, ehe man sichs versieht, gegen seine notorischen Grundsätze, wie ein Mysteriker spricht; welches denn dem besagten gelehrten Ungenannten daher zu kommen scheint, weil Bunkel, als ein Mann der seinen Locke dreymahl durchstudiert hat, sehr oft die Sachen von denen er schwatzt nur in einem Nebel sehe, d. i. es Deutsch heraus zu sagen, nicht immer so eigentlich wisse was er wolle; — eine Hypothese, die das Problem zwar hinlänglich auflöst, aber die Sache selbst nicht um ein Haar besser macht.

Noch etwas, wefswegen wir Herrn Johann Bunkel sehr lobenswürdig finden, ist die Mannigfaltigkeit, welche sein fruchtbares Genie, zu Vermeidung der aus der ungemeinen Simplicität seines Plans sonst zu besorgenden Monotonie, in die Art und Weise gebracht hat, wie er seine Amoureuses, oder die schönen Engel, die so nach und nach, unter Garantie des Franziskanermönchs Vater Fleming, die eheliche Decke mit ihm beschlagen, sowohl aufführt als wieder abtreten läſst. Mit Miſs Noel, welche unglücklicher Weise unmittelbar vor dem Beylager stirbt, wird er zuerst in einem Gartentempelchen, mitten unter schönen Büchern und mathematischen Instrumenten an ihrem Schreibtische sitzend, bekannt. Seine erste wirkliche Frau, Miſs Charlotte Melmoth, lernt er auf einem Schiffe kennen, das von Dublin nach dem lieben Old-England gehen sollte, und hat gleich in der ersten Nacht Gelegenheit, sie nackend und fast ohne Sinne aus ihrer Kajüte, worin sie beynahe ertrunken wäre, ins Trockne heraus zu tragen; welches denn, wie leicht zu erachten, zu einem der interessantesten unter den 16 Chodowieckischen Kupferstichen erwünschte Gelegenheit gab. Miſs Stazia Henley, seine zweyte Frau, findet er „an einem Springbrunnen, wo auf jeder Seite des Wassers eine schöne und vortrefflich eingerichtete Rasenbank unter dem Schatten einer stets grünen dreyblättrigen Steineiche sich befand," neben ihrem Groſsvater, einem alten ehrwürdigen Mann mit silberweiſsen Haaren, auf einer dieser Bänke sitzen. Mit seiner dritten Hauskrone, Miſs Antonia Cranmer, fängt sich die Bekanntschaft zwar auch in einem Garten an, aber mit dem Unterschiede: daſs Herr

Johann Bunkel, als ein weidlicher junger Wittwer, der auf eine neue Frau ausgeht, über einen zwischen ihr und ihm liegenden Graben rüstig hinüber setzt, und „nachdem er mit seinem Hut in der Hand ihr seine Ergebenheit bezeigt," die Kühnheit seines unvorbereiteten Besuchs entschuldigt, und im nehmlichen Athemzug eine wohl gedrehte Liebeserklärung auf das vater- und mutterlose Mädchen abdrückt; die sich hier, mit ihrer schönen Base, Agnesia Vane, in einer gar romantischen Einsiedeley allein befindet, und nichts dringenders hat, als den holden Johann Bunkel bald möglichst zum Herrn und Inhaber ihrer schönen himmlischen Person und ihres grofsen Vermögens zu machen. Sein Liebesverständnifs mit Jungfer Spence, seiner vierten Gemahlin, fängt sich zwar, auf eine sehr alltägliche Weise, beym Gesundbrunnen zu Harrogate an: allein da Mifs Spence eine Dame war, die ihren Virgil aus der Grundsprache zu zitieren wufste, so bifs sie nicht so hastig in den Angel wie die liebeshungrige Antonia, sondern nahm die Sache auf Bedenkzeit; und diese Verzögerung giebt nicht nur zu einer romanhaften unvermutheten Zusammenkunft mit einer andern schönen Dame, bey der unser Pilgrim nach der seligen Ewigkeit sich ohne einiges Bedenken etliche Tage sehr weltlich lustig macht, sondern sogar zu einer der besten Thaten seines „wohl gelebten und unbescholtenen Lebens" Gelegenheit, nehmlich durch studierte Betrügerey zwey hübsche Mädchen zu entführen, oder, wie Er die preiswürdige Heldenthat zu nennen beliebt, aus der Sklaverey bey ihrem geitzigen Vormunde zu befreyen, — wovon künftig ein Mehreres.

Wir wollen nicht dafür gut seyn, dafs nicht jede der vorbemeldeten Arten, wie Herr Bunkel seine erste Aufwartung bey seinen Damen macht, schon vor ihm in andern Romanen vorgekommen: aber von Einer wenigstens getrauen wir uns zu versichern, dafs sie ganz original ist, und, wiewohl sie eine treffliche Wirkung thut, vor ihm noch von keinem andern Autor, weder epischen noch dramatischen, gebraucht worden; und das ist die Art und Weise, wie er mit der Schwester seines Freundes, Karl Turner, bekannt wird.[1]) Er war, nach seiner löblichen Gewohnheit, im Begriff, auf einem ganz unwegsamen Wege über steile Felsen, wo jeder Mifstritt Tod war, zu den Filosofen von Ulubrä zurückzukehren; als er nahe an der Spitze eines sehr hohen Berges eine Höhle gewahr ward, in welche man, als auf einer Treppe, herab steigen konnte. Aus dieser Höhle ging seitwärts ein andrer, aber viel steilerer Gang, der durch eine immer enger werdende Öffnung in eine andre Höhle führte, welche gegen den Tag offen zu seyn schien. Bunkel, wie er immer ein grofser Waghals ist, entschliefst sich herab zu klettern. Die Abfahrt war

---

1) S. 78 u. f. im IIten Theile.

in gerader Linie 479 Ruthen lang, und endigte sich in eine bezaubernd schöne Aussicht „von Wiesen, zerstreuten Blumen und Strömen." Dieser Fleck Landes enthielt etwa 24 Morgen, war mit den fürchterlichsten Anhöhen umgeben, und zeigte in der Mitte ein sauberes, artiges, kleines Landhaus. Herr Bunkel entdeckt durch sein Fernglas ein hübsches junges Frauenzimmer, das mit Nadelarbeit beschäftigt vor der Thüre saſs, während nicht weit davon eine andre Zaubrerin stand und Fische angelte. Zwey hübsche Mädchen in einer so romantischen Gegend! das war für Master Bunkel — was eine goldfarbige Fliege am Angel — für die gierige Makrele ist. Er hatte ungefähr noch 6 Ruthen um wieder ans Tageslicht zu kommen; aber weil der junge Herr, „vor Ungeduld die zwey Zaubrerinnen kennen zu lernen," nicht mehr wuſste wo er war, noch was er that, glitscht' er mit dem Fuſs aus, und „rollte aus dem Berg auf eine gewaltige und erstaunliche Art" herunter. „Es war eben Mittag, fährt er fort, als ich bey den Frauenzimmern anlangte; und da sie mich nicht eher sahen, als bis sie sich von ungefähr umwandten, so waren sie über meinen Anblick so erschrocken, daſs sie die Farbe veränderten und die eine laut zu schreyen anfing. Aber diese Furcht verging bald, wie ich sie versicherte, daſs ich ihr gehorsamster Diener sey, u. s. w." Man muſs gestehen, daſs dieſs wirklich eine drollige und affentheurliche Art, sich zum gehorsamen Diener zu erklären, ist; und vermuthlich sind es Einfälle dieses Schlages, die unserm Helden die Ehre zugezogen haben, für den „launigsten und angenehmst - seltsamen Schriftsteller," der je die Feder geführt, erklärt zu werden. Aber freylich, wenn nicht auch noch dann und wann so ein angenehmst - seltsamster Schnak, oder eine schöne Beschreibung einer unterirdischen Reise, eines bezauberten Thals, oder eines schönen, jungen, Religion und Wollust athmenden himmlischen Mädchens mit unter liefe: wo sollte einer die Geduld hernehmen, sich durch den dummersthaften Theil des Buchs, der zuletzt doch wenigstens sieben Achtel vom Ganzen ausmacht, durchzuarbeiten?

Wir müssen gestehen, in der Art, wie Herr Bunkel seiner schönen Weiber wieder los wird, zeigt sich nicht der Reichthum von Erfindungskraft, den wir eben bewundert haben, und in diesem Stücke bleibt er weit hinter Homer zurück. Dieser läfst, bekannter Mafsen, von den vielen Wunden, die in der Iliade gegeben und empfangen werden, nicht Eine der andern gleich seyn. Herr Bunkel hingegen richtet vier von seinen Sultaninnen durch die nehmliche Todesart hin. Mifs Noel stirbt vierzehn Tage vor der Hochzeit an den Blattern, welche in sieben Tagen „die feinste menschliche Bildung in den scheufslichsten und widerlichsten Klotz verwandelten. Das liebens-

würdigste der menschlichen Geschöpfe," überall
schändlich zugerichtet, wurde „das garstigste
und unerträglichste Schauspiel!" — O Bunkel! Bunkel! — Seine liebe Charlotte stirbt zwar,
nach einem entzückenden Zeitlauf von zwey
Jahren, worin er der glücklichste Mann von der
Welt war, an einem hitzigen Fieber: aber Stazia,
die ihm, wenige Tage darauf, sein Leid ergetzt,
geht ebenfalls an den Blattern darauf, und
Bunkel „wird wieder in tiefe Trauer gesetzt." Wohl ihm, dafs es noch mehr hübsche
Mädchen gab! dafs es eine schöne und reiche Antonia Kranmer gab, die ein Mann wie Er nur
ansprechen durfte! Das Mädel „war gut wie ein
Engel;" aber nach zwey Jahren starb sie gleich-
falls an den Blattern, und wurde — vier
ganzer Tage beklagt. Mifs Spence, die nächste, an welche die Ehre kommt, mit unserm betrübten Wittwer zu Bette zu gehen, stirbt wie No. 2.
Aber dafür werden wir durch die Todesart der Mifs
Turner, seiner fünften (respektive sechsten)
Gemahlin schadlos gehalten, die eine von den unge-
wöhnlichen ist: denn sie stirbt an einem Sturz, da
die Pferde mit dem Wagen, worin Mann und Weib
safsen, durchgingen. Unglücklicher Weise für uns
Arme — kam Herr Bunkel frisch und gesund davon!
Mit der reichen Agnesia Dunk, die er hiernächst
ihrem Vater entführt, (aber freylich war es auch nur
ein Trinitarier und ein Bösewicht!) spielt
seine Fantasie noch wunderlicher; die wird gar

zweymahl todt gemacht; einmahl bloſs zur erlaubten Gemüthsergetzung der Leser, an **keiner Krankheit;** das zweyte Mahl aber im vollen Ernst an den leidigen **Blattern,** nachdem der liebe Mann vorher seine Interimsgemahlin, **Julia Fizgibbons,** d. i. diejenige, die er sich in der Zwischenzeit seiner doppelten Verheirathung mit Fräulein Agnesia antrauen ließ, in einem Bache, wo sie fischen wollte, jämmerlich **ertrinken** lassen. Also eine ertrunken, eine von Pferden geschleift, zwey am hitzigen Fieber, und vier an den Blattern! **In Summa Acht Weiber in Zehn Jahren! Chaucers** berüchtigtes **Wife of Bath** hatte nur fünf Männer in einem halben Jahrhundert; aber die war denn auch nur ein gottloses **trinitarisches Belialskind!** Das macht freylich einen Unterschied!

Man kann die **Johann-Bunkliade,** als ein **dreyleibichtes** Ungeheuer, unter dreyerley verschiedenen Gestalten betrachten — als **Roman;** als **theologisches Lehrbuch,** und als **Vorbild und Beyspiel sittlicher und christlicher Vollkommenheit.**

Was sie als **Roman,** Werk der Einbildungskraft, historisch-poetische Komposizion, ist, haben wir gesehen.

Was sie von ihrer **theologischen, dogmatiko-polemischen Seite** werth sey, ergiebt sich schon aus den häufigen Anmerkungen und Zusätzen des Ungenannten, worin die erbärmlichen Fehlschlüsse, die verworrene Vorstellungsart und Inkonsequenz, und die groben Irrthümer dieses „langsamen Kopfs, der den Locke dreymahl durchstudiert hat, um denken zu lernen," meisterlich, obwohl, wie leicht zu erachten, auch so säuberlich als es das Interesse des Verlegers erforderte, gerüget werden. Diese Manier, einem elenden Buche durch die Anmerkungen und Zusätze aufzuhelfen, liefse sich nicht uneben mit einem Gastmahle vergleichen, wo die ganze Tafel mit einer Menge gröfstentheils saft- und kraftloser, unverdaulicher, übel zugerichteter, ekelhafter und ungesunder Speisen besetzt, jedoch neben jeder Schüssel ein besonderes Pulverschächtelchen oder Arzneygläschen gestellt wäre, damit ein jeder, der von ihr gegessen hätte, sogleich auch das Gegengift zu sich nehmen und seinen innern Menschen dadurch wieder ins gehörige Gleichgewicht setzen könnte.

Lassen wir uns nun die Mühe nicht verdriefsen, dem ehrwürdigen John Bunkel, auch als Beyspiel und Vorbild der Lehre, die er predigt, etwas näher unter die Augen zu leuchten!

Es ist nicht zu läugnen, bey aller seiner Bosheit gegen den guten Athanasius und die Englische oder vielmehr gegen die allgemeine Kirche, hat er doch ziemlich reine orthodoxe Begriffe von dem, was zum thätigen Christenthum gehört.

Ein **Christ** ist, nach seiner **Theorie**, ein Mensch, der seinen Glauben an Gott und Jesum Christum dadurch beweiset, daſs er „**nach den Vorschriften des Evangeliums handelt; daſs er in Demuth und Sanftmuth, in Ertödtung und Selbstverläugnung, in Entsagung weltlicher Gesinnung, u. s. w."** Christo **ähnlich ist**; ja, daſs er sich sogar bestrebt, „**Gott, das** vollkommenste der verständigen Wesen, in allen seinen moralischen Vollkommenheiten **nachzuahmen, und nach seinem Vermögen** ²) **vollkommen zu seyn, wie Gott**, heilig, wie Gott heilig ist, barmherzig, wie Gott barmherzig ist, u. s. w." — und als einen solchen Christen erklärt und bekennt sich **Johann Bunkel** unzählige Mahl durch sein ganzes Buch. Wer ihn **schwatzen** hört, und gewohnt ist, die Leute nach dem was sie schwatzen zu beurtheilen, sollte ihn für einen Heiligen halten. Wenigstens ist man berechtigt, von einem Manne, der solche **Grundsätze und Gesinnungen** vorgiebt, ein mit denselben übereinstimmendes Leben zu erwarten; und hätte der Verfasser seinen Johann Bunkel in den verschiednen Verhältnissen

---

2) Diese moralische *Clausula salvatoria* steht hier nicht für die lange Weile da! denn wenn Meister Bunkel, wie am Tage liegt, ein gar elender Nachahmer Gottes ist, so kann er sich immer mit seinem wenigen Vermögen entschuldigen. Das schlimmste ist nur, daſs jeder Schurke eben das sagen kann, und mit so gutem Fug als er.

und Auftritten des Lebens als einen Mann voll edler gemeinnütziger Thätigkeit dargestellt, so könnte sein Buch wenigstens von dieser Seite noch einigen Nutzen geschafft haben. Aber nichts weniger als das. Johann Bunkel schwatzt zwar immer — nicht wie ein Christ — denn die schwatzen nicht — sondern als ob er einer wäre: lebt aber immer wie alle Zöllner und Sünder auch leben; bringt seine Zeit mit gut essen und trinken, scherzen, spielen, tanzen, herumschwärmen und müſsiggehen zu; verliebt sich in ein schönes Mädchen nach dem andern; heirathet eine nach der andern; begräbt eine nach der andern; liegt schon wieder bey einer neuen, ehe die vorige recht erkaltet ist, und rechtfertigt sich deſswegen — mit seinem Temperament; — verspielt sein ganzes Vermögen in Einer Nacht; entführt einem Vormund durch die niederträchtigsten Ränke seine Pflegetöchter, einem Vater sein einziges Kind; — kurz, ist, von vorn und hinten besehen, weder mehr noch weniger als ein selbstischer, Gott und der Welt unnützer, antitrinitarischer Müſsiggänger, Wollüstling und Libertiner, und hat die Unverschämtheit — sein Leben zu schreiben!

Bedarf es Beweise dieser Beschuldigungen? Sein ganzes Buch wimmelt davon. Man rechne alles davon ab, was Geschwätz ist, und sehe, was übrig bleibt!

Nur einige kleine Proben, wie viel der Mann auf Essen und Trinken hält — blofs aus dem zweyten Theile, der mir just zunächst liegt.

S. 14. „Hierauf wurde das Mittagsmahl aufgetragen, und die Herren (die Filosofen zu Ulubrä) setzten sich mit mir bey verschiednen vortrefflichen Schüsseln nieder. Hier fand sich das Beste von jeder Art Speise und Trank, und es war alles aufs zierlichste angerichtet. Ihr Wein besonders war alt und edel, und wurde nicht sparsam eingeschenkt. Wir tranken nach der Mahlzeit ein fröhliches Glas, und lachten einige Stunden auf eine vergnügte Weise weg."
— Bald darauf, nachdem sich Herr Bunkel bey Herrn Harcourt und seiner apokalyptischen Tochter, Mifs Henriette Eusebia, als ein christlicher Pilgrim und Märtyrer introduciert, wird (S. 41.) an einer vortrefflich besetzten und mit einem grofsen Schenktisch benachbarten Tafel tüchtig geschmaust, und der Nachmittag abermahls mit Scherz zugebracht. Freylich bezahlt Herr Johann beym Spaziergang für seine Mahlzeit durch eine sehr ernsthafte Kathederrede gegen die Lehre von der Dreyeinigkeit. Bald darauf purzelt er, auf die neulich beschriebne Art, zu Mifs Turner und Mifs Jaquelot herab, die er als ein paar — reitzende Prinzessinnen beschreibt. „Mit diesen Frauenzimmern, sagt er, brachte ich drey Tage zu, und wir vertrieben uns die Zeit mit Reden,

Spazieren, Spielen und Lachen. Wir waren ein glückliches Kleeblatt u. s. w." Indessen mufst' es zuletzt doch geschieden seyn! Aber auf unsern Antitrinitarier warten lauter glückliche Abenteuer. Er kommt wieder in eine bezauberte Gegend, zu einem bezauberten Landgut, springt an seiner Stange über den tiefen Graben eines bezauberten Gartens, verirrt in eine Bibliothek, wo er über eine Stelle aus dem Epiktet moralisiert, (d. i. Wasser ins Meer giefst) und findet endlich den Besitzer aller dieser Herrlichkeiten, Herrn Berrisfort, der nach einer kleinen Unterredung bemerkt: dafs es jetzt zehn Uhr sey, und man also ans Frühstück denken sollte. Die Schwester des Herrn Berrisfort wird ersucht, sogleich Anstalt dazu zu machen; und bald sieht Herr Johann zu seiner grofsen Freude „verschiedene Bediente ein schönes und vortreffliches Frühstück" herein bringen. Bunkelchen wird eingeladen, und bringt abermahls etliche Tage auf Kosten andrer Leute mit Vergnügen zu. Vormittags wird sechs Stunden lang mit Hunden und Nachmittags mit Falken gejagt. Dann finden sie zu Hause allemahl „ein herrliches Mittag- und Abendessen." Das beste Essen und Trinken, was der Geschmack nur wünschen kann, setzt Bunkel, als einer dem von der Erinnerung noch das Maul wässert, hinzu, als ob es an dem herrlichen Beywort noch nicht genug gewesen wäre! — Da Bunkel, nächst gutem Essen

und Trinken, nichts in der Welt lieber hat, als ein
schönes Mädchen, so folgt auch hier eine hübsche
Beschreibung der Miſs Berrisfort. Ihr einziger Fehler war, daſs sie eine ganz abscheuliche Fuchsjägerin
war, und immer bey den Hunden seyn muſste, es
mochte über Schlagbäume oder über die gefährlichsten Gräben und Pfähle gehen. „Jeden Augenblick
sagt Meister Bunkel, erwartete ich, daſs sie sich
„den Hals, den lilienweiſsen Hals," brechen würde. Sonst wurde ich von allen, die mich
kannten, für einen desperaten Reiter ³) gehalten; aber mit diesem jungen Frauenzimmer konnt'
ich nicht fortkommen u. s. w. Doch, setzt er hinzu,
wenn Ehre ruft und Schönheit uns leitet, wer kann
da an Sicherheit denken und verzagt zurück bleiben?"
Diese loyale altritterliche Art zu denken kostete
unserm geistlichen Amadis schon am zweyten Tage
einen erschrecklichen Fall, wobey er doch, leider!
mit einem blauen Auge und einer zerquetschten Seite
davon kam. Dafür hatte er aber auch die Satisfakzion, daſs die schöne Diana, Julie Berrisfort, nach
einer halben Stunde, indem sie über einige Pfähle
setzen wollte, ebenfalls tüchtig stürzte — wiewohl
es Gott Lob! ohne Schaden ablief, und bloſs zu einer
nähern zärtlichen Bekanntschaft zwischen ihnen
beiden Anlaſs gab, auch bald darauf bey einer
vortrefflichen Mittagsmahlzeit und eini-

---

3) Eine feine Qualität an einem Evangelisten und Reformator!

gen Flaschen alten und edlen Weins alles
wieder vergessen wurde; worauf bey einer Pfeife
Tabak über den lehrreichen und weisen Satz: dafs
der Lehrbegriff der Orthodoxen die wahre Ursache
vom grofsen Verfall des Christenthums sey, und über
die Echtheit der heiligen Schrift, eine feine Unterredung erfolgte, — vermittelst welcher wir, unter
andern Neuigkeiten von diesem Schlag, auch
die ganz neue Entdeckung machen, dafs Gott —
Gott sey. — Die Unterredung schliefst sich auf
eine erbauliche Art mit der Apostrofe: „Wir wollen
daher, mein theurer Robert, Christen seyn, den
Aposteln gehorchen, und uns nach den Vorschriften der Offenbarung also beherrschen und aufführen,
dafs wenn J. C. einst wiederkommen wird, uns nach
dem Evangelio zu richten, wir mit ihm zu den herrlichen Gegenden des ewigen Tages auffahren u.
s. w." — Und, in Gemäfsheit dieser guten Entschliefsung, begiebt sich der apostolische Mann Bunkel mit seiner Stange sofort wieder auf den
Weg, und springt über Graben, Stock und Stein
wieder zu den Filosofen von Ulubrä zurück, um —
ihnen die Abenteuer seiner unterirdischen Reise
zu erzählen, und bis um Mitternacht mit
ihnen zu zechen.

Wir würden unsern Lesern Überdrufs verursachen, wenn wir noch mehr Beyspiele häufen
wollten, mit welcher thierisch sinnlichen
schmatzenden Behaglichkeit Herr Johann
Bunkel alle seine schönen und vortrefflichen Mahl-

zeiten vor den Augen der ganzen ehrbaren Welt wiederkäut. Das Buch ist, bis zum Ekel eines satten — und bis zum Neid eines hungernden Lesers, voll davon. Übrigens wird ihm niemand übel nehmen, daſs er gern was Gutes iſst und trinkt, sondern nur daſs er so viel Aufhebens davon macht, und dieser und andern sinnlichen Vergnügungen, durch die Art wie er davon spricht, einen so groſsen Werth beylegt. Und auch dieſs nimmt man ihm nur darum übel, weil er sich für einen Menschen, der den Religionsverbesserer und apostolischen Mann macht, nicht geziemt, in einem mehr als Epikurischen Tone von Essen und Trinken zu reden. Ein jeder andrer, der sich für nichts als einen ehrlichen Kerl glattweg ausgiebt, mag ungetadelt seinem Gaumen gütlich thun, und in guter fröhlicher Gesellschaft scherzen und lachen, und sich seines Lebens freuen, so lang' er will und kann. Aber einem Menschen, der immer im Munde führt, daſs ein Christ sich nicht der Welt gleich stellen müsse, ihre Eitelkeiten, Gewohnheiten und Moden, Aufzüge und theatralischen Vorstellungen, u. s. w. weil sie zum Laster verleiten, nicht mitmachen, sondern sich vielmehr als ein Wesen, das zu einer andern Welt gehöre, ansehen und sich nach geistigen Grundsätzen bilden müsse; 4) einem solchen Men-

---

4) III. Th. S. 109. f.

schen steht es wahrlich übel an, sich die Zeit mit Zechen, Spielen und Lachen zu vertreiben, und es klingt aus seinem Munde ganz unsinnig, wenn er uns erzählt: dafs er mit einem Dutzend Herrn und Damen, die alle so lustig und einnehmend waren als die wohlerzogensten Leute seyn können, zehn Tage nichts gethan habe, als trinken, lachen, tanzen, singen, schwatzen, und sich an Harlekinen und Luftspringern ergetzen, 5) — und wenn er von allem diesem just in dem Tone spricht, wie ein Jünger von Mylord Chesterfield, oder wie das ungöttlichste aller Weltkinder nur immer sprechen kann. Das ists, was wir dem Wesen, das zu einer andern geistigen Welt gehört, übel nehmen; und um so mehr übel nehmen, weil wir nirgends sehen, durch was für eine Art gemeinnütziger Thätigkeit und Erfüllung auch nur seiner bürgerlichen Pflichten er das Recht, sich zehn Tage lang durch Ergetzlichkeiten zu erhohlen, erlangt habe. Es ist Unsinn, und mehr als Unsinn, es ist Ärgernifs und Verspottung aller gesunden Grundsätze, einen solchen Menschen zu einem Beyspiel eines wohl geführten Lebens aufzustellen!

Ich, sehe dafs ich mich unvermerkt ereifere, — und, weil ich gerade keinen Freund bey mir habe,

---

5) II. Th. S. 547. f.

der mir, auf gut Tristrammisch, durch ein Twittel-Diddel, Diddel-Diddel, Twittel-Diddel-Dum! wieder in den Ton helfen könnte, — so wollen wir versuchen, ob Herr Johann Bunkel nicht selbst dazu gut ist. Ziehen wir doch ein wenig, in aller Ehrbarkeit, den Vorhang weg, und sehen, wie sich der Mann mit seinen schönen Mädchen und Weibern — in der Ertödtung und Selbstverläugnung übt. Wir werden finden, daſs der wohlselige Robert von Arbrissel nur ein Kind gegen Herrn Sankt Johann Bunkel ist.

Seinen ersten verliebten Ausfall, da er der wohl gelehrten Miſs Noel, in freundlicher Antwort auf ihre filologisch-kritische Vorlesung über die erste Sprache, „ein halb Dutzend Küsse von ihren balsamischen Lippen raubt," [6]) wollen wir, als einen ungezogenen Jünglingstreich, um so eher übersehen, da Miſs Noel selbst so schnell ist, ihm zu verzeihen, und er gleich darauf sich wieder so artig aufführt, als man von irgend einem akademischen Stutzer erwarten kann. „Anfangs zwar,

[6]) I. Th. S. 75. Es möchte noch hingehen, wenn er der Jungfer Magisterin dadurch hätte insinuieren wollen, daſs es sich für ein so hübsches junges Mädchen nicht schicke, Kathederreden über die erste Sprache zu halten, und über die Cherubim und Elohim eine besondere Meinung zu haben. Aber das ist es nicht. Bunkel raubt sein halb Dutzend Küsse wie ein wahrer junger Satyr in vollem Ernst.

sagt er, fand sie sich dadurch sehr beleidigt. Allein da ich sie um Vergebung bat, und ihr vorstellte, daſs keine muthwillige Grobheit, sondern die Zauberkraft ihrer majestätischen Augen 7) und die glänzenden Eigenschaften ihrer Seele mich so entzückt und hingerissen habe, so wurde das gute Vernehmen wieder hergestellt, und sie fragte mich, ob wir Karten spielen wollten? Mit Freuden, antwortete ich; und sogleich wurde ein Spiel herein gebracht. Wir setzten uns nieder zu Kribbage u. s. w." Nach einigen Spielen wurde Miſs Noel gewahr, daſs eine Flöte aus seiner Rocktasche hervor guckte. Sir, sagte sie, Sie spielen wohl auf diesem Instrument? Sie werden mich verbinden, mir ein Stück darauf vorzuspielen. Nun, denken wir, wird der Bursche sein Stückchen blasen. Mit nichten! Um ihr zu zeigen, daſs er auch Verse mache, nimmt er aus seinem Taschenbuch einige Zeilen hervor, die er ihr vorliest, und sagt: daſs er sie den vorigen Tag „zu einer Arie des — Lulli" (warum nicht gar zu einer Arie des Jubal, von dem herkommen sind die Geiger und Pfeifer?) gemacht habe; und sogleich (setzt er hinzu) fing ich an auf das lieblichste — wie ich

---

7) Bunkel ist wohl der erste, auf den Majestät eine solche faunische Wirkung thut. Aber dafür ist auch nie ein Buchmacher gewesen, der sich weniger ums Schickliche bekümmert hätte, als er. Das *sibi convenientia fingere* ist eine Regel, wovon er, seinem Locke zu Trotz, gar keinen Begriff zu haben scheint.

konnte, zu blasen. Aber auch dabey ließ ers
nicht bewenden. Um alle seine kleinen Talente auf
einmahl auskramen zu können, muſs der Jungfer
Noel alter eisgrauer Vater dazu kommen, und sogleich
vermuthen, daſs Meister Bunkel ohne Zweifel
eben so gut singe, als spiele. Mit beiden will ich
aufwarten so gut ich kann, antwortet der junge Pen‑
nal; und stracks fängt er an sein Lied zu singen,
(vermuthlich eine Arie des Lulli) das dem alten
Herrn, „nicht nur wegen des artigen Gesangs, son‑
dern auch wegen des moralischen Inhalts,"
(denn es handelte von der Einsamkeit) so wohl
gefällt, daſs der alte Herr (der vermuthlich vor
Alter wieder zum Kinde geworden war) dem jungen
Laffen sogleich eine Liebeserklärung thut, und
nach Verlauf von zwey Monaten schon die Heirath
zwischen ihm und Miſs Henrietten festgesetzt
wird; welche dann auch ein Jahr darauf vollzogen
worden wäre, wenn nicht, erzählter Maſsen, die
fatalen Blattern „das liebenswürdigste der mensch‑
lichen Geschöpfe in den scheuslichsten und
widerlichsten Klotz und in das garstigste
und unerträglichste Schauspiel verwandelt
hätten." — Im Vorbeygehen gesagt, romanhaft
denkt und fühlt Hänschen Bunkel nun wahrlich
nicht, was auch die Herren Reviewers sagen
mögen. Man erinnere sich nur, wie St. Preux
in Rousseaus neuer Heloise, am Bette seiner an
eben so scheuslichen Blattern tödtlich darnieder lie‑
genden Geliebten, sich beträgt, und vergleiche dessen

Sprache und Betragen mit Bunkels! Einem
wahren Liebenden, ich will nicht sagen, einem
Wesen, das sich nach geistigen Grundsätzen
gebildet hat, würde freylich unmöglich gewesen
seyn, über die Leiche seiner zum Engel entfalteten
Geliebten ein solches Nachtbecken voll scheuslichster
Beywörter herab zu schütten. — Aber einem Kerl
von Bunkels Temperament ists allerdings nicht
so sehr zu verdenken, wenn er griesgrämig darüber
wird, daſs ihm ein so appetitlicher Bissen, als Miſs
Noel vor den Blattern war, so nahe am Hochzeittag, von dem garstigen Knochenmann vorm Maule
weggeschnappt werden soll!

Wie gesagt, das halbe Dutzend so *ex abrupto*
geraubte Küsse ausgenommen, führt sich Bunkel in
seiner ersten Liebe ganz leidlich ehrbar auf.
Bey Miſs Charlotte Melmoth, seiner zweyten
Geliebten, treibt er die Bescheidenheit und Enthaltung sogar bis zum Heroism. Ungeachtet sich ihre
Bekanntschaft damit anfängt, daſs er sie so nackend,
wie sie Gott erschaffen hat, aus ihrer Kajüte trägt;
ungeachtet diese Miſs auſserordentlich schön
war, und Bunkel drey ganzer Wochen im
Wirthshause Talbot mit ihr verblieb, und sie
selten von einander waren (ausgenommen wenn wir schliefen, setzt der vorsichtige
Mensch hinzu) so erhielt sich ihre gegenseitige Liebe
doch in den Schranken der reinsten und edelsten Freundschaft; denn in wenigen Tagen

waren sie einander „durch eine wunderbare Zauberkraft in ihren Begriffen, Neigungen, Gemüthsart und Gesinnungen so ähnlich geworden, daſs sie zwey geistige Sosiasse oder Kopeyen eines von des andern Seele waren." 8) Auf den Leib, sagt er, ward gar nicht gesehen. Ihre feine empfindungsvolle Seele machte meine einzige Freude aus. — Bravo, Master Bunkel! das ist doch eine Aufführung, wie sichs für einen feinen empfindungsvollen Liebhaber und für einen Menschen aus der andern Welt geziemt! — Aber freylich merkt der Mensch, so dumm er sonst ist, gleichwohl hier selbst, daſs auch bey den leichtgläubigsten seiner Leser einiger Zweifel über die Möglichkeit einer so Platonischen Liebe bey einem Temperament, wie das seinige, bey einem dreywochigen steten Beysammenseyn in einem Wirthshause, und zu einer so auſserordentlich schönen Person, die man nackend aus ihrer Kajüte getragen hat, entstehen könnte; und er scheint sich dieses Fänomen selbst nicht wohl anders, als durch die Macht, welche das Bild der schönen Miſs Noel noch über seine Sinne hatte, erklären zu können. Er meint, wenns länger als drey Wochen gedauert hätte, so könnte er nicht sagen, was aus dieser Platonischen Liebe hätte werden mögen. Und in der That, wenn man betrachtet, was für ein ungeduldiger popanzischer Mädchenfresser Herr Johann

---

8) Th. I. S. 101.

wurde, sobald er einmahl von diesem bezauberten Fleische gekostet hatte, so läfst sich für nichts stehen. Indessen müssen wir doch ihm und der schönen Melmoth die Gerechtigkeit widerfahren lassen, zu sagen, dafs sie auf ihrer Seite alles mögliche gethan, um dem bösen Widersacher das Koncept zu verrücken. Sie blieben zwar jeden Abend bis um Mitternacht allein beysammen: aber — „anstatt von der Venus und irgend einem aus ihrem Gefolge zu reden, unterhielten sie sich mit den moralischen Werken des Cicero, mit seinen *Academicis* und *de Finibus*, u. s. w. mit der Frage: ob Ödipus oder Elektra die beste Tragödie des Sofokles sey, und in welchen Scenen Plautus oder Terenz den Vorzug hätten?" Kurz, sie schwatzten von einer Menge Dinge, — „von der Bibel an bis zu den Wolken des Aristofanes und von Griechischen und Römischen Lust- und Trauerspielen bis zur Minerva des Sankzius und Hyckes nordischem Thesaurus," 9) — und da konnt' ihnen der Asmodeus freylich nichts anhaben. Es war gerade, als ob sie den grofsen Rosenkranz zusammen gebetet hätten. Die Lehre, welche sich unsre liebe Jugend hieraus ziehen kann, ist die einzige Moral im ganzen Buche, die man nicht längst auf allen Dächern predigen gehört hat: nehmlich, "Bübchen und Mädchen mögen ohne Schaden und Gefährde bis Nachts

---

9) S. 102. 103.

zwölf Uhr *Tête à Tête* in Wirthshäusern beysammen sitzen, in so fern sie nur die Vorsicht gebrauchen, immer den Tisch zwischen sich zu haben, und von nichts anderm zu reden, als von *Cicero de Finibus*, Hyckes *Thesaurus* und *Sanctii Minerva*." Gewiß ein unfehlbares Arkanum; auf dessen Erfolg jedermann, auch ohne es probiert zu haben, sicher schwören könnte.

Herr Bunkel war ungefähr im 23sten Jahre, als er diese Probe von Platonischem Heldenthum und Stoischer Kälte ablegte; und wir finden, unmittelbar nach seinem Abschied von Miß Melmoth, während seines Aufenthalts bey der frommen Frau Martha Price, und sofort bis zu seiner Vermählung mit vorbesagter Miß Melmoth, eben nichts, was als ein Flecken an seiner Jungfräulichkeit angesehen werden könnte; es wäre denn der starke Eindruck, den seinem Geständnisse nach, die Dame Azora (Stifterin und Großmeisterin der herrlichen Frauenzimmer-Republik, die uns im ersten Theil der Länge nach beschrieben wird) in ihrem theaterhaften Schäferanzug, und „mit ihren wohl gestalteten Füßchen, die sich bey ihrer kurzen Kleidung in schwarzseidenen Schuhen und den feinsten weißen Strümpfen sehen ließen," auf ihn machte; welches ihm jedoch, als eine Anwandlung von menschlicher Schwachheit, die übrigens ohne Folgen blieb, billig zu verzeihen ist — zumahl da das Ärgernifs, wofern hier eines Statt hatte, offenbar ein gegebnes war — denn wer hiefs eine junge Dame, die sich an die Spitze eines religiösen Frauenzimmerordens gestellt hat, einen so kurzen Rock tragen?

Was aber den zweyjährigen Ehestand betrifft, worin er ungefähr bis in sein 25stes Jahr in Ortons Einsiedeley (die nicht durch seinen, sondern des ehrlichen Nachbar Flemings Fleifs, zu einem kleinen Paradiese gemacht worden war) mit der schönen Filologin, Charlotte Melmoth, lebt: so möchten wir wohl sehen, was denn Herr Bunkel, als einer, der in Selbstverläugnung und Ertödtung zu leben versprochen hat, in diesem seinem häuslichen Stande thut, um sich seiner erhabnen Grundsätze würdig darzustellen. Man sieht nicht einmahl, was er thut, um nur werth zu seyn, dafs er die Früchte der Erde verzehren helfe. Er spricht zwar von seiner Ehe, als einem Aufenthalt in den Vorhöfen des Himmels, und scheint sich viel damit zu wissen, „dafs er gegen seine Frau (die, seinem Sagen nach, ein Engel von Vollkommenheit war) alles, was ihm die Vorsichtigkeit, Klugheit und Gerechtigkeit vorschrieb, beobachtet, und sich also in seiner Ehe so aufgeführt, wie die geoffenbarte Religion, und die damit übereinstimmende Natur, es erfordert."— Aber aufserdem, dafs er ein Ungeheuer hätte seyn müssen, um mit einem solchen Engel übel zu leben, so sind das alles nur kahle allgemeine For- meln, womit uns ein Biograf im Grunde — Nichts sagt: und es scheint doch wohl keine über- triebne Forderung, wenn wir von einem Menschen, der sich zu einem göttlichen Leben anheischig gemacht, etwas mehrers erwarten, als ein Daseyn, in wollüstiger Ruhe und an einer steten Kette sinnlicher Ergetzungen hingeschlendert. „Ganze Tage brachten wir zu, sagt er, dafs wir fischten, und in einer kühlen Grotte am Rande des Wassers, oder unter einem alten Baum am Ufer irgend eines lieblichen Flusses speiseten. 10) — Zu andern Zei- ten hatten wir unsre Lust, so viele Karpfen und Schleihen, als wir wollten, in einem grofsen ste- henden Wasser zu fischen u. s. w. In den schönen Sommertagen belustigten wir uns auch mit der Schiefsjagd vor dem Hund. Charlotte liebte die- sen Zeitvertreib über alles, und ging manche Stunden mit mir, um zuzusehen, wie ich dieses

---

10) Bunkel glaubte vermuthlich durch dergleichen ein- gemischte Bilderchen seine platte Lebensbeschreibung inte- ressanter zu machen. Aber was geht das uns an, wenn er sichs unter einem alten Baum oder in einer kühlen Grotte wohl schmecken liefs? Gut für Ihn, und prosit die Mahl- zeit! Uns braucht er nicht zu Zuschauern dabey zu machen. Solche Züge werden nur interessant, wenn uns die Perso- nen, wovon die Rede ist, sehr lieb geworden sind. Aber wer konnte Herrn Johann Bunkel und seine aus der Luft gegriffenen Weiber lieb gewinnen?

Vogelwerk niederschofs, bis wir des Abends spät über die felsichten Berge zu unserm reinlichen, geruhigen kleinen Hause zurückkehrten, und bey unsern Vögeln eine so köstliche Abendmahlzeit genossen, als die Grofsen sie halten u. s. w. Nach dem Abendessen schwatzten wir entweder bey einer kleinen Punschschale auf eine angenehme Weise bis zur Schlafzeit, oder ich spielte auf meiner Flöte, wobey Charlotte ihre göttliche Stimme hören liefs. So glücklich lebten wir! Selbst der Winter — fiel uns nicht zu strenge. Wir hatten einen vortrefflichen Vorrath von allerhand Art reichlich aufgehoben, u. s. w. Unsre Bedienten und Mägde verschafften uns ein bequemes Leben, ersetzten unsre Bedürfnisse, und machten unsre Glückseligkeit vollkommen. — Kurz, jede Jahrszeit, jede Stunde ergetzte uns, und machte uns Freude." — Auch der gute Thomas Fleming, ihr Freund und Nachbar, trug dazu das Seinige ehrlich bey. „Es war unmöglich, sagt Bunkel, in seiner Gesellschaft mifsvergnügt zu seyn. Seine Gemüthsart und sein Singen bey einer Punschschale waren schon zureichend den Milzsüchtigsten aufzumuntern, und den Verdriefslichsten zum Lächeln zu bringen." — All gut, Herr Bunkel! Aber das sagt uns immer nur, wie ihr euch gute faule Tage gemacht, und was ihr genossen, nicht wie ihr die Pflichten des Lebens erfüllt, nicht was ihr gethan. Essen und Trinken, und müfsig gehen, und sich erlustigen, und andre für sich arbeiten lassen, ist, wenn ihr wollt, eine gute Art von Sardanapalischem, Sybaritischem, Schlaraffenländischem Wohlleben; aber **exemplarisch** und einer Biografie würdig ist es wahrlich nicht! Das heifst weder leben, **wie ein Christ**, noch braucht man ein Christ zu seyn, **um so zu leben;** der gemeinste Heide im ganzen Heidenthum kann das eben so gut, und ohne dafs er sich darum einbildet, um ein Haar besser als ein andrer zu seyn.

Indessen stirbt Madam Bunkel, nach zwey so glücklich mit ihrem theuern Ehewirth verlebten Jahren, ganz unvermuthet an einem Fieber. Unglücklicher Weise werden auch Freund Thomas Fleming, und ein Bedienter nebst zwey Mägden von der nehmlichen Krankheit weggerafft. Die Art, wie sich Bunkel bey dieser Prüfung beträgt, ist — **seiner würdig:** denn er beträgt sich dabey weder als ein Mensch, noch als ein Weiser, noch als ein Christ, sondern als — **Johann Bunkel.** Wie untröstbar mufste ihr Gatte seyn! ruft er aus, und dieser untröstbare Gatte setzt sich **unter die Leichen** hin, und stellt eine **Gemeinplatz-Betrachtung** über den Tod an; das schändlichste Gewäsche, das jemahls ein Jesuiterschüler in der **rhetorischen Klasse** als ein Schulexercizium zu Markte gebracht hat, aus den abgetragensten Lumpen von Sentenzen und eiskalten Antithesen zusammen geflickt — als (um nur ein kleines Pröbchen zu geben) — „der

Tod ist es, der den Eroberer sich seines Nahmens
schämen läfst etc. der Tod ist es, der den Stolzen und Übermüthigen sagt, dafs sie Niederträch-
tige sind etc. der Tod ist es, der den Reichen
zur Rechenschaft fordert, und ihm beweiset, dafs
er ein Bettler, ein nackter Bettler, ist etc. der
Tod ist es, der vor die Augen der Schönen
ein Glas hält, und sie darin eine Scheuslichkeit
erblicken läfst, etc. — Welchen keiner belehren
konnte, den hast du, o Tod überzeugt; was keiner
sich unterstehen durfte, das hast du gethan, u. s. w.
Doch, mächtiger Tod, du vermagst noch mehr!
Du führest zur Auferstehung vom Tode, zum Tage
des Gerichts etc. Du, o Tod, sey daher Morgens
und Abends der Gegenstand unsrer Betrachtung.
Lehre uns, dafs alle menschliche Dinge übel
sind u. s. w. Lehre uns, dafs wir nicht zu
Menschen, zu denkenden, vernünftigen Wesen,
in der Absicht gemacht worden, dafs wir alle unsre
Gedanken und Zeit und Sinnlichkeit und Vergnügungen, Essen und Trinken und Ergetzlichkeiten
(wie ich Johann Bunkel, hätt' er hinzusetzen
sollen) verschwenden sollen; sondern dafs wir uns
auf die Stunde des Todes vorbereiten, damit wir,
wenn Gott uns abruft u. s. w." — Wir haben von
jeher grofse Dunse in unserm lieben Deutschland
gehabt, und sind dato noch im Überflufs damit versehen; aber von dem Grad der Dunsheit und Ese-
ley, der dazu gehört, um solche muffige Brocken
von der ersten besten Leichenpredigt herab zu

schneiden, und sie einem mit unverwandten
Blicken vor dem Leichnam der geliebtesten Gattin sitzenden zärtlichen Ehemann, als Betrachtungen, in den Mund zu
stecken — davon haben wir doch unter allen unsern
Dunsen kein Beyspiel. — O Bunkel! Bunkel! du
lehrreichster, du originalster, du launigster, du
angenehmst-seltsamster aller Schriftsteller!

Für einen Menschen, dem es um Ertödtung
seines alten Adams und Vorbereitung auf die Todesstunde zu thun gewesen wäre, war nun keine
Entschliefsung natürlicher, als in Ortons Einsiedeley zu bleiben; oder allenfalls sich noch tiefer
ins Gebirge hinein zu arbeiten, um den Rest seines
Lebens als ein echter Eremit in Enthaltung, Gebet
und Abgeschiedenheit zuzubringen'. Oder hätte
Bunkel sich etwa erinnert, dafs ein Christ nicht
zur Abgeschiedenheit, sondern zur edelsten Thätigkeit in den Verhältnissen des geselligen Lebens
berufen ist; so hätte er diesen Tod seiner Gattin
als einen Ruf angesehen, aus seiner Einsiedeley
hervor zu geben, und sich irgend einer ehrlichen
und nützlichen Lebensart zu widmen. Aber so was
läfst sich Bunkel gar nicht einfallen. Er verläfst
zwar seinen bisherigen Aufenthalt, aber blofs, „weil
es ihm in dem Gemüthszustande, worin er war,
unmöglich fiel, in seiner Wildnifs fort zu leben."
Denn seine Filosofie und Religion verläfst ihn
allemahl just, wo er sie nöthig hat. Er geht fort,

aber doch mit der Hoffnung, daſs ihn das Schicksal wohl einst wieder dahin zurück führen könnte. Denn, sagt er, „es lieſs sich ja gedenken, daſs herzliche Freundschaft, Fröhlichkeit und geselliges Leben noch einmahl hier wieder Platz finden könnten. Die Erfahrung lehrt, welche wunderbare Dinge durch den Zufall können bewirkt werden." — Des feinen Christen, der in den Trübsalen des Lebens keinen Trost findet, als den er vom Schicksal und vom Zufall erwartet!

Wie dem auch sey, Meister Bunkel wird von diesem Gedanken auf einmahl wieder lustig, und „macht sich auf, nicht, sagt er, wie Don Quischott in Hoffnung ein Königreich zu erobern, oder eine schöne Prinzessin zu heirathen; sondern um zu sehen, ob ich nicht ein andres gutes Landmädchen zur Frau für mich ausfindig machen, und ein wenig mehr Geld erlangen könnte. Denn, setzt er mit einer unbegreiflich stupiden Naivität hinzu, diese beiden Dinge zusammen genommen waren allein vermögend mich wirklich glücklich zu machen." Sein Diener, O-Finn, muſs also an einem schönen Morgen sein Felleisen mit kalter Küche und einigen Flaschen versehen, und Bunkel zieht aus — und langt auch noch selbigen Tages in einem sehr anmuthigen Lustwalde bey dem Skelet von weiland Karl Henley an, welches eine Rolle Pergament in der Hand hat. Und was sollte auf diesem Pergament anders geschrieben stehen, als wieder ein Stück Leichenpredigt? — Aber freylich ein schönes Stück, und über einen Text, über den sich schon was — extemporisieren läfst. Denn es handelt von den letzten Dingen, und endigt sich, wie leicht zu erachten, mit einem: Nimm diefs daher zu Herzen, weil es noch Zeit ist, Sterblicher! u. s. w.

Voller Verwunderung — vermuthlich über seine eignen guten Einfälle — verläfst Bunkel diesen Ort, und in der billigen Vermuthung, dafs ein Skelet nicht der einzige Bewohner eines so schönen Landgutes seyn werde, rückt er weiter vor, bis er bey dem alten silberhaarigen Herrn Basil von Basilholz anlangt, der nebst seiner Enkelin auf der oben belobten schönen und vortrefflich eingerichteten Rasenbank an einem Springbrunnen sitzt. Der Mann war beynahe hundert Jahre alt, das Mädchen aber zu gutem Glück erst zwanzig, hatte grofse, schwarze, funkelnde, sehr schöne Augen, eine stattliche Leibeslänge, war im Gesicht vollkommen schön gebildet, u. s. w. Man denke, ob Bunkeln der Mund wässerte. — „Ihre Schönheit, sagt er mit seiner gewöhnlichen Offenherzigkeit, entzündete mein Herz sogleich, und flöfste meiner Seele eine Zärtlichkeit ein, die ich noch nie vorher so stark empfunden hatte." — Bunkel macht sein Kompliment, wird so gut aufgenommen als er sichs nur wünschen kann, und in ein herrliches Zimmer geführt, wo der Tisch bald mit kalten Speisen besetzt wird. Sie lassen sich nieder, Bunkel muſs seine Geschichte erzählen, und der alte kindische Herr findet groſses Belieben daran, daſs sein Gast alle seine angeblichen Trübsale sich dadurch zugezogen, daſs er sich gegen eine falsche Religion erklärt. Morgen früh um acht Uhr beym Frühstück sollen Sie erfahren, sagt er, was ich für Sie thun will, „wir wollen jetzt das übrige aus unsrer Flasche zu uns nehmen — und dann zu Bette."

Morgens früh beym Frühstück erklärt der alte Groſspapa, daſs er entschlossen sey, Bunkels antitrinitarische Standhaftigkeit durch seine Enkelin Stazia mit den groſsen, schwarzen, funkelnden, sehr schönen Augen, und einem groſsen, funkelnden, sehr schönen Vermögen zu belohnen. — Nur setzt er die unwillkommne Klausel hinzu: daſs er noch warten müſste, bis das Mädchen das zwey und zwanzigste Jahr zurückgelegt. Bunkel, dessen groſse Bescheidenheit wir schon kennen, antwortet, wie mans in allen schalen Romanen zu lesen gewohnt ist: es sey ihm zwar viel Ehre; aber er besitze nicht Eitelkeit genug zu glauben, daſs er die Zuneigung der jungen Dame gewinnen könnte; und daſs sie dazu gezwungen werden sollte, — den Gedanken könnte er nicht ertragen; indessen, weil er doch so groſsmüthig dazu eingeladen werde, wolle er sich einige Monate zu Basilholz aufhalten, und „der Miſs Henley die Versicherung geben, daſs er ihr gehorsamer Diener sey u. s. w.. *Dictum factum!* Er bleibt den Winter und den folgenden Frühling da, und wird in dieser Zeit von Jungfer Stazia sehr bezaubert. Soll auch niemand kommen und sagen, er habe seine Zeit wie ein Müſsiggänger zugebracht! Denn „Vormittags saſs er gemeiniglich in der Bibliothek, und machte Auszüge aus seltnen Handschriften und raren Büchern; und Nachmittags spielt' er mit Miſs Henley Karten." — Zu Anfang des März starb der alte Groſspapa; und sobald er begraben war, meinte Bunkel, nun sey weiter nichts zu thun, als zu heirathen. Ich wollte, sagt er, schon nach dem Franziskaner Fleming schicken — (denn dieser Mönch ist der Mann, von dem unser Antitrinitarier alle seine sieben Ehen — *pro forma* — sanktifizieren läſst.) Aber Fräulein Stazia, „wie sie sah, daſs sie nun ihre eigene Gebieterin war, und ein groſses Vermögen, baar Geld und ein Gut hatte, so — hatte dieſs alles (wer hätte sichs träumen lassen sollen?) einen Einfluſs auf ihre Denkungsart, und machte eine Verändrung." Kurz, die junge Dame gab unserm heiſshungrigen Wittwer eine Art von Hofbescheid, woraus er deutlich abnehmen konnte, daſs sie keine Lust hätte, sich und ihr Vermögen dem ersten Abenteurer, der ihr aufstieſse, und wenn er zehnmahl so viel für den Christlichen Deismus gelitten hätte, an den Hals zu werfen. Allein sie hatte es mit einem Menschen zu thun, der sich nicht so leicht abweisen lieſs. Bunkel hielt mit

Zähnen und Klauen fest; und da sonst nichts verfangen wollte, richtete er seine Batterie gegen die Neigung, die sie (freylich nicht in ganzem Ernste) zu dem ehelosen Leben geäufsert hatte. Er demonstrierte ihr, — einem schönen, gesunden, vollblühenden, reichen Mädchen von zwanzig Jahren — der Gimpel! — aus Vernunft und Schrift — dafs die Ehe eine gar gute Einsetzung sey, und behauptete, „sie könne ihre Abneigung gegen dieselbe vor dem weisen und gütigen Vater der Welt nicht verantworten, da sie eine Christin sey, und als eine solche die Taufe für ein Denkmahl des Gnadenbundes erkennen müsse."— Es ist Schade, dafs wir, weil diese Auszüge sonst leicht selbst zu einem Buche von vier Bänden anschwellen möchten, unsern Lesern nicht die ganze Dedukzion voranalisieren können, um ihnen recht begreiflich zu machen, wie daraus, dafs die Taufe ein Denkmahl des Gnadenbundes ist, nothwendig folgt, dafs Jungfer Stazia sich von Herrn Johann Bunkel heirathen lassen mufste. Diese Dedukzion nimmt nicht weniger als fünf Seiten ein, und ist die angenehmst seltsamste Art sich um ein Frauenzimmer zu bewerben, die jemahls einem Original zu Sinn gekommen, oder Deutsch heraus zu sagen, das vollkommenste Ideal von Impertinenz und Aberwitz, das jemahls aus einem menschlichen Hirnkasten heraus geschüttelt worden. Nur etwas weniges davon zur Probe! — „Betrachten Sie, vortreffliche Stazia, sagt der theure Mann, der von Locke so gut räsonieren gelernt hat, wenn der Allerhöchste mit Abraham den Bund in diesen Worten aufrichtete: Ich will dein Gott seyn und deines Samens nach dir, u. s. w. Bedenken Sie, sage ich, dafs diese unschätzbaren Segnungen u. s. w. nicht allein mit der gröfsten Dankbarkeit angenommen, sondern auch bis ans Ende der Welt durch ein verordnetes Zeichen dem Nachdenken künftiger Geschlechter eingeschärfet werden. Die Beschneidung war das erste bestimmte Denkmahl, u. s. w. und als das Neue Testament an die Stelle des Gesetzes kam, so mufste der Bund, an welchem die Kinder Theil hatten, durch das Zeichen, welches die Taufe genannt wird, bestätigt werden, indem diese Handlung bestimmt ist, der künftigen Nachkommenschaft einen Antheil an der Liebe Gottes u. s. w. (kurz) an jedem Segen des Bundes zu verschaffen. Aber was wird aus diesem grofsen Vorrechte, wenn Christliche Frauenzimmer u. s. w. sich zu einem einzelnen Leben entschliefsen, und dadurch künftige Geschlechtsfolgen abhalten an der Ehre und den Vorzügen der Kirche Iesu Christi Theil zu nehmen? u. s. w. Seyn Sie daher vorsichtig, vortreffliche Stazia. — Es ist ein grofses Verbrechen, die regelmäfsige [11]) Fortpflanzung von Menschen zu ver-

---

[11]) Herr Bunkel gewinnt nichts durch dieses eingeschobene regelmäfsige; denn sein Beweis gilt eben so viel von der unregelmäfsigen. Der Franciskaner Fleming thut hier gar nichts zur Sache.

hindern. Lassen Sie daher alle Gedanken von einem jungfräulichen Leben fahren — verehlichen Sie Sich, ruhmwürdige Stazia, verehlichen Sie Sich, und lassen Sie den Segen Abrahams über die Heiden kommen! Setzen Sie Sich nicht dem evangelischen Bund entgegen, sondern gedenken an die tröstliche Verheifsung: Ich will meinen Geist auf deinen Samen giefsen u. s. w. Diefs fordert Ihre heilige Religion von Ihnen; und wenn wir uns nun — zum Buche der Natur wenden, finden wir hier nicht deutlich vor unsern Augen aufgezeichnet, dafs es in dem Herzen der Menschen Bosheit seyn müsse, welche bey der Zerstörung und dem Untergang des künftigen Menschengeschlechts unbekümmert bleiben, und welchen nur so viel guter Wille mangelt, ein Geschöpf auf eine rechtmäfsige und geheiligte Art in die Welt zu setzen? — Preiswürdige Stazia, was sagen Sie dazu? Weil Sie eine aufrichtige Christin sind, werden Sie Sich zum Ehestande entschliefsen? Und darf ich auf die hohe Ehre hoffen, an dem gegenseitigen Vergnügen, welches die Erfüllung einer so wichtigen Pflicht gewähret, Theil zu nehmen?"

Wie ist euch zu Muth, liebe Leser? Und was für eine Wirkung denkt ihr, dafs eine solche Standrede, mit gehörigem Ernst von einem Manne wie Johann Bunkel vorgetragen, auf die preiswürdige Stazia habe machen müssen? Die Wirkung einer tüchtigen Dose von Ypekakuanha oder Tartarus emetikus, vermuthet ihr? Unfehlbar, wenn Miſs Stazia etwas beſsres als ein Geschöpf des Herrn Bunkel selbst gewesen wäre; ein Werk seiner Hände, das er so albern machen konnte, als ers zu seinem Zweck vonnöthen hatte. — Aber so lief es freylich günstiger für den lieben Mann ab, als es sonst menschlicher Weise zu vermuthen war. Unter dieser meiner frommen Vorstellung, sagt er, verbreitete sich ein Lächeln auf dem Gesichte der Stazia, die Verwunderung leuchtete aus allen ihren Geberden hervor, und als ich meine Rede geendigt hatte, sagte diese Schöne zu mir: „Ich danke Ihnen, Sir, für den Unterricht, den Sir mir gegeben haben. Ich bin eine Christin, In meinem Herzen ist keine Bosheit — Lassen Sie den Vater Fleming kommen, und ich will Ihnen meine Hand geben." — Bezauberndes Wort! ruft der Mann in seinem Drang den Himmel zu bevölkern aus, und eilends wird O-Finn nach dem Mönch gesandt, und der Knoten zugestrickt.

Bunkel lebt nun abermahls zwey Jahre zu Ortons-Lodge „in einem Stande der Freude, daſs man sich denselben auf tausend Jahre hätte wünschen mögen," — ohne daſs er uns zu eröffnen würdigt, ob und wie viel diese Ehe „von dem Segen Abrahams über die Heiden gebracht habe.„ — Ein hübsches Geschichtchen, in jeder Betrachtung!

Indessen da Herr Bunkel beschlossen hat, binnen den nächsten fünf oder sechs Jahren noch mit fünf

schönen Mädchen zu Bette zu gehen, so muſs sich
Frau Stazia nach Verfluſs der zwey Jahre, so gut wie
ihre Vorgängerin, über Hals über Kopf an den Blattern aus der Welt trollen. Bunkel macht dieſsmahl
nicht so viel Ceremonien als bey seiner ersten Frau.
Doch versichert er uns, „er habe in drey Tagen die
Augen nicht aufgeschlagen." — Drey ganzer Tage
um eine liebe Frau zu trauern, ist freylich eine sehr
denkwürdige That! Es war aber auch alles, was Fleisch
und Blut, bey einem Manne wie der unsrige, fähig
war. Am vierten Morgen ließ er sich sein Pferd satteln, und zog — wieder auf die Freyte. Der Zufall
bringt ihn zu einer Gesellschaft von zehn Ehepaaren,
die in groſser Abgeschiedenheit von der Welt, nach
einem Entwurf des ehemahls berüchtigten Labadistischen Predigers Yvon, der Christlichen Vollkommenheit nachjagten. Daſs es bey dieser Gelegenheit wieder Deklamazionen über den Verfall des Christenthums bey den herrschenden
Kirchen auf Seiten Meister Bunkels absetzt, kann
man sich leicht vorstellen. Übrigens, sagt er am
Schluſs einer kleinen Beschreibung von diesem wirklich liebenswürdigen Institut: „ein Kloster von
dieser Art hat meinen Beyfall; es ist ein
göttliches Leben." Aber Theil an diesem göttlichen Leben zu nehmen, dazu spürte er keinen
Beruf. Denn man muſste da arbeiten, sehr eingezogen leben, Kinder nicht nur zeugen, sondern auch
erziehen, kurz, Pflichten erfüllen, die nicht immer
so angenehm sind als diejenige, zu deren Erfüllung

er die hochpreisliche Stazia aufgefordert hatte, — und ein solches Leben war nun einmahl seine Sache nicht.

Er reitet also fürder, und geräth, wie gewöhnlich, in eine einsame Zaubergegend, wo sich ein reiches schönes Mädchen von achtzehn Jahren, Nahmens Antonia Kranmer, eine vater- und mutterlose Waise, zuweilen aufhielt; [12]) ein Mädchen, das alle Eigenschaften hatte, um die Beute des ersten besten Taugenichts, der sich ihr in einer gefälligen Maske darstellen mochte, zu werden. Auf die erste Nachricht, die ihm eine Art von Einsiedler giebt, wird der Gedanke in ihm rege: Das wär' ein Mädel für dich! und sogleich denkt er drauf, wie er ihrer habhaft werden könnte. Die arme Stazia war zwar kaum einige Tage begraben; aber was kümmerte das Bunkeln? Eine begrabne Frau hinterließ bey ihm keine andere Erinnerung, als die ihn ungeduldig machte, ihre Stelle wieder mit einer lebenden zu besetzen. In diesem Stücke war sein *Horror vacui* ganz ausserordentlich. Er präsentierte sich also vor der jungen Antonia, die „so vortrefflich

---

12) Die Erzählung von dieser und andern seiner Wanderungen würde wegen der Beschreibungen sonderbarer Gegenden und Naturerscheinungen, die er darin aus seinen Kollektaneen zusammen häuft, noch immer eine Art von Interesse geben, wenn die Schreibart des Menschen nur nicht so unausstehlich platt, ungelenkig und hölzern wäre.

gebildet war, als — ein Frauenzimmer seyn kann," und — was muſste in mir vorgehen, ruft er aus, als ich ein solches himmlisches Mädchen zu Gesichte bekam! — Nun, Herr Bunkel, das können wir uns ungefähr einbilden, ohne daſs ihr euch deutlicher erklärt. Gut für euch, daſs das Mädchen, „dessen Begriff von einer Mannsperson nicht weit reichte," so gierig war nach euch zu schnappen! Denn da er sich nach dem Frühstück empfehlen wollte, bat sie ihn beym Mittagessen zu bleiben; und nach dem Mittagessen ließ sie ihn nicht gehen, bis er auch zu Nacht bey ihr gegessen hatte — und so frühstückten, dinierten und soupierten sie etliche Wochen lang zusammen, bis der gute Mönch Fleming herbey gerufen wurde, die neue Winkel-Ehe so gut er konnte zu vidimieren. Nun gings wieder ans Genieſsen! — Unsre gegenseitige Liebe ging bis zur Ausschweifung, sagte der gottselige Bunkel, und das, was menschliche Glückseligkeit heiſst, genossen wir in vollem Maſse. Sie war gut wie ein Engel, und wir lebten zwey Jahre in einem unaussprechlichen Vergnügen beysammen.

Das beste war indessen, daſs es auch nicht länger als zwey Jahre dauerte; denn im ersten Monat des dritten Jahres starb der liebe Engel ebenfalls an den Blattern, und hinterließ den armen Mann „untröstlich," — so untröstlich, daſs, nachdem er seine Augen vier Tage lang (einen ganzen Tag mehr als um Frau Stazia) in Thränen gebadet, er sich aufmacht; und nach dem Gesundbrunnen zu Harrogüte reiset, um sich — die vierte Frau zu hohlen. Das schnödeste dabey ist, daſs ihm immer die Religion zum Feigenblatt für die Blöſse seines böckischen alten Adams dienen muſs. Denn, wenn wir seinem Geschwätze mehr als seinen Handlungen glauben wollten, so verlieſs er Ortons-Lodge bloſs, um, wie es ihm die Religion auflegte, sein Leben zu erhalten.

Und hier ists, wo den seltsamen Menschen endlich einmahl eine Art von Scham anwandelt, da er im Begriff ist, schon auf die vierte Frau auszugehen, ohne daſs er bey seinen verschiedenen Ehen das mindeste von Kindern erwähnt habe. Die Antwort, die er seinen Lesern hierüber giebt, würde aus dem Mund eines jeden Mannes auffallen; aber im Mund eines angeblichen Weisen und Christen klingt sie gar zu schändlich. „Damit ich also hierauf ein für allemahl eine allgemeine Antwort gebe, (sagt der rohe Topinambu in einem spöttelnden Ton, als ob die Frage die armseligste Kleinigkeit beträfe) so halte ich es schon für zureichend anzuführen, daſs ich eine zahlreiche Geschlechtsfolge angeben könnte, weil ich wirklich viel Kinder habe. Aber da sie in keinem wichtigen Geschäfte verflochten sind, und auch, so viel ich gehört habe, niemahls etwas merkwürdigers verrichtet haben, als aufstehen und frühstücken, lesen und herum laufen, essen und trinken: so würde es nach meiner Einsicht nicht schicklich seyn, sich bey der Erzählung ihrer Geschichte aufzuhalten." — So? Und was merkwürdigers verrichtet den Johann Bunkel selbst, und wo sind die wichtigen Geschäfte, in denen er verflochten ist? Elender Mensch, der von den Knospen der Menschheit, die in jeder Stufe ihrer Entfaltung so interessant, in ihrer angebornen Reinheit und Unschuld so lieblich und herzrührend, in der Fülle unbewußter Kräfte, die in ihrem ganzen Wesen zwar noch schlummern, aber bey jeder Berührung aufzittern, und mit der Schwäche und Ungeübtheit ihrer kleinen Organe ringen, so merkwürdig, so unendliche Mahl merkwürdiger einer aufmerksamen Beobachtung sind, als alle Ungeziefer seiner Filosofen zu Ulubrä — Elender Mensch! (wiederhohl' ich zum zweyten und dritten Mahl) der Vater ist, und von Kindern, von Seinen Kindern, in diesem kalten, untheilnehmenden, verächtlichen Ton ein für allemahl sprechen kann! Deine Einsicht reicht freylich nicht weit, wenn du die Morgendämmerung des Menschenlebens, die Jahre der ersten Entwicklungen, der ersten Eindrücke, des reinsten Spiels der noch unverstimmten Natur und ihrer ersten so viel bedeutenden Winke für unbedeutender hältst, als die schalen Mährchen, die du uns von deinen eignen männlichen Jahren zu erzählen hast! — Doch warum uns ereifern? Warum sollte Bunkel sich nicht überall selbst gleich seyn? Und was für ein jämmerliches Gelese wäre auch die Geschichte seiner Kinder, von ihm erzählt? Lieber wollt' ich sie mir von ihrer Wärterin erzählen lassen. — Aber wer hätte denn auch die Geschichte seiner Kinder von ihm verlangt? Kann ein Vater, der die Geschichte seiner sieben Ehen schreibt, von seinen Kindern nicht mit menschlichem Gefühl reden, oder nichts interessantes von ihnen sagen, ohne gleich ihre ganze Geschichte zu schreiben?

Aber freylich hat auch der arme Wittwer jetzt gerade keine Zeit an seine Progenitur zu denken. Er muſs über Hals über Kopf nach Harrogäte, um sich seine vierte Frau zu hohlen. Und wo denken wir wohl, daſs er seine erste Bekanntschaft mit ihr macht? Wo anders als auf dem — Tanzboden? — Die Dame nannte sich Miſs Spence, uud war eine Art von Komposizion, wie man diesseits des groſsen Hundssterns noch keine gesehen hat; denn sie hatte den Kopf des Aristoteles, das Herz eines ersten Christen, und die Gestalt der Mediceischen Venus: Herr Bunkel ist sehr bescheiden, daſs er sie nicht auch noch, als eine zweyte Pandora, mit dem *Non plus ultra* aller übrigen Vollkommenheiten der Natur und Kunst ausgestattet hat. Denn warum sollte die vierte Frau eines Mannes wie Er nicht auch noch die Leier Homers, den Meiſsel des Fidias und den Pinsel des Apelles in ihrer Gewalt haben? — Bey solcher Bewandtniſs kann ihm denn freylich niemand übel nehmen, „daſs er nicht lange Zeit in ihrer Gesellschaft zubrachte, ohne sich äuſserst in sie zu verlieben — und ihr seinen Antrag zu thun." Miſs Spence war „nicht grausam," aber sie wollte doch auch nicht gleich in den Hamen beiſsen; und die Plattheiten, die er sie darüber sagen läfst, können nur durch diejenigen übertroffen werden, die er ihr in seiner eignen steif lächerlichen und dumm ernsthaften Manier dafür zurück giebt. Indessen läfst sie ihm doch Hoffnung, und bescheidet ihn, bey ihrer Abreise, zu sich auf ihr Gut zu Kleanor. Ihr gehorsamster Diener folgt ihr einige Tage später nach, verirrt sich aber einige Mahl auf dem Weg, und jedesmahl aus weisen — Autorsabsichten, d. i. um verschiedener Episoden willen, welche, wie alle übrigen, aus deren ungefährem Beysammenseyn das Ganze dieses wirklich in seiner Art einzigen Werkes besteht, ohne mindesten Schaden des Übrigen, auch hätten nicht da seyn können.

Die erste Verirrung bringt ihn zu einer gewissen Mifs Wolf, mit der er im Jahre 1715, als Knabe, in Irland, seinem Vaterlande, manchen Kontertanz getanzt, auch Komödie gespielt hatte, wo Sie seine Imoinda und Er ihr Valentin gewesen war. In den Augenblick, da sie sich erkennen, „fafst er sie in seine Arme, und erstickt sie beynahe mit Küssen;" und so glücklich ist Valentin Bunkel bey den Damen, dafs Mifs Wolf, weit entfernt darüber ungehalten zu seyn, vielmehr „über diesen seltsamen Einfall von Herzen lacht." Nun erzählen sie einander ihre Geschichte; dann gehts zu einem auserlesenen Mittagsmahl, wobey sich sechs sehr hübsche Damen und sechs Herren, und also (wie Bunkel mit seiner gewöhnlichen Deutlichkeit hinzu setzt) ihrer zwölf einfanden. Nach dem Kaffee wurde erstlich in der Karte gespielt, hierauf Kontertänze getanzt, und die reitzende Imoinda war seine Beytänzerin. In diesem herrlichen Vergnügen brachte ich vierzehn Tage zu, ruft unser neuer Apostel aus, erinnert sich aber doch endlich an Miſs Spence, und beurlaubt sich von Miſs Wolf, um spornstreichs nach Kleanor zu eilen; „aber mein Schicksal führte mich einen andern Weg." Natürlicher Weise erwartet der Leser, das Schicksal werde irgend eine erhebliche Ursache dazu haben; denn man mischt doch sonst die Götter nicht nur so für die lange Weile ins Spiel. Aber es geschieht bloſs, um Bunkeln in einem Wirthshause mit einem gewissen Mr. Winkup zusammen zu bringen, der sich ihm durch seine gute Laune so wohl empfiehlt, „daſs Bunkel mehr trinkt als er Willens war," und sich sodann leicht bewegen läſst, mit jenem nach Worcester zu gehen, um in einer lustigen Gesellschaft von zwölf Damen und zehn jungen Herren zehn Tage lang recht vergnügt zu leben. „Wir tranken, sagt er, tanzten, sangen, schwatzten, und dann war es Nacht. Tänze aber waren unsre vornehmsten Vergnügen; und meine Beytänzerin war nicht allein schön von Gesicht und Person, sondern auch in ihren Bewegungen bewundernswürdig. Diese war Miſs Veyssiere von Kumberland, das theure Geschöpf!" — Und hier ergreift der heilige Mann die Gelegenheit, uns zu berichten, daſs er in seiner Jugend ein eben so starker Tänzer als toller Reiter gewesen sey. „Der berühmte Paddy Murfy, sagte er, gemeiniglich der kleine Stutzer genannt, und der in Lukas Kaffeehaus zu Dublin wohl bekannt ist; dieser Herr, und Langban, ein Müller, welche alle Nacht bey des berühmten Stretche's Puppenspiel tanzten, ehe der Vorhang aufgezogen wurde, wurden beide wegen ihres vortrefflichen Tanzes bewundert; jedoch übertraf ich sie weit: aber gegen Miſs Veyssiere konnte ich nicht aufkommen. Ihre Schritte waren unendlich, und sie wuſste solche mit einer solchen Behendigkeit zu machen, daſs sie ein in der Luft tanzender Engel schien. Wir tanzten acht Nächte zusammen, und die ganze Gesellschaft sagte, daſs wir recht für einander geboren wären. Sie hatte mich auch dermaſsen eingenommen, daſs ich mich (des Engagements mit der Aristotelischen Venus Christin ungeachtet) um ihre Liebe würde beworben haben, wenn Winkup mir nicht gesagt hätte, daſs ihr Vater Willens wäre, sie einem alten Manne, der ihr Groſsvater seyn könnte, um ein groſses Leibgeding aufzuopfern u. s. w." —

Man weiſs nicht, ob man über den Pinsel lachen oder unwillig werden soll, der mit solcher Spinnstuben-Waschhaftigkeit seine eigne Schande aufdeckt, noch damit prahlt, und bey jeder Gelegenheit, wo ihn sein eigner Karakter überrascht, denjenigen, den er angenommen hat, so gänzlich vergiſst, wie die in eine Frau verwandelte Katze in der Fabel, da sie eine Maus erblickte. Man muſs gestehen, dergleichen Stellen, wo man *nolens volens* lachen muſs,

giebts hier und da in diesem Wunderbuche; aber
freylich nicht über die Laune des Verfassers, sondern über seine Dummheit, die so ganz über allen
Begriff geht; und man lacht nie über ihn, ohne daſs
man ihm zugleich Maulschellen geben möchte.

Am 1ten Junius 1731 Morgens um fünf Uhr
nahm er von dem ehrlichen Winkup Abschied, um
nun in ganzem Ernst zu Miſs Spence nach Kleanor zu wallen. Aber das Schicksal spielt schon
wieder blinde Kuh mit dem lieben Manne. Er verliert seinen Weg abermahls, und kommt — „zu
einem an einem steilen einsamen Ort belegenen
Bierhause, welches die Katze und Sackpfeife
zum Zeichen hatte, wo er, zu seiner groſsen Freude,
Landeskraft, nehmlich den Irländer Tommy Klancy
antrifft, der den Wirth in dieser kleinen Schenke
machte. Tommy gab ihm ein gutes Abendessen — welches aus Forellen, schönem
Bier, und einer Schale Punsch bestand,"—
und des folgenden Tages machte er ihn mit der Geschichte zweyer Dorfprinzessinnen bekannt, die sich
bey ihrem Vormund, einem alten Rechtsgelehrten,
Nahmens Kock, auf einem nahe gelegenen Gute aufhielten. Man kennt, besonders aus Fieldings und
Smollets Werken, die eigne Manier, die den Irlän-
dern Schuld gegeben wird, eine Geschichte so zu
erzählen, daſs sogar der, dem sie begegnet ist, zuletzt
nichts mehr davon begreift. Da nun hier ein Irländischer Dorfschenke erzählt, und ein Irländischer

Bel-Esprit, wie Herr Johann Bunkel, zuhört: so kann man sich vorstellen, was aus der an sich selbst sehr alltäglichen Historie zweyer reicher junger Mädchen und eines alten geitzigen Vormunds werden mußte. Jeder vernünftige Mensch hätte darin nichts weiter gesehen, als einen alten Vormund und ein paar junge Mädchen, wie sie ordentlicher Weise je und allezeit gewesen sind und seyn werden. Die Mädchen hätten gern hübsche Kleider, Equipage, Zeitvertreib, Lustbarkeiten, Anbeter, und, je eher je lieber, einen Mann nach ihrem Herzen und — nach ihren Augen; der Vormund, ein Mann, der seine besten Jahre unter Akten und Geschäften verbracht hat, in allen diesen Dingen, wie Salomo, nichts als Eitelkeit sieht, und den Werth des Geldes und guter Wirthschaft kennt, — hat sich in den Kopf gesetzt, daß ein paar leichtsinnige, unerfahrne, naseweise Dirnen nichts bessers thun können, als sich von einem grauen, kaltblütigen, altklugen Vormund regieren zu lassen. Man sieht, was aus so stark kontrastierenden Karakteren folgen muß. Die Mädchen sehen den alten runzlichten Vormund für einen Popanz, und sich selbst für ein paar arme Prinzessinnen an, die in einem verwünschten Schlosse gefangen gehalten werden; und der erste beste Abenteurer, der sich anbeut sie zu befreyen, ist willkommen. Aber wer würde es einem gescheidten, gesetzten Mann verzeihen, die Sache mit den Augen der jungen romanhaften Küchelchen anzusehen? — Gut! aber einem Bunkel ist alles zu verzeihen —

oder nichts. Wir wollen es uns also nicht befremden lassen, daſs er, auf die erste Nachricht eines so würdigen Zeugen, wie Thomas Glanzy, Wirth zur Katze und Sackpfeife in einem einsam belegenen Bierhause, alsbald den christlöblichen Entschluſs faſst, diese verwünschten Damen zu erlösen, d. i. auf gut Deutsch, sie ihrem Vormunde zu entführen. Nichts kann erbärmlicher seyn, als die Trugschlüsse, womit uns der Mensch bereden will, diese nach allen göttlichen und menschlichen Gesetzen höchst unerlaubte und strafbare That für eine tugendhafte Handlung anzunehmen. — Wahrlich, es giebt keine Übelthat, die sich, unter gewissen Umständen, nicht vermittelst der nehmlichen Trugschlüsse rechtfertigen lieſse. Stehlen, Ehebrechen, falsch Zeugniſs geben, Kirchenraub, Giftmischerey, das Ärgste, mit Einem Wort, ist, nach Bunkels Art zu räsonieren, erlaubt, sobald man sich einbilden kann, daſs ein guter Zweck dadurch befördert, oder einem bösen Menschen sein Koncept verrückt werden könne. — Um die an dem alten Kock verübte Büberey vermuthlich noch mehr zu beschönigen, macht er uns sowohl von seiner äuſserlichen Gestalt, als von seinem Inwendigen das ekelhafteste Zerrbild. Kurz, Bunkel — angeblicher Nachfolger Jesu, Apostel, und Reformator — entführt (es sey nun aus welchem Beweggrunde) zwey junge Mädchen ihrem rechtmäſsigen Vormund, und bewerkstelliget eine so gesetzwidrige, schändliche That durch ein noch schändlicheres Mittel, nehmlich durch ein ganzes

Gewebe vorsetzlichen Betrugs, dessen Detail er uns noch dazu mit der lotterbübischen Freude eines Menschen ohne alles Gefühl von Ehre erzählt, [13] der mit seiner Schande prahlt, und sich was grofses darauf zu Gute thut, einen nichts Böses von ihm besorgenden alten Mann durch die niederträchtigste Art von Betrügerey, durch verstellte Hochachtung und Ergebenheit, übertölpelt zu haben. —

Was diese Heldenthat erst recht und vollkommen Bunkelmäfsig macht, ist, dafs er die beiden noch unmündigen Erbinnen, jede mit dreyfsig Guineen in der Tasche, sechzig Englische Meilen weit vom Hause ihres Vormunds wegführt, und nach einem kleinen Wirthshause in einem abgelegenen Thale bringt, ohne zu wissen, was er weiter mit ihnen anfangen will. Dafür läfst er die Waldvögel sorgen. Genug für ihn, dafs „sie ihr Frühstück, Mittag- und Abendessen in Freude und Vergnügen mit einander verzehren." „Zu Hause, setzt er hinzu, spielten wir entweder Karten, oder wir sangen, oder ich unterhielt sie mit meiner Flöte — u. s. w." Kurz, „die ganze dortige Lebensart war wirklich angenehm; und da die Mädchen munter und lebhaft, und in Ansehung ihrer jungen Jahre im geringsten nicht unwissend waren so würde ich gewünscht haben viel länger da zu blei-

---

13) S. II. Th. S. 357 — 360.

ben." Aber das wollte sich freylich für die Mädchen nicht recht schicken, und er selbst mufste doch endlich sein der Miſs Spence gegebenes Wort halten. „Ja, sagt er, wenn das nicht gewesen wäre, so hätte ich gleich entweder die schöne Miſs Tolston, oder die noch schönere Miſs Llandsoy — (oder warum nicht lieber alle beide? um den Segen Abrahams über desto mehr Heiden zu bringen —) heirathen können — Aber freylich, setzt er gleich wieder weislich hinzu, wenn eine von ihnen in der Minderjährigkeit als Frau gestorben wäre, so könnte ich nichts gewinnen, und hätte vielleicht Kinder ohne Vermögen zu erziehen gehabt." — Er sah sich also genöthiget, den Damen am dritten Tage mit vielem Wortgepränge zu erklären: er achte sich verbunden, sie wenigstens an einen sichern Ort zu bringen. — Und wo meinen wir, daſs er sie nun hinbrachte? — Wohin anders als in seine Einsiedeley Ortons-Lodge? — einen Ort, wo sie wenigstens sicher waren, daſs die böse Welt nicht darüber afterreden konnte, weil sie nicht — wuſste, wo die Landläuferinnen hingekommen waren. Man vermuthet leicht, daſs Kreaturen, die so bereit waren, sich von dem ersten besten breitschultrigen Landstreicher entführen zu lassen, nichts dagegen einzuwenden hatten. Im Gegentheil, sie sähen ihn als ihren Schutzengel an, sagten sie, und wären bereit, sich je eher je lieber von ihm an den süfsen Ort der Ruhe führen zu lassen. Am zweyten Abend waren sie schon angelangt, nachdem sie Eine Nacht ihr Lager auf dem Gebirge im Farrenkraut hatten nehmen müssen. Die beiden Mädel erstaunten, als der Schutzengel seine Vorrathshäuser aufschlofs, und ihnen eine Menge „guter Sachen, Zwieback, allerhand Fleisch in Töpfen, eingemachte Sachen, und verschiedne Getränke hervorbrachte." Nun ging wieder ein Leben à la Bunkel an, und der heilige Epikur verdaute bis zu Ende des Junius mit diesen schönen jungen Gescchöpfen sehr wohl und glücklich. „Bey ihren schönen Gesichtern und Personen, setzt er gleich hinzu, waren sie sinnreich, munter und einnehmend, und versüfsten mir jeden Augenblick. Hätte ich mich bereits nicht mit Mifs Spence eingelassen, so wäre ich gewifs bey diesen zwey jungen Damen (was auch daraus hätte werden mögen) geblieben, und in ihrer Gesellschaft würde mir Ortons-Lodge ein Eden gewesen seyn. Sie waren beide reitzende Frauenzimmer. Mifs Llandsoy war ein recht göttliches Mädchen."

Bey allem dem mufst' er der Mifs Spence Wort halten. Er setzt sich also den ersten Julius auf seine Rosinante, und reitet wieder auf Harrogäte zu, geräth aber unvermerkt in ein langes Thal, von da in eine Reihe fürchterlicher, felsichter Berge, endlich auf einen sehr schmalen Pafs durch die Felsen, auf dem es so finster war als in der schwärzesten Nacht. Bunkel schickt seinen Sancho-Pansa, O-Finn, voraus, um zu erkundigen, wie lange das so fortgehe, und „was für eine Art von Land und Einwohnern" hinter den Bergen sich befinde? Da aber O-Finn nach sechs Stunden noch nichts wieder von sich hören läfst, geht er ihm nach, und watschelt beynah eine halbe Meile gerade vorwärts auf einem rauhen Boden schenkeltief im Wasser.

Zuletzt endigt sich dieser unlustige Pfad, wie alle unlustige Pfade unsers Abenteurers — in einer schönen blumenreichen Gegend, ungefehr zwanzig Morgen Landes grofs — kurz, der Mann (nachdem er seinen O-Finn lange vergebens gesucht, endlich wiedergefunden, dann sein Mittagsmahl aus dem Felleisen gehalten, und hierauf sechs schrecklich hohe Berge hinter einander überstiegen) verirrt sich in ein gar schönes Thal, wo er ein gar artiges kleines Haus antrifft, und gar wohl angelegte mit den schönsten Zwergbäumen u. s. w. versehene Gärten, alles an einem gar schönen See gelegen, und mit gar schön hervor ragenden Felsen überschattet, von denen sich in geringer Entfernung dem Hause gegenüber gar schöne Wasserfälle in den See stürzen. — „Ich bin weiter in Norden und Süden gewesen, sagt der lügenhafte Prahler, als die meisten Menschen; ich bin mit Nazionen umgegangen, die noch viele Grade hinter den eiskalten Lappländern leben; ich habe unter Barbaren mich aufgehalten, welche in der heifsen Himmelsgegend versengt werden: aber in keinem Theile der Welt hab' ich etwas so schönes und rührendes, als dieſs Ganze war, gesehen!" — Aber freylich wäre dieſs Ganze weder so schön noch so rührend gewesen, wenn Herr Bunkel, indem er durchs Stubenfenster guckte, nicht eine schöne junge Dame sitzen gesehen hätte, die ein musikalisches Buch in der Hand hatte, und gar meisterlich sang. Bunkel gaffte noch immer, als noch eine junge Dame ins Zimmer trat; und auf einmahl besann er sich, daſs er diese hübschen Mädchen schon anderswo gesehen hätte. Zum Unglück für ihn hatten sie noch eine Mutter. Seines Bleibens in diesem Hause konnte also nicht länger als drey Tage seyn. Sodann bestieg er wieder seinen Gaul, speisete den fünften Julius bey dem Mönch Fleming in seinem Hause in Richmond-Shire, ritt von da nach einem Kartheuserkloster, an dessen einsame Bewohner ihn der Mönch Fleming empfohlen hatte, und wurde von den gastfreyen Söhnen des heiligen Bruno mit guten Fischen, gutem Brot, Wein, (ob gut oder schlecht, hat er uns zu sagen vergessen) vortrefflichen Früchten und schönen Gartengewächsen bewirthet.

Den achten Julius reiste er weiter, und gelangte endlich, wo Kumberland und Nordhumberland an einander grenzen, in der Gegend von Wardrow, gegen Nordwest von Thielwall-Kastle, zu einer wunderbaren Schwefelquelle, und von da zu der Hütte einer beynah eben so wunderbaren Art von Einsiedler, des einzigen Bewohners dieser höchst wilden Gegenden. Er hiefs **Klaudius Hobart**, „ein Gelehrter und Edelmann, der in der Welt unglücklich gewesen war, und sich **nach diesen Elisäischen Feldern** begeben hatte, um seine übrige Lebenszeit **der Religion zu widmen.**" Dieser Mann bewirthete unser theures Rüstzeug mit einer **vortrefflich eingesalznen Forelle, Zwieback, schönen Früchten und herrlichem Honig.** Auch hatte er die Gabe, aus einem halben Nösel **Rum** und etwas **Kremor Tartari** einen guten Punsch zu machen, und redete dabey als ein Mann, der Verstand, Erziehung und aufgereimtes Wesen hat. Als die Punschschale geleert war, wischte Bunkel sein Maul und zog seine Strafse; der Einsiedler aber schenkte ihm noch eine Handschrift auf den Weg, die **Regel der Vernunft und einige Gedanken über die Offenbarung,** betitelt — wovon uns Bunkel sofort **das Wichtigste in einem Auszug** mittheilt. Lese wer mag und kann das platte wortreiche **Lokus - Kommunis - Gewäsche** und Schulexercizium über allgemeine Wahrheiten, an denen kein Mensch zweifelt, und den ekelhaften **Pot-Pourri** der schon zehnmahl aufgewärmten Socinianischen Meinungen über Christenthum, Geheimnisse, Dreyeinheit, Erlösuugswerk, u. s. w. Man schläft freylich bald genug darüber ein; aber

wenigstens ist es keines von den angenehmsten
Schlafmitteln.

Bunkel kommt, wir wissen nicht warum, von
Knaresborough nach Harrogäte zurück, und findet
da einen alten Brief von Miſs Spence an ihn,
worin sie ihn ersucht, sie nach London zu begleiten, und zu dem Ende seinen Weg über Westmoreland zu der Chester Landstraſse zu nehmen.
Dieser Brief setzte ihn in Verwunderung.
„Ja, theure Seele, sagt er, ich werde über Westmoreland meinen Weg nach London nehmen!"
Er steigt also Morgens um vier Uhr zu Pferde und
trifft Abends um sechs Uhr zu Kleanor ein —
„nachdem ich, sagt er, des Tags fünf und siebzig
Meilen zurück gelegt, nehmlich

von Harrogäte nach Knaresborough 8 Meilen
von da nach Katarik - 22 —
von Katarik nach Gretabridge - 15 —
von Gretabridge nach Bows - 6 —
von Bows nach Brugh in Westmoreland - - 12 —
von da nach Kirkby - Steven bey
   Whartonhall - - 6 —
von Kirkby - Steven nach Kleanor 6 —

und also zusammen gerechnet 75 Meilen."

Hat man je gehört, daſs ein Biograf seines
eignen Lebens die Welt umsonst und um nichts,

sogar mit Auszügen aus seinem Postbuche regaliert hat? Aber vermuthlich meinte der Langohr durch dergleichen kleine Details uns seinen albernen Roman desto leichter für wirkliche Geschichte aufzuheften. Er findet nun endlich die so lange im Nebel gesuchte Miſs Maria Spence; und wir — übergehen alle Erläuterungen, die er dieser Dame über seine Person ertheilt, und alle die Flaschen Wein, die er mit ihrem Vetter ausleert — einem alten Geistlichen, den er sehr lieb gewinnt, „weil er ein eifriger Anhänger des Durchlauchtigen Hauses Hannover zu seyn schien," — und alle die Herrlichkeiten, die er uns von besagter seiner geliebten Maria meldet, — als, „von ihrer Stärke im Lesen, Reiten, Fischen, in der Geschichte und Mathematik, besonders in der Rechnung der Fluxionen, u. s. w." vor allem aber von ihrer Stärke im Christlichen Deismus, als dem groſsen Eins ist Noth unsers neuen Evangelisten — wir übergehen alles dieses, um unsern Lesern die interessante Nachricht zu geben: — daſs Herr Bunkel „mit diesem vortrefflichen jungen Frauenzimmer, und ihren zwey Bedienten, nehmlich ihrem Lackey und ihrer Kammerjungfer, den 31sten Julius von Kleator abreiste, den 10ten August sehr wohl mit ihnen zu London ankam, und den letzten Tag dieses Monats die Ehre und das Glück hatte, mit dieser Dame verehlichet zu werden."

Und nun, liebe Leser, schaut auf, und bewundert, wie fein der Mann uns auf die nächste Begebenheit, die er uns erzählen wird, vorzubereiten weiß! — „Der Mensch handelt weise, sagt er, der sich sowohl auf seinen als seiner Freunde Tod vorbereitet. Schon am Morgen, als ich mich mit der **schönen und sinnreichen** Miß Spence ehelich verband, stellte ich mir den Verlust als möglich vor, und entschloß mich, wenn er über mich verhängt würde, durch diese Widerwärtigkeit eine friedsame **Frucht der Gerechtigkeit** in mir wirken zu lassen." — Nun sehe man einmahl, wie klüglich der Mann daran gethan hatte! — Denn **sie starb noch, ehe ein halbes Jahr verfloß** — an einem bösartigen Fieber, dessen Geschichte, nebst der Art, wie solches von vier berühmten Ärzten behandelt worden, er uns umständlich mittheilt, auch am Ende weitläufig und kunstmäßig darthut: daß, wenn die Herren bey der kranken Frau in Zeiten zur Aderlaß geschritten, und ihr anstatt der verderblichen *Alexipharmacorum* die *Conserua luiulae in emulsione ex semine fr. cum Amygd. in aqua hordei* gegeben hätten, sie ohne Zweifel mit Gottes Hülfe glücklich kuriert worden wäre. Warum er aber diesen guten Einfall nicht eher gehabt, als bis sie todt war, davon sagt er uns kein Wörtchen. Genug, sie war nun todt, und Bunkel ließ, wie er sagt, **Natur, Gnade und Zeit das Ihrige thun, die Wunde zu heilen.** „Sollte ich, setzt der lästerliche Mensch hinzu, den Kelch nicht trinken, den mir der Vater gegeben hat? Ja ich will!" — Und so geht er denn, nachdem er seine todte Frau auf ihrem Gute zur Erde bestattet, „wieder in die Welt, sich aufzumuntern, und noch einmahl sein Glück zu versuchen."

Dießmahl geht der Weg nach London. Unterwegs macht er zu Nottingham im Wirthshause mit einem gewissen dünnen Menschen, Nahmens Mr. Ribbel, Bekanntschaft, der ihm eine gar hübsche Vorlesung über die Diät schwindsüchtiger Leute, und über Chymie, Alchymie, Spießglas, Wismuth, Zink, Arsenikum und Gold hält, auch seine Erzählung „mit einer — moralischen Anwendung (im Geschmack der Bänkelsängermoral: Ihr lieben Christen insgemein, wenn wollt ihr euch verbessern?) beschließt." — Bald darauf geräth unser Wanderer wieder in eine sehr stattliche Gegend; wo er auf einen Herrn von vierzig Jahren, Nahmens Monkton, stößt, der ihm ein Nachtquartier auf seinem Landgut anbeut. Bunkel ist kein Mann, der eine solche Gelegenheit zum Essen und Trinken von der Hand weiset. Herr Monkton führt ihn also in sein Haus, und giebt ihm eine schöne Mahlzeit. „Nach dem Essen tranken wir noch ein paar Flaschen, sagt Bunkel, redeten von tausend Sachen, (das mag ein schönes Salmigondy gewesen seyn!) und begaben uns darauf zur Ruhe." Die beiden Herren nahmen einander so gut an, dafs Bunkel sechs Tage da blieb, und Herrn Monkton etliche Dutzend Flaschen leeren half. Dieser Herr Monkton war wirklich ein merkwürdiger Mann — wie unsre Leser aus seiner kurzen Ehestandsgeschichte, die uns Meister Bunkel mittheilt, zu ersehen belieben werden. — Herr Avery Monkton, ein langer und sehr schmaler Mann, bewirbt sich in seinem fünf und zwanzigsten Jahr um ein schönes Frauenzimmerchen, in die er sich verliebt hat. Er hat grofse Mühe, sie endlich vermittelst eines starken Wittwengedinges dahin zu bringen, sich in das heilige Sakrament der Ehe mit ihm zu begeben: „denn sie hatte sich steif in den Kopf gesetzt, dafs die christliche Vollkommenheit in einem jungfräulichen Leben bestehe." Indessen ging es drey ganzer Monate recht gut; die Leutchen liebten einander, die junge Frau „gab ihm ihre Liebe auf eine entzückende Weise — zu erkennen," [14]) und Monkton hätte geglaubt, hundert Jahre, so zugebracht, könnten nur Minuten seyn — als es sich begab, dafs er in Geschäften eines Morgens früh nach der Stadt reisen mufste. — Leider! sehen unsre Leser voraus, was

---

[14]) Wir können unsern jungen Autoren nicht genug empfehlen: um **schreiben** zu lernen, brauchen sie nichts als Bunkels Vortrag und Stil zu studieren. **Neologisch** ist er gewifs nicht, das wird ihm niemand nachsagen.

weiter kommen, und wie das Ding enden wird. Weil Herr Monkton einige Papiere vergessen hatte, mufst' er wieder umkehren, und machte sich sogleich einen grofsen Spafs aus dem Gedanken, seine geliebte Hälfte, die er in süfsem Schlafe anzutreffen hoffte, auf eine angenehme Weise zu überfallen. „Ich kam durch die Thür des Waschhauses hinein, fährt der liebe Mann fort, ging leise nach meiner Stube, fafste das Schlofs sanft an, und wollte, wenn meine Zaubrerin schlummerte, diesem Abgott meines Herzens einen Kufs geben. Aber da ich die Thür öffnete, sah ich" — Nun? Leser und Leserinnen! Was meinen Sie, dafs der Mann sah? Sie errathen die Sache; aber ich setzte alles daran was ich werth bin, Sie errathen die neue und höchst delikate Wendung nicht, die ein Mann wie Bunkel zu nehmen weifs, um uns eine so ärgerliche Sache auf eine sittsame und feine Art zu verstehen zu geben — „sah ich — einen Mann an der Seite des Bettes, und — meine zärtliche getreue Frau — die ihm — die Beinkleider aufknöpfte." — Das war nun freylich eine Vision, die sogar einen Bunkel, mit allen den moralischen und biblischen Sprüchen, womit er sich in der Noth so gut zu helfen weifs, hätte stutzen machen können. „Ich gerieth in die äufserste Bestürtzung — aber nicht in Wuth, sagt Herr Kornifiz; ich sagte blofs: Ist das Louise, die ich sehe? und schmifs die Thür zu. Ich ging sogleich die Treppe hinunter, und den selbigen Weg wieder hinaus, den ich herein gekommen war, — und von der Zeit an hab' ich meine Frau niemahls wieder gesehen."

Ein Mann, der (wie von unserm Bunkel gerühmt worden) „mit gutem Gewissen, und mit völligem Bewuſstseyn unbescholten und nützlich gewesen zu seyn," in sein Leben zurück sehen kann, muſs doch wohl werth seyn, daſs wir diesen Auszug aus seinen *Confessions* — die (unsrer Absicht nach) das Durchlesen der vier dicken Bände seiner Biografie für alle, die nicht so viel Zeit auf ihn wenden können, überflüssig machen soll — noch mit einigen Blättern vermehren, da wir in der That noch denkwürdige Dinge von ihm zu melden haben.

Bunkel ist nun auf dem Wege sich die fünfte Frau zu hohlen, und sein moralischer Karakter zeigt sich bey jeder neuen Freyerey und in jeder neuen Wittwerschaft in höherm Lichte. Der geneigte Leser erinnert sich noch der schönen Miſs Turner, zu welcher unser Held (im II. Theil S. 78) so abenteuerlich durch einen hohlen Berg herab getaumelt kam. Diese — ist das erste, was ihm, sechs Stunden nach seiner Abreise von Herrn Monkton, in einem abgelegenen Wirthshause, wo er zu seiner Erquickung einkehrt, mit ihrer Kammerjungfer und zwey Bedienten, in den Wurf kommt. Bunkel erkennt sie nicht gleich wieder, weil sie indessen **viel fetter** und „wenns möglich ist, sagt er, etwas **hübscher**" geworden war. Aber sein Bediente O-Finn hatte eine feinere Nase. Genug, es war Miſs Turner, die durch den Tod ihres Bruders ihr eigener Herr geworden, und im Begriff war, nach London zu gehen, und sich dort in der groſsen Welt aufzuhalten. Bunkel, der für die kleine Welt war, trägt sich ihr statt dessen ohne Umschweif zum Manne an, und meint, sie würden „in irgend einem stillen angenehmen Aufenthalte so vergnügt mit einander leben, als zwey junge Sterbliche es hier auf Erden seyn könnten." Was sagen Sie hiezu, Miſs Turner? fragt er sie — und, zu einer Probe, wie es in Miſs Cäsia Turners Kopf aussah, hören wir einmahl ihre Antwort: Sie sollen, Sir, in wenigen Tagen meine Gesinnung hierüber erfahren. Aber da ich einmahl auf dem Wege nach London begriffen und schon so weit gekommen bin, so halt' ich es wohl für das rathsamste bey meinem Vorsatze zu bleiben. Die Stadt kann mir einen neuen Geschmack für die Einsamkeit einflöſsen; es kann aber auch das Stadtleben mir alle Lust und Liebe zum Lande benehmen. Doch da ich die Sache noch einmahl überlege, entschlieſse ich mich kurz und gut, nicht nach dieser Hauptstadt zu reisen. Ich will nach Skelsmore-Thal' zurückkehren. So bin ich jetzt gesinnt; wie ich aber morgen denken werde, das kann ich nicht sagen. Unterdessen haben Sie die Gewo-

genheit Karten zu fordern, und lassen Sie uns
diesen Abend bey dem Spiele zubringen." — Ey, du
holdes, wackelichtes Schwindelköpfchen! — „Aber,
ehe wir noch einige Stunden gespielt hatten, (sagt B.)
sah ich schon, daſs die theure Seele ganz die
Meinige war. Sie saſs vor mir als die erröthende
Schöne auf dem Gemählde in der Gallerie
der Venus" (wo mag das wohl seyn?) „gedan-
kenvoll, warm von Verlangen, und von
zärtlichen Empfindungen eingenommen.
Ich wünschte mir nur meinen Freund, den Pater
Fleming, bey der Hand zu haben, um den einge-
pflanzten Antrieb rechtmäſsig zu machen
u. s. w." — O-Finn muſste sich also über Hals über
Kopf fortmachen, den alten Mönch zu hohlen. Der
allezeit bereitwillige Mönch kam, verrichtete sein Amt,
an welches unser religiöser Freydenker in diesem Stück einen unbegreiflichen Glauben hat; und
so setzten sie sich, noch des Abends, da er anlangte, als
Mann und Frau zum Abendessen nieder. Und was
denken wir, daſs der Mann Gottes den Leuten, die
es ein wenig unartig finden, daſs Er, dessen vierte
Frau noch nicht vier Monate im Grabe liegt, schon
wieder mit einer andern schönen, fetten Jungfer
zu Bette geht — was denken wir, daſs er ihnen antwortet? Er schilt sie kurzweg mürrische Kerle,
Träumer und Dummköpfe. Ich antworte
ihnen kurz (sagt er) eine todte Frauens-
person ist keine Ehefrau, und der Ehstand
ist immer rühmlich. Es ist eine gött-

liche Einsetzung; es ist besser freyen als Brunst leiden, oder — u. s. w. Nach diesen Vordersätzen hätte nun freylich Bunkel so viele Weiber nach einander wegheirathen können, als jemahls ein morgenländischer Schach auf einmahl gehabt hat; und man muſs es ihm noch zu groſser Bescheidenheit anrechnen, daſs er sich an Sieben genügen liefs.

Es gefiel dem neuen Ehepaar so wohl in dem einsamen Wirthshause; daſs sie sechs Wochen dort verblieben; und es läſst sich nicht mit Worten ausdrücken (sagt der groſse Sponsierer der Frauen) welch eine dauerhafte Glückseligkeit wir zu besitzen schienen. Endlich fiel es der jungen Frau ein, auf etliche Wochen nach London zu gehen. Unterwegs aber, da sie an der Seite eines steilen Hügels fuhren, wurden die Pferde scheu. — O des glücklichen, dreymahl glücklichen Mittels, das sich dem lieben Mann so unverhofft darbietet, wieder eine Frau los zu werden! Man sieht es aus der Eilfertigkeit, womit er von der Sache spricht, wie pressiert er ist, sich wieder an eine andre machen zu können. — „Die Pferde wurden scheu, liefen herunter, und meine Geliebte kam ums Leben." Doch lebte sie (nachdem sie ums Leben gekommen war) beynahe noch eine Stunde, indem sie mehr als einmahl folgende Zeilen aus den Antiquitäten des Boissard wiederhohlte:

Nil prosunt lacrimae, nec possunt fata moueri,
Nec pro me queror; hoc morte est mihi tristius ipsa,
Moeror Atimeti conjugis ille mihi.

Dieses Leiden hätte sich die gute Frau ersparen können. Denn so groſs auch die Traurigkeit ihres Atimetus, seinen Vorgeben nach, war; so behielt er doch kaltes Blut genug, um sich der erhabnen Wahrheit zu erinnern, „daſs es ganz fruchtlos für ihn wäre, beständig wehzuklagen." Das war auch seine Sache ganz und gar nicht. Er bestattete ihren Leichnam hurtig auf dem nächsten Kirchhof zur Erde, und ritt dann so geschwind er konnte nach London, um sich durch Zerstreuungen auf andre Gedanken zu bringen. In London macht er sich mit dem berüchtigten Buchhändler Curl bekannt, nimmt ein Zimmer in dessen Hause, und regaliert uns bey dieser Gelegenheit mit der Geschichte einer bekehrten Sünderin; einer Locus - Communis-Geschichte, die durch seine eingestreuten Betrachtungen bloſs ein wenig platter wird, als sie an sich selbst ist. Sodann kommt er wieder auf sich selbst zurück, um uns zu erzählen, wie er mit zwey Irländischen Gentlemen, Jemmy King, und dem berühmten Sachwalter, der die schöne Nelly Hayden verführte, in Bekanntschaft gerathen, mit ihnen in ein Spielhaus gegangen, und da all sein Hab und Gut bey einer Würfelbank zurückgelassen. „Ich wuſste zwar, sagt der unbegreifliche Pinsel, daſs diese Männer die ruchlosesten Leute von der Welt waren, daſs sie keine Religionsbegriffe hatten, daſs sie sich den Lüsten ergaben, jeden gesunden Gedanken, und jede Besorgniſs durch niedrige, lasterhafte und unmännliche Vergnügungen wegjagten;" — allein, wiewohl er das alles wuſste, macht' er doch, ohne mindeste Noth oder vernünftige Absicht, Kameradschaft mit ihnen, weil er, als ein groſser Logikus, glaubte, „daſs sie doch, nach dem gewöhnlichen Begriffe, noch Ehre im Leibe hätten." — Was für ein Begriff mag das wohl seyn, vermöge dessen solche Leute noch Ehre im Leibe haben können? Oder wenn dieſs der gewöhnliche Begriff von der Ehre ist, was für ein Unsinniger muſs der seyn, der in eine solche Ehre nur einen Gran mehr Vertrauen setzt, als in die Groſsmuth eines Wucherers, oder in die Keuschheit einer öffentlichen Metze? Doch genug! Bunkel war dieser Unsinnige; denn wiewohl er wuſste, daſs sie gewissenlose Bösewichter waren, so wuſste er doch nicht, daſs sie all das Ihrige in Irland verspielt hatten, und nun in England vom Spiel leben wollten. Er ließ sich also bereden mit ihnen in eine Spielgesellschaft zu gehen, wo, ihrem Vorgeben nach, von den ehrlichsten Männern Bank gehalten und ganz redlich gespielt würde. Sie stellten ihm vor, daſs er nur etliche Guineen zu wagen brauchte, und vielleicht Hunderte gewinnen könnte. Nun wissen wir, daſs Johann Bunkel, auſser einem hübschen Mädchen, nichts lieber hat, als klingende Münze. Wie hätt' er also einer so lockenden Stimme widerstehen können? Bey seinem Eintritt ins Gemach sah er über zwanzig wohlgekleidete Herren um einen Tisch sitzen, auf welchem ein grofser Haufen Gold lag. So **wohlgekleidete Herren** mufsten ja nothwendig, aufs wenigste nach dem **gemeinen Begriff, Ehre im Leibe haben**! Bunkel setzte sich also hin, würfelte, und gewann in zwey bis drey Stunden einige hundert Pfund. Nun war's Zeit aufzuhören; aber der weise Mann, der gern den ganzen grofsen Haufen Gold gehabt hätte, spielte fort, und eh' es **Morgen war**, verlor er nicht allein, was er gewonnen hatte, sondern bis auf etliche Pfund, auch **Alles, was er in der Welt hatte, alle Tausende, die er von seinen verschiedenen Frauen hatte, deren Güter er verkauft, und das Geld bey einem Banquier niedergelegt hatte.** "Die beyden Irländer verschwanden, die wohlgekleideten Herren gingen, einer nach dem andern weg, „und mich, sagt der liebe Mann, überliefsen sie dem bittern Gedanken, wer ich vor einigen Stunden gewesen, und in welcher Lage ich mich jetzt befände."

Nun, es ist freylich nicht zur Nachfolge geschrieben, dafs ein Wiederhersteller der Reinheit der Lehre und des Lebens der ersten Christengemeine so leichtsinniger Weise alles mit fünf reichen Weibern zusammengeheirathete grofse Vermögen, und was wohl zu merken ist, (wiewohl Bunkel selbst sich darüber nicht den mindesten Skrupel macht) ein Vermögen, das nicht sein war, sondern seinen vielen Kindern zugehörte, an unbekannte Spitzbuben in einem Winkelspielhause verliert. Gleichwohl — man hat Beyspiele daſs die gröſsten Heiligen in einer unseligen Stunde dem Versucher Gehör gegeben haben, und noch tiefer gefallen sind, als Bunkel. — Aber vielleicht wird sein Betragen nach der That desto lehrreicher, seine Reue desto rührender, sein folgendes Leben desto exemplarischer seyn? Erwarten sollte mans wenigstens — von jedem andern — nur nicht von Johann Bunkel. — Laſst hören, wie sich der dazu anschickt! Ich war ganz auſser mir, sagt er, und wir wollens ihm gerne glauben. Aber nun die Reflexionen, die er macht! „Was hatte ich beym Spiel zu thun? Mir fehlte ja nichts! und nun haben Spitzbuben durch ein Würfelspiel, welches auch den Teufel betrügen könnte, mir alles Meinige genommen! Hier hab ich mich niedergesetzt, um mich durch Spitzbuben und falche Würfel zu Grunde richten zu lassen? Bey dieser Ueberlegung erstarreten meine Sinne eine Zeitlang; und darauf sprang ich auf, war wild und rasend." Und das ist die ganze Geschichte seiner Buſse und Bekehrung. Sehr lehrreich! Sehr christlich!

Wie die Raserey vorüber war, wurde der theure Mann tiefsinnig. Sein Freund Curl merkte bald, wo ihn der Schuh drückte; Bunkel entdeckte ihm alles, und Curl that ihm bey einem Glase Wein im Caffeehause den Vorschlag, die einzige Tochter und

Erbin eines sehr reichen alten Geitzhalses, Nahmens Dunk, zu entführen, der nur zwanzig Englische Meilen von London, in einem Walde lebte, und mit welchem Curl so bekannt war, daß er sich im Stande sah zur Entführung allen möglichen Vorschub zu thun. Dieser Vorschlag war eines Curls, eines Buben, der seine Ehre und seine Ohren längst am Pillory gelassen hatte, nicht unwürdig. Aber was mußte derjenige seyn, der einen so schändlichen Vorschlag eines so schändlichen Kerls mit den Grundsätzen und Gesinnungen des rechtschaffnen Mannes und des Christen reimen konnte? Bunkel muß er seyn! weiter nichts. Dem steigt bey so einem Antrag auch nicht die kleinste Anwandlung von Bedenklichkeit zu Kopfe. Denn „wenn Jungfer Dunks Vater stirbt, so hat sie jährlich tausend Pfund Einkommen, wenn er auch sein eignes Vermögen andern vermachen sollte" — und Bunkel, der alles verspielt hat, braucht Geld. Er reiset also mit allem, was er zu Ausführung seiner vorhabenden Schandthat nöthig hat, nach des alten Dunk Landhaus; übergiebt der Miß sein Creditiv von dem edeln Curl; thut ihr seinen Antrag; spricht von seiner schönen Einsiedlerey Ortons-Lodge; verspricht ihr dort zu einem ruhigen Leben zu verhelfen, und unterstützt alles dieß (wie ihm denn das Christenthum bey jeder Gelegenheit entweder zum Deckmantel oder Werkzeug seiner Lüste und Bubenstücke dienen muß) durch die Vorstellung, „daß ein Christ sich nicht dieser Welt gleich stellen, sondern sich vielmehr als ein Wesen, das zu einer andern Welt gehöre, ansehen, und nach geistigen Grundsätzen bilden müsse; woraus (setzt er hinzu) richtig folge, daß eine anmuthige Landgegend für ein glückliches Ehepaar angenehm genug sey." Miß Agnesia Dunk, als eine Person „die eine feine Denkungsart hatte, jedoch bey der schönsten Beurtheilungskraft blöde und mißtrauisch auf ihre Einsicht war," bat sich — eine ganze halbe Stunde Bedenkzeit aus, um dem Herrn Curl die Antwort schriftlich zu geben, die sie dem Herrn Bunkel nicht mündlich geben wollte. Bunkel kommt mit dem Briefe zurück, worin die junge Dirne sich erklärt: „daß ihr der Mann zu einem Führer durch die Wildniß schon recht wäre, wenn sie sich nur darauf verlassen könnte, daß sein Herz so gesund sey als sein Verstand? — Diese Bedenklichkeit war nun leicht zu heben; denn Curl braucht ja nur seine unbescholtne Ehre zum Pfand für Bunkels gutes Herz einzusetzen — Seine Ohren hätt' er freylich nicht verpfänden können, denn die waren zu London am Pranger angenagelt — Bunkel geht sogleich wieder mit Curl's Pfandbriefe ab; übergiebt dem Alten, der das Bette hüten muß, Parlamentsakten; trifft die schöne Agnesia in einer Rosenlaube in der artigsten Nachtkleidung die so nett und sauber als möglich war, und wird noch selbigen Tages gut mit ihr bekannt. Kurz, nachdem er sie vier Wochen lang, unter mancherley Vorwand von Geschäften, die der sinnreiche Curl erdachte, besucht hatte, willigte Agnesia in die Entführung; und so gingen sie um Mitternacht mit einander davon.

Das ist die zweite Entführung, die Herr Johann Bunkel auf seiner armen Seele hat, und er scheint also beym ersten Anblick blofs sich selbst kopiert zu haben. Aber man mufs ihm die Gerechtigkeit erweisen, zu gestehen, dafs er in der zweiten sich selbst übertroffen hat. Als er die beiden Mündel des alten Cooks entführte, handelte er blofs als Narr und ohne eigennützige Rücksicht; aber hier bestiehlt er einen Vater um sein einziges Kind, um ihr Geld in seine Gewalt zu bekommen. Dort war er blofs Don Quischott; hier ist er Schurke — Es ist also klar, dafs er hier mehr Bunkel ist, als dort. Zum Beweis, wie vollkommner er's ist, hat er sogar noch die Unverschämtheit, zu behaupten, Mifs Agnesia habe Recht daran gethan, ohne Wissen und Willen ihres Vaters mit ihm davon zu laufen. Das Raisonnement, womit er uns diefs weifs machen will, ist eines von den Meisterstücken der Bunklischen, Logik. „Leidender Gehorsam (sagt er) ist in einer Privatfamilie eben so viel Unverstand, als in der Regierung eines Fürsten. Der Vater mufs, wie der König, ein ernährender Vater, ein vernünftiges, leutseliges Oberhaupt seyn, und so lange er diefs ist, gebührt ihm aller Dienst und Gehorsam. Aber, wenn der Vater, wie der Fürst, Tyrann wird; seiner Tochter alle natürliche Rechte und Freyheit nimmt; ihr kein vergnügtes Leben gestattet; sondern sie in Banden und Elend hält: dann giebt die Selbsterhaltung und ihr gerechter Ansprnch auf die Ergetzungen ihres Lebens u. s. w. ihr ein Recht, ihren Zustand zu verbessern. Wenn sie bey einem ehrlichen Manne Brot, heitre Tage, Freyheit und Friede haben kann: so handelt sie gerecht gegen sich selbst, wenn sie mit einem solchen Erretter davon geht. Vernunft und Offenbarung rechtfertigen Sie." Meister Bunkel macht, wie wir sehen, kurzen Prozeſs mit den Vätern und den Königen. Giebt der Fürst nicht allen seinen Unterthanen zu essen: ist er nicht ein nach ihrem Urtheil vernünftiges und leutseliges Oberhaupt — gestattet der Vater seinen Töchterchen nicht alle ihre natürliche Freyheit und ein nach ihrem Sinn vergnügtes Leben: so ist der Fürst und der Vater ein Tyrann, und Unterthan und Kind sind aller Pflicht gegen sie entbunden. Herrliches Haus- und Staatsrecht! — Und sieht der stumpfsinnige Mensch denn nicht, daſs die Redensarten vernünftig und leutselig seyn, und natürliche Freyheit und vergnügtes Leben bloſse schale Wörter sind, wobey Unterthanen und Kinder denken können was sie wollen? Sieht er nicht, daſs ihre Launen und Leidenschaften ewig die Ausleger ihrer Rechte und Freyheiten, und die Richter zwischen ihnen und ihrem Fürsten oder Vater seyn würden; und daſs es Unsinn ist, Unterthanen und Kinder zu Richtern in ihrer eigenen Sache zu machen? Zudem so hat uns Bunkel auch nicht einmahl den Schatten eines Beweises gegeben, daſs der alte Dunk mit seiner Tochter als ein Tyrann verfahren sey. Alles beruht auf der bloſsen Aussage eines ehrlosen Kerls, der gleichwohl nichts weiter sagt, als, „Dunk schränke seine Tochter sehr ein, und gehe in allen Stücken grausam mit ihr um." Wer sieht nicht, daſs dieſs in einer Geschichte, sie mag nun wirklich geschehen oder erdichtet seyn, nichts gesagt ist? Man muſs uns sagen, worin der Vater die Tochter einschränkt und was er für Ursachen dazu hat, und in welchen Stücken er grausam mit ihr umgeht, oder, wir wissen nichts bestimmtes von der Sache, und sind berechtigt, alles Böse, was ihm in etlichen allgemeinen Ausdrücken nachgesagt wird, für bare Verläumdung zu halten. Denn *quilibet praesumitur bonus, etc.*

Doch, es ist Zeit aufzuhören! Nach dieser letzten Probe der merkwürdigen Meinungen und des erbaulichen Lebens unsers Helden könnten wir nichts so schlechtes und ungereimtes mehr von ihm berichten, dessen man sich nicht schon zu ihm versehen hätte; und, in der That, das Einzige, was ihm noch übrig blieb, um einem so wohlgeführten Leben die Krone aufzusetzen, war, die Geschichte desselben zu schreiben.

Es ist ein starkes Stück! Und doch begreift sich, daſs ein Mann wie Herr Johann Bunkel dessen fähig war. Aber, wie ein solches Buch unter Britten und

Deutschen Liebhaber finden konnte, in deren
Augen es die Blüthe und Quintessenz eines
Geistes war, der mit Shakespear, Richardson und Sterne in gleicher Reihe geht: diefs
wird wohl, so lange es Buchmacher und Leser
geben wird, eines der unauflöslichsten Räthsel
bleiben.

AUSZÜGE
AUS
JAKOB FORSTERS REISE
UM DIE WELT.

1778.

„Drey verschiedene Seereisen waren unter Georg des III. Regierung bereits, aus der edeln Absicht Entdeckungen zu machen, gethan, als die vierte, auf seinen Befehl, nach einem vollkommnern Plan unternommen ward. Der erfahrenste Seemann unsrer Zeiten, der Kapitän Cook, zwey geschickte Sternkundige, die HH. Wales und Bayley, ein Gelehrter, der die Natur in ihrem Heiligthum studieren, Herr Dr. Johann Reinhold Forster, und ein Mahler der die schönsten Formen derselben nachahmen sollte, Herr Hodges, wurden auf Kosten der Nazion dazu erlesen." Sie haben ihre Reise in den Jahren 1772 — 75 vollbracht, und die unmittelbar folgenden Jahre dazu angewandt, die Welt an ihren verschiedenen Entdeckungen Antheil nehmen zu lassen.

„Die Brittische Regierung schickte und unterhielt den Herrn D. Forster auf dieser Reise als einen Naturkundiger, aber nicht etwa blofs dazu, dafs er Unkraut trocknen und Schmetterlinge fangen: sondern, dafs er alle seine Talente in diesem Fache anwenden und keinen erheblichen Gegenstand unbemerkt lassen sollte. Mit einem Wort, man erwartete von ihm eine filosofische Geschichte der Reise, frey von Vorurtheil und gemeinen Trugschlüssen, worin er seine Entdeckungen in der Geschichte des Menschen und in der Naturkunde überhaupt, ohne Rücksicht auf willkührliche Systeme, blofs nach allgemeinen menschenfreundlichen Grundsätzen darstellen sollte; d. h. eine Reisebeschreibung, dergleichen der gelehrten Welt bisher noch keine war vorgelegt worden."

Es scheint nicht, dafs dieser Plan und diese Absicht, weder was die Reise selbst noch was die Beschreibung derselben betrifft, in ihrem ganzen Umfang und in der Vollkommenheit, die man sich gedacht, ausgeführt worden sey. Aber welcher Mensch, welcher Künstler, welcher andre Unternehmer, von dem, der es versucht einen blofsen Traum seiner Seele im Vorübergehen zu erhaschen, und, was er auf Einmahl gesehen und gefühlt, uns stückweise in Worten vorzubilden, bis zu dem der auf Entdeckung neuer Welten oder auf filosofische Berichtigung älterer Entdeckungen ausgeht, hat jemahls seine Idee vollkommen ausgeführt, seinen Zweck ganz erreicht? Besonders ist das Vorhaben des letztern so unendlich kompliziert, hängt von Augenblick zu Augenblick von so unendlich vielen Umständen, die zum Theil aufser den Grenzen menschlicher Gewalt oder Klugheit liegen, ab, und stöfst bey jedem Schritt auf so unsäglich viele Schwierigkeiten, dafs es ihm schlechterdings

unmöglich ist, sich anders als bedingungsweise zu
Ausführung irgend eines vorgezeichneten Plans
anheischig zu machen.

Ohne in die besondern Umstände des in dem
Vorbericht erwähnten Verfahrens der Englischen
Admiralität, welche dem Herrn D. Forster das
Recht diese Reise zu beschreiben absprach, ein-
dringen zu wollen, freuen wir uns, dafs sein wür-
diger Sohn, Herr Jakob Forster, der auf der ganzen
Reise ein geschickter und muthvoller Gefährte seines
Vaters gewesen war, sich entschlossen, an dessen
Stelle und mit Zuziehung seiner Tagbücher die
gegenwärtige filosofische Beschreibung dieser merk-
würdigen Seereise zu verfertigen.

Es ist immer der Mühe werth, jedem Manne
zuzuhören, der uns seine Reise um die Welt erzählt.
Wenn seine Entdeckungen an sich selbst auch nicht
sehr wichtig wären, so ists uns doch, als ob sie
dadurch einen gröfsern Werth erhielten, dafs sie
ihm so viel gekostet haben, und dafs er oft seine
ganze Existenz daran setzen mufste, um etwas
Neues erzählen zu können. Ist aber der so weit
gereisete Mann noch dazu ein Mann von vorzüglichen Fähigkeiten, aufgeklärtem Geist und Kennt-
nissen, die ihn in den Stand setzten, besser zu
sehen, scharfsinniger zu vergleichen, richtiger
zu schliefsen, als gemeine Seefahrer, um so
schätzbarer werden uns seine Nachrichten; und ist
es vollends noch ein junger Mann, dessen warmes

Herz jeden Eindruck der Natur desto reiner und tiefer auffaſst, den neuen Gegenständen, die sie ihm darstellt, noch mit Liebe entgegen schlägt, und der, wenn er sich des Schönen und Grofsen, so er nicht nur gesehen, sondern auch genossen hat, wieder erinnert, mit Feuer und Begeisterung davon spricht: so weifs ich nicht, welches Gedicht, wenn auch das Werk der reichsten und glänzendsten Einbildungskraft, uns so viel Vergnügen machen könnte als eine solche Reisebeschreibung; zumahl wo das Neue und Wunderbare, das Erstaunliche und Schreckliche, das Schöne und Anmuthige, kurz, alles wodurch der epische und dramatische Dichter die Seele seiner Hörer fafst und in alle Arten sympathetischer Leidenschaften setzt, hier immer abwechselnd sich vereinigen, lebhafte Eindrücke auf uns zu machen, und das Gemüth beständig in einer theilnehmenden Stimmung zu erhalten.

Die Hauptabsicht der Englischen Regierung bey dieser Entdeckungsreise war, sich gänzlich zu vergewissern, ob der fünfte, australische Welttheil, dessen Daseyn schon so lange als höchstwahrscheinlich vorausgesetzt worden, wirklich vorhanden sey oder nicht? Zu diesem Ende war der Kapitän Cook angewiesen: vom Vorgebirg der guten Hoffnung aus, Südwärts zu laufen, und wo möglich, das *Cap de la Circoncision* zu finden, welches Herr *de Loziers - Bouvet*

den 1ten Jenner 1730 im 54ten Grad Südl. Breite
und 11ten Östl. Länge von Greenwich, gesehen
zu haben geglaubt hatte. Fände er solches, so
sollte er untersuchen: ob es nur ein Theil einer
Insel sey, oder ob es zu dem in Hypothesi vorausgesetzten festen Lande gehöre. Im letztern Falle
sollte er von diesem neuen Welttheil alle nur mögliche Erkundigungen einziehen, und besonders auch
mit den Einwohnern freundlichen Umgang pflegen.
Liefs es der Zustand der Schiffe und Lebensmittel
zu, so sollte er die Entdeckungen fortsetzen, und
so weit als nur möglich gegen den Südpol zu dringen suchen. Wäre aber jenes Bouvetsche Vorgebirg nur Theil einer Insel, oder könnt' es gar
nicht gefunden werden: so solle er, so lang er noch
Hoffnung hätte ein grofses oder festes Land zu finden,
südwärts steuern, alsdann aber seinen Lauf nach
Osten richten, um in hohen südlichen Breiten, so
nah am Pol als thunlich, rund um die Welt zu
segeln. Übrigens war ihm, wie natürlich, überlassen, so oft die Jahrszeit den längern Aufenthalt in
hohen Breiten gefährlich machte, sich unter milde
Himmelsstriche an irgend einen bekannten Ort
zurück zu ziehen, und überhaupt, in allen äufsersten Nothfällen nach Gutdünken zu verfahren.

Das Unternehmen, im Bauch des künstlichen
hölzernen Sturmvogels den wir ein Schiff nennen,
durch unbekannte nie befahrne Meere auf Entdekkung einer neuen Erde, neuer Menschen, einer

vielleicht in allen ihren Produkten neuen Natur, auszureisen, hat in der blofsen Idee etwas so über alles was wir kennen, Grofses und Anziehendes; dafs man sich nicht entbalten kann, die Glücklichen, denen ein solcher Vorzug vor so vielen Millionen Menschen zu Theil wird, mit beneidenden Augen anzusehen. In dem blofsen Umstand, nach Vollendung des grofsen Abenteuers sich all der überstandnen unsäglichen Beschwerden und Gefahren wieder zu erinnern, und sich selbst sagen zu können: das alles hast du **erfahren** — das alles hast du **ausgehalten**, liegt eine Quelle von Vergnügungen und herzerhöhendem Selbstgefühl, die allein hinreichend ist, einen Mann auf sein ganzes Leben glücklich zu machen; werth durch edles Daransetzen seines Lebens erkauft zu werden! Indessen ist all das Ungemach, das unsern neuen Argonauten auf dieser kühnen Fahrt nach dem südlichen Polarzirkel aufstiefs, das was sie, aller zum voraus genommenen Verwahrungsmittel ungeachtet, in diesen sturmvollen, kalten, unwirthlichen Weltgegenden wirklich zu leiden hatten, (die immer neuen, immer wachsenden **Gefahren** und fürchterlichen Aussichten in ungewisse aber doch immer vorschwebende noch gröfsere Übel, nicht gerechnet) ich sage, diefs Ungemach, diese Beschwerlichkeiten und Leiden von so mancherley Art sind gleichwohl so beschaffen, dafs bey ihrer blofsen Vorstellung den Herzhaftesten ein Grauen ankommen mufs. Wir können unserm Autor auf diesem Theil seiner Reise, den er, nicht wie ein Seemann sondern wie ein Naturforscher, und wie ein Mensch (mit unter auch wie ein junger Mann, dem das Lesen der Alten und neuern Dichter noch in frischem Andenken liegt) beschreibt, nur von fern und gleichsam mit einem Blicke folgen; wir müfsten alles abschreiben, wenn wir alles bemerkenswürdige ausheben sollten. Seeleute von Profession sind der Stürme und alles Ungemachs, dem sich ein Landthier, wie der Mensch ist, in diesem furchtbaren Element aussetzt, zu gewohnt, und überdiefs im Schreiben meistens zu wenig geübt, um uns Landleuten von solchen Scenen so lebhafte und detaillierte Schilderungen zu machen, wie wir sie verlangen. Hier einer aus unserm Mittel, der uns beschreibt, wie einem Jeden von uns an seinem Platze zu Muthe gewesen wäre; dieser Umstand macht allerdings für Leser von Gefühl jeden Zug seiner Erzählung doppelt interessant. Schon am zweyten Tage nach ihrer Abfahrt aus der Tafelbay (den 24ten Novemb.) gingen die Stürme an, von denen sie nun vier Monate lang wenige einzelne Tage oder Stunden Ruhe haben sollten. Man stelle sich unsern Filosofen vor, dem in dem friedlichen Meere zwischen dem Wendezirkel die Reise um die Welt so leicht und angenehm vorgekommen war — jetzt, wie auf einmahl in den ewigen Sitz heulender Winde und rasender Stürme versetzt, mitten unter fürchterlichen Wogen, die das Schiff aufs heftigste hin und wieder schaukeln, und, indem sie sich häufig über demselben brechen, alles mit einem Platzregen von Seewasser überschwemmen. Wer kein Seemann war (sagt Herr F. mit aller Naivität eines Erdesohnes, der die Linie zum ersten Mahle pafsiert hatte) wufste sich in diese neue Lage gar nicht zu schicken. Zwar gab es, aus Gelegenheit des heftigen Schwankens, wodurch täglich unter den Tassen, Gläsern, Weinflaschen, Schüsseln, Tischen und übrigem Hausgeräthe der Herren Reisenden greuliche Verwüstung angerichtet wurde, mit unter noch Scenen, wobey sie lachen mufsten: aber, das war im Grunde doch nur ein schwacher Ersatz für einen Verlust, der in ihrer Lage eben so wichtig als unersetzlich war. „Das übelste dabey war, dafs die Decken und Fufsboden in allen Kajütten gar nicht trocken wurden; und das Heulen des Sturms im Tauwerk, das Brausen der Wellen, nebst dem gewaltigen Hin- und Herwerfen des Schiffes, welches fast keine Beschäftigung verstattete, waren neue fürchterliche und höchst beschwerliche Scenen. Hierzu kam noch, dafs, ungeachtet sie sich erst im 42° südlicher Breite befanden, die Luft doch schon sehr kalt und scharf zu werden anfing, gleichwie auch der häufige Regen dem Schiffsvolk den Dienst noch schwerer machte." — Indessen war das alles nur Spielwerk gegen das, was ihnen noch bevorstand. Nachdem sie bis zum fünften December immer stürmisches Wetter, an diesem Tage aber, zum ersten Mahle seit ihrer Abreise vom Kap, wieder so gemäfsigten Wind gehabt hatten, dafs die höchsten Bramsegel aufgesetzt werden konnten; fiel am nehmlichen Nachmittag schon wieder Regenwetter ein: in

der Nacht ward es so kalt, dafs der Thermometer
von 44 auf 38° fiel, und Morgens früh gabs etwas
Schnee; der Wind nahm zu, und stürmte den 7ten
so heftig, dafs sie, wiewohl unter Begleitung immer
zunehmender Scharen von Sturmvögeln, nur noch
mit einem Segel fahren konnten. Am 8ten gab ihnen
der sogenannte See-Bambu (*fucus buccinalis Linnei*) der sich in Haufen um das Schiff sehen liefs,
und verschiedne Pinguins, die unter einer Menge
Pintaden und Albatrossen erschienen, Hoffnung, bald
Land zu finden. Denn von dergleichen Felsenkraut,
und besonders von den Pinguins, hatte man sonst
immer geglaubt, dafs sie niemahls fern von der Küste
angetroffen würden. Aber die Erfahrung bewies
jetzt die Unzuverläfsigkeit dieser Zeichen. In der
Nacht vom 9ten fing das Wasser in den Gefäfsen
schon an am Rande zu gefrieren, wiewohl sie noch
nicht weit über dem 50sten Grad südlicher Breite
waren. Den folgenden Morgen war ein grofser Eisklumpen, dem sie kaum noch ausweichen konnten,
das erste was ihnen in die Augen fiel. Ein andrer
von gleicher Gröfse lag dicht vor ihnen, und ein dritter ragte ungefehr zwey Seemeilen vor dem Wind
wie ein weifses Vorgebirg aus dem Meer hervor.
Nachmittags fuhren sie bey einem andern Eisberge
vorbey, der ungefehr 2000 Fufs lang, 400 breit und
200 hoch war. Da die Masse des Eises über dem
Wasser sich zu jener, die unter dem Wasser bleibt,
wie 1 zu 9 verhält: so müfste diefs Stück, gesetzt
dafs es ein regelmäfsiges Viereck gewesen, im Gan-

zen 2000 Fuſs hoch gewesen seyn, und solchemnach 1600 Millionen Kubikfuſs Eis enthalten haben. Am 11ten liefen sie an einer Eisinsel vorbey, die wenigstens eine halbe Englische Meile lang war. Das Thermometer war vorher, wegen des schönen Sonnenscheins, von 36° auf 41 gestiegen; wie sie aber dem Eis gegenüber kamen, sank es nach und nach auf $37\frac{1}{2}$ herab, und sobald sie vorbey waren, stieg es wieder zu 41. Die Wellen brachen sich mit solchem Ungestüm gegen diese Eisinsel, als ob es ein unbeweglich stehender Felsen gewesen wäre, und schlugen, ungeachtet sie nicht viel niedriger als die vorgedachte Eismasse war, dennoch so hoch hinau, daſs der Schaum oft weit über sie hinaus spritzte, welches bey dem schönen Wetter einen herrlichen Anblick gab. Das Seewasser, das solchergestalt aufs Eis gejagt wird, friert wahrscheinlich dort fest, und dieſs kann, wie F. glaubt, zu Erklärung der Entstehungsart und Anhäufung desselben, viel Licht geben.

Der Mensch glaubt leicht was er hofft, und sieht bald was er sehen will. Unsre Abenteurer sollten und wollten ein neues Land entdecken, und wenn es auch nur ein südliches Grönland wäre, wozu ihnen einige Wallfische, die sich zwischen dem Eise zeigten, groſse Hoffnung machten. Sie befanden sich nun gerade unter der Polhöhe, in welcher Bonvet das *Cap de la Circoncision* gefunden haben wollte. Die Menge der Eismassen hatte bisher täglich zugenommen, und die Einbildung des Schiffsvolkes stieg in gleicher Progression. Der geringste Umstand (sagt Herr F.) wenn es auch nur ein schwarzer Fleck am Eise war, machte unsre ganze Aufmerksamkeit rege. Die vor uns liegenden Wolken wurden alle Augenblicke sorgfältig beobachtet, ob nicht irgend eine Bergspitze zum Vorschein käme; denn jeder wollte gern der erste seyn, Land! zu rufen. Unter andern hatte der Glaube an Bouvets Entdekkung die Einbildungskraft eines Schifflieutenants so erhitzt, daſs er einmahl übers andre auf den Mastkorb kletterte, und endlich am 14ten December morgens 6 Uhr dem Kapitän sehr ernsthaft entdeckte, er sehe ganz deutlich Land. Alles kam aufs Verdeck. Wie man aber recht schaute, fand sich, daſs es nichts als ein groſses flaches Eisfeld war, hinter welchem, so weit das Auge reichte, eine Menge Eisinseln von allerley Gröſse und Figuren emporstiegen; und was Einigen Berge schienen, war ein bloſser Effekt der Strahlenbrechung. Indessen konnte doch vielen die Einbildung, daſs sie hier Land gesehen hätten, nicht eher benommen werden, als bis Kapitän Cook im Februar 1775, auf seinem Wege vom Kap Horn nach dem Vorgebirg der guten Hoffnung, just über diesen nehmlichen Fleck wegsegelte, wo aber damahls weder Land noch Eis mehr zu sehen war.

Da unsre Seefahrer nunmehr gegen Süden hin nichts als groſse Eisfelder vor sich fanden und also, ungeachtet verschiedner, immer vergeblicher Versuche, sich zwischen dem Eise durchzuarbeiten, alle Hoffnung aufgeben mufsten, auf diesem Striche weiter vorzudringen: so steuerten sie nun, oft mitten durch grofse Strecken Packeis (gebrochnes Eis) gegen Osten. Schwere Hagel und Schneeschauer verdunkelten die Luft beständig, und sie sahen sich überall von so grofsen Eisinseln umgeben, dafs dieser Anblick ihnen nun schon eben so gemein war als Wolken und See. Indessen verloren sie doch ihre Bestimmung nie aus den Augen, und lenkten ihren Lauf, sobald die See nur irgendwo etwas freyer und offner war, wieder mehr nach Süden; aber immer mit einerley Erfolg. Denn 17ten Januar 1773 pafsierten sie endlich den Antarktischen Zirkel, und traten also in den eigentlichen kalten Erdgürtel der südlichen Halbkugel, der bis dahin noch allen Seefahrern verschlossen geblieben war. Hier fanden sie eine neue Art von Sturmvögeln (*Petrels*) braun von Farbe, mit weifsem Bauch und Rumpf, und mit einem weifsen Fleck auf den Flügeln gezeichnet, nicht mehr einzeln, wie etliche Tage zuvor, sondern bey Zwanzigen und Dreyfsigen auf einmahl; daher sie ihnen den Nahmen des Antarktischen Sturmvogels beylegten. Um fünf Uhr Nachmittags sahen sie mehr als dreyfsig grofse Eisinseln vor sich, und am Horizont einen starken weifsen Schein in der Luft, der noch mehr dergleichen verkündigte. Kurz nachher pafsierten sie durch viel kleines Brucheis, das löcherig, schwammicht und schmutzig aussah, und sich endlich so sehr anhäufte, daſs ungeachtet eines sehr frischen Windes, die wellenförmige Bewegung des Meeres dadurch gehemmt ward, und die See ganz eben zu seyn schien. Ueber dieses Brucheis hinaus aber erstreckte sich gegen Süden, soweit das Auge, vom Mast reichen konnte, ein unabsehliches Feld von festem Eis. Da nun keine Möglichkeit war, auf diesem Striche weiter durchzudringen, ließ Kapitän Cook unter dem 67° 15′ südlicher Breite die Schiffe umwenden und **gegen Nordost zu Nord** steuern. Sie hatten also auf dieser ganzen südlichen Fahrt nirgends Land, und, außer Albatrossen, Pintaden, Pinguins, Sturmvögeln und Wallfischen, keine Spur von lebendigen Wesen angetroffen.

Zwischen dem 19ten und 29sten Januar zeigten sich ihnen wieder einige zweydeutige Anzeigen, daſs Land in der Nähe seyn könnte, z. B. die große **nördliche Mewe** (*Larus Catarractes*) und ein kleiner schwarz und weißer Vogel, der eine Art von **Eisvogel** schien. Weniger zweydeutig schien der Umstand, daſs die See, ungeachtet des frischen Windes, ziemlich ruhig und eben war. Da nun zwey Französische Seefahrer, die Herren von **Kerguelen** und **St. Allouar** im Januar 1772 in dieser Gegend Land entdeckt haben sollten, so gab sich Kapitän Cook viel Mühe, sich von der Richtigkeit dieser Entdeckung zu überzeugen. Wiewohl aber alle seine Versuche fruchtlos abliefen; so scheint doch so viel dar-

aus mit Gewißheit geschlossen werden zu können:
daß jene Französische Entdeckung nichts weiter als
eine kleine Insel, und nicht, wie man vermuthet,
die nördliche Spitze eines unter diesem Himmelsstriche liegenden **großen festen Landes** sey.

Am 8ten Januar verloren sie in einem außeror-
dentlich dicken Nebel ihre bisherige treue Gefährtin,
die **Adventure**, und sahen sich, nach zwey zum
Aufsuchen derselben vergebens angewandten Tagen
genöthigt, in dem wieder begonnenen beschwerlichen und gefahrvollen Lauf nach Süden, allein fort-
zufahren.

In der Nacht vom 16ten, und verschiedene folgende Nächte hinter einander, gab ihnen die Natur,
zu einiger Versüßung ihres Kummers, ein schönes
Feuerwerk zum Besten. Es bestand in langen
Säulen eines hellen weißen Lichts, die sich am östli-
chen Theile des Gesichtskreises fast bis zum Schei-
telpunkt herauf erhoben, und nach und nach über
den ganzen südlichen Theil des Himmels verbreite-
ten. — Kurz, es war eine (noch von keinem Reisenden, wie F. glaubt) bemerkte *Aurora austra-
lis*, und von unsern Nordlichtern bloß darin, daß
sie nie eine andre als weißliche Farbe hatte, verschieden. Die Sterne sah man, wiewohl bey kla-
rem Himmel, entweder gar nicht, oder nur ganz
blaß durchschimmern; und die Luft war dabey so
scharf, daß das Thermometer gemeiniglich auf dem
Gefrierpunkt stand.

Den 24sten Februar beschloſs Herr Cook endlich, da sie unterm 62° südlicher Breite abermahls nichts als Eisfelder antrafen, und die nunmehrige Iahreszeit fernern Entdeckungen in diesen Meeresgegenden allzuungünstig war, für dieſs Mahl nicht weiter nach Süden zu gehen; doch steuerte er bis zum 17ten März, zwischen dem 61 und 58°, noch immer Ostwürts, während welcher Zeit ein Ostwind, der gemeiniglich Nebel und Regen brachte, sie mehr als einmahl in Gefahr setzte, an den hohen Eisinseln zu scheitern. Diese machten jetzt ihren beynahe einzigen, zwar gefährlichen und schauervollen, aber eben dadurch desto interessantern Zeitvertreib aus. „Ihre Gestalt (sagt Herr F.) war mehrentheils sonderbar, und des zertrümmerten Ansehens wegen oft mahlerisch genug. Unter andern kamen wir an einer vorbey, die von auſserordentlicher Gröſse war, und in der Mitte ein Grottenähnliches Loch hatte, das durch und durch ging, so daſs man das Tagslicht an der andern Seite sehen konnte. Einige waren wie Kirchthürme gestaltet; noch andre gaben unsrer Einbildungskraft freyes Spiel, daraus zu machen was sie wollte, und dienten uns die Langeweile zu vertreiben; weil der tägliche Anblick von Seevögeln, Meerschweinen, Seehunden und Wallfischen den Reitz der Neuheit längst verloren hatte."

Ungeachtet aller der guten (im Vorbericht dieses Werks umständlich angegeben) Präservative, womit sie sich auf die Reise ausgerüstet, nahmentlich des

Sauerkrauts, und der Bierwürze, wovon sie
die besten Dienste erfahren hatten, zeigten sich nun
bey einigen ihrer Leute starke Symptome von Scharbock, und alle waren des Ungemachs, das sie seit
ihrer Abreise vom Vorgebirg in diesen stürmischen
und kalten Himmelsgegenden ausgestanden, von Herzen überdrüfsig. Auch die Landthiere, die sie am
Bord hatten, konnten's nicht länger ausdauern. Ihre
Schafe, die zum Geschenk an die Einwohner der Südseeinseln bestimmt waren, waren krätzig geworden
und wollten nicht mehr fressen; und die Ziegen und
Schweine hatten zwar geworfen, aber die Jungen
kamen entweder todt zur Welt, oder verklammten
bald darauf vor Kälte. Da es bey so bewandten Umständen hohe Zeit für sie war, die höhern südlichen
Breiten zu verlassen und einem Erfrischungsorte zuzueilen: so richteten sie ihren Lauf Nordostwärts, in
der Absicht, das Südende von Neu-Seeland zu
erreichen.

Herr F. stellt hier alle die Mühseligkeiten, die
sie auf dieser ihrer ersten Fahrt gegen den Südpol
überstanden, so zusammen, dafs sie die Skizze zu
mehr als Einer grofsen Schilderey für künftige Mahler und Dichter enthalten, die sich diese Reise zu
Nutze zu machen wissen werden, um die Natur von
ganz neuen Seiten darzustellen. — Wir wollen ihn
wieder selbst reden lassen. — „Die schrecklichen
Wirkungen und Folgen fürchterlicher Stürme, die der
treffliche Geschichtschreiber von Ansons Reisen

mit so natürlichen schwarzen Farben geschildert hat, waren gewisser Mafsen nur die geringsten unsrer Plagen. Noch aufser diesen mufsten wir mit der Strenge eines ungewöhnlich rauhen Klima's kämpfen; Matrosen und Officiere waren beständig Regen, Hagel, oder Schnee ausgesetzt; das Tau-und Takelwerk war durchaus mit Eis überzogen, und wehe den Händen, die daran arbeiten mufsten! Unser Vorrath von frischem Wasser konnte nicht anders als mit Treibeis ersetzt werden, und das Aufnehmen desselben aus eiskaltem Seewasser ging ohne erfrorne und blutige Hände nicht ab. Unaufhörlich mufsten wir befürchten gegen die hohen Eismassen anzulaufen, womit der unermefsliche südliche Ocean gleichsam angefüllt ist; und dergleichen Gefahr kam oft so schnell und vielfältig, dafs die Leute selten ihre gewöhnliche Ruhestunden geniefsen konnten, sondern den Wachthabenden alle Augenblicke zu Hülfe kommen mufsten. — Zu diesen Unanmehmlichkeiten gesellte sich noch die düstre Traurigkeit, die unter dem Antarktischen Himmel herrscht, wo sie oft ganze Wochen lang in undurchdringliche Nebel verhüllt zubringen mufsten, und des erfreulichen Anblicks der Sonne nur selten theilhaft wurden; ein Umstand, der allein schon vermögend ist, den Entschlossensten und Lebhaftesten niedergeschlagen zu machen. u. s. w."

Man kann sich also leicht vorstellen, wie entzükkend ihnen, nach einer mit so viel Mühseligkeit und Elend verknüpften Fahrt von hundert und zwanzig

Tagen, der Anblick der Küste von Neu-Seeland seyn
mufste, an deren äufsersten Nordwestlichen Spitze (der
einzigen, welche Kapitän Cook auf seiner ersten
Reise noch nicht untersucht hatte) sie den 26sten
März 1773. anlangten. Die Scene, die uns Herr F.
hier schildert, durch das Medium der vorherigen Beschreibung, und also aus der Seele unsrer Seefahrer,
gesehen und gefühlt, hat (nach meinem Gefühl wenigstens) so viel Anziehendes, und, beide zusammen,
machen, ohne Kunst der Komposizion, durch die blofse
Wahrheit der Natur, ein so grofses rührendes Ganzes, dafs wir uns nicht enthalten können, die ganze
Stelle abermahls mit den eignen Worten unsers Ge-
schichtschreibers herzusetzen.

„Das Wetter war schön, und in Verhältnifs zu
demjenigen, das wir bisher hatten empfinden müssen,
recht erquickend warm. Sanftwehende Winde führ-
ten uns nach und nach bey vielen felsichten Inseln
vorbey, die alle mit Bäumen und Buschwerk überwachsen waren, deren mannigfaltiges dunkleres Im-
mergrün mit dem durch die Herbstzeit verschiedentlich schattierten Grün des übrigen Laubes mahlerisch
vermischt war, und sehr angenehm gegen einander
abstach. Ganze Scharen von Wasservögeln belebten
die felsichten Küsten, und das Land ertönte überall
vom wilden Gesang der gefiederten Waldbewohner.
Je länger wir uns nach Land und frischen Gewäch-
sen gesehnt hatten, desto mehr entzückte uns nun
dieser Prospekt, und die Regungen der innigsten Zu-

friedenheit, welche der Anblick dieser neuen Scene durchgängig veranlaſste, waren in eines jeden Augen deutlich zu lesen. Um drey Uhr Nachmittags kamen wir endlich unter der Spitze einer Insel vor Anker — wo wir der Küste so nah waren, daſs man sie mit einem kleinen Tau erreichen konnte. Kaum war das Schiff in Sicherheit, als unsre Matrosen ihre Angeln auswarfen; und in wenig Augenblicken sah man an allen Seiten des Schiffs eine Menge vortrefflicher Fische aus dem Wasser ziehen, deren vielversprechender Anblick die Freude über unsre glückliche Ankunft in der Dusky-Bay ungemein vermehrte. Da wir so lange darauf gefastet hatten, so war es kein Wunder, daſs uns diese erste Neu-Seeländische Mahlzeit als die herrlichste in unserm ganzen Leben vorkam. Zum Nachtisch ergetzte sich das Auge an der vor uns liegenden wildnifsartigen Landschaft, die Salvator Rosa nicht schöner hätte zusammensetzen können. Sie war ganz im Geschmack dieses Künstlers, und bestand aus Felsen mit Wäldern gekrönt, deren Alter in die Zeiten vor der Sündfluth hinauf zu reichen schien, und zwischen welchen sich aller Orten Wasserbäche mit schäumendem Ungestüm herabstürzten. Doch hätte es bey weitem nicht so vieler Schönheit bedurft, um uns zu entzücken; denn nach einer so langen Entfernung vom Lande ist es wahrlich sehr leicht, selbst die ödeste Klippe für das herrlichste Land in der Schöpfung anzusehen. Und aus diesem Gesichtspunkt muſs man auch die feurigen Beschreibungen der wilden Klippen von Juan Fernandez und der undurchdringlichen Wälder von Timan in Ansons Reise um die Welt betrachten."

Da die an Dusky-Bay angrenzende Gegend ihnen alle ihrem gegenwärtigen Bedürfnifs angemefsnen Bequemlichkeiten anbot, so beschlofs Kapitän Cook, hier einige Zeit zu verweilen. Unsre Naturforscher wandten diese Zeit an, sich mit den Reichthümern der Natur so bekannt zu machen, als es die schon ziemlich weit fortgerückte herbstliche Jahreszeit zuliefs.

Der Hafen, wo sie vor Anker lagen, war eine kleine Bucht, so nah am Ufer, dafs es mit einem Gerüste von wenigen Planken erreicht werden konnte. Die Natur selbst schien ihnen den Zugang durch einen grofsen Baum erleichtern zu wollen, der vom Ufer aus, in horizontaler Richtung, schief über das Wasser hin gewachsen war. Am Ufer selbst fanden sie nicht weniger Bequemlichkeit für das, was jetzt ihre dringendsten Bedürfnisse ausmachte. Die Bäume standen so nah am Schiffe, dafs die Äste bis an die Masten hinreichten, und ein schöner Strom frischen Wassers flofs nur einen Pistolenschufs weit hinter dem Schiffe. Sie liefsen es nun ihre erste Arbeit seyn, einen nahgelegnen Hügel von Holz kahl zu machen; um die Schmiede und Sternwarte daselbst aufzustellen, und zugleich wurden für die Segelmacher, Böttcher, Wasserträger und Holzhauer am Wasserplatz Zelte aufgeschlagen. Diese Arbeiten gaben ihnen

Gelegenheit, bald genug von der allzugünstigen
Meinung zurückzukommen, die sie in der Entzükkung des ersten Anblicks von diesem Lande gefaſst
hatten. Denn die ungeheure Menge von Schlingstauden, Dornen, Strauchwerk und Farnkraut,
womit die Wälder überall durchwachsen und überlaufen waren, machte es ungemein mühsam, ein
Stück Landes zu reinigen. In der That (sagt unser A.)
ist es nicht nur historisch wahrscheinlich, daſs in
diesem südlichen Theile von Neu-Seeland die
Wälder noch unangetastet in ihrem ursprünglich
wilden ersten Stande der Natur geblieben sind;
sondern der Augenschein beweist solches beynahe
unläugbar. Wir fanden es nicht nur, des obgedachten überhand genommenen Unkrauts wegen,
fast unmöglich darin fortzukommen: sondern es
lag auch überall eine Menge von verfaulten Bäumen im Wege, die entweder vom Wind umgeworfen, oder vor Alter umgefallen, und durch die
Länge der Zeit zu einer fetten Holzerde geworden
waren, aus welcher bereits neue Generazionen von
jungen Bäumen, parasitischen Pflanzen, Farnkräutern und Moosen reichlich wieder aufsproſsten.
Oft bedeckte eine täuschende Rinde das innere
verfaulte Holz eines solchen umgefallnen Stammes,
und wer es wagte darauf zu treten, fiel gemeiniglich bis mitten an den Leib hinein. Auch das
Thierreich lieferte seiner Seits einen Beweis, daſs
dieser Theil des Landes bis jetzt noch keine Veränderung von Menschen erlitten haben müsse;

denn eine Menge kleiner Vögel schienen noch nie
eine menschliche Gestalt gesehen zu haben, so
unbesorgt blieben sie auf den nächsten Zweigen
sitzen, oder hüpften wohl gar auf den äuſsersten
Enden unsrer Vogelflinten herum, und betrachteten
uns als fremde Gegenstände mit einer Neugierigkeit,
die der unsrigen einiger Maſsen gleich kam."

Es ist leicht zu erachten, daſs es in einem so
beschaffnen Lande an neuen Gegenständen für
unsre Naturforscher nicht fehlen konnte. Zwar
setzte ihnen theils eben diese Wildheit desselben
(indem das ganze Land um die Dusky- oder Däm-
merungs-Bay [1]) aus steilen felsichten Bergen
besteht, die durch Klüfte von einander abgesondert
und unterhalb mit dicken Wäldern bewachsen sind)
theils die Jahrszeit und das fast immer nasse Wetter groſse Schwierigkeiten entgegen. Indessen
wurde ihre Mühe doch durch Entdeckung vieler
neuer Pflanzen- und Vögel-Arten, und durch den
Anblick groſser herrlichen Naturscenen belohnt,
unter denen wir, unsrer Absicht gemäſs, nur die
mahlerische Beschreibung eines Wasserfalls, mit
den Worten des Verfassers mittheilen wollen.

[1] Kapitän Cook hatte ihr diesen Nahmen schon auf
seiner ersten Reise um Neu-Seeland, wo er sie nur gesehen, beygelegt. An der Stelle wo das Schiff jetzt vor
Anker lag, verursachte das vom Ufer herabhängende Buschwerk eine solche Dämmerung, daſs es in den Kajüten, selbst
bey hellem Wetter, immer dunkel blieb, und man bey
bewölktem Himmel oft am Mittage Licht anstecken muſste.

Als sie, nach einem Wege von anderthalb Englischen Meilen, bey demselben angelangt waren, mufsten sie den Berg, von welchem er sich stürzte, wenigstens 600 Fufs hoch hinanklettern, eh sie ihn völlig zu Gesichte bekamen. Von dort aus fanden sie die Aussicht grofs und prächtig. Das erste was ihnen in die Augen fiel, war eine klare Wassersäule, die etwa 24 bis 30 Fufs im Umfang hält, und sich mit reifsendem Ungestüm über einen senkrechten Felsen aus einer Höhe von ungefehr 300 Fufs herabstürzt. Am vierten Theile der Höhe trifft diese Wassersäule auf ein hervortretendes Stück desselben Felsen, der von da an etwas abhängig wird, und schiefst sodann, in Gestalt einer durchsichtigen, ungefehr 75 Fufs breiten Wasserwand, über den durchscheinenden flachen Felsenrücken hinweg. Während des schnellen Herabströmens fängt das Wasser an zu schäumen, und bricht sich an jeder hervorragenden Ecke der Klippe, bis es unterhalb in ein schönes Becken stürzt, das ungefähr 180 Fufs im Umfang hält, und an drey Seiten durch eine ziemlich senkrechte Felsenwand, vorn aber von grofsen unordentlich übereinander gestürzten Steinmassen eingeschlossen ist. Zwischen diesen drängt es sich wieder heraus, und fällt am Abhang des Berges schäumend in die See herab. Mehr als 300 Fufs weit (führt Herr F. fort) fanden wir die Luft umher mit Wasserdampf und Dunst angefüllt, der von dem heftigen Fall entsteht, und so dicht war, dafs er unsre Kleider in

wenigen Minuten dermaßen durchnäßte, als ob
wir in dem heftigsten Regen gewesen wären. Wir
ließen uns aber diese kleine Unannehmlichkeit nicht
abhalten ein so schönes Schauspiel noch von mehrern Seiten zu betrachten und stiegen zu solchem
Ende auf die höchsten Steine vor dem Bassin.
Wenn man von hieraus in dasselbe herab sah, so
zeigte sich ein vortrefflicher Regenbogen, der bey
hochstehender Mittagssonne in den Dünsten der Kaskade völlig zirkelrund und sowohl vor als unter uns
zu sehen war. Außer und neben diesem Licht- und
Farbenkreise war der Wasserstaub mit Prismatischen
Farben, aber in verkehrter Ordnung, gefärbt. Zur
Linken dieser herrlichen Scene stiegen schroffe
braune Felsen empor, deren Gipfel mit überhängendem Buschwerk und Bäumen gekrönt waren.
Zur Rechten lag ein Haufen großer Steine, den
allem Ansehn nach die Gewalt des vom Berge
herabströmenden Wassers zusammen gethürmt
hatte. Über diesem hinaus erhob sich eine abhängige Felsenschicht zu einer Höhe von 150 Fuß,
und auf dieser war eine 75 Fuß hohe senkrechte
Felsenwand mit Grün und Buschwerk überwachsen.
Weiter zur Rechten sah man Gruppen von gebrochnem Felsen, durch Moos, Farnkraut, Gras und allerley Blumen verschiedentlich schattiert, den dort herkommenden Strom aber zu beiden Seiten mit Bäumen
eingefaßt, die, vermöge ihrer Höhe von ungefehr
40 Fuß, das Wasser deckten. Das Getöse des Falls
war so heftig und hallte von den benachbarten Felsen

so stark zurück, daſs man keinen andern Laut davor unterscheiden konnte. Die Vögel schienen sich deshalb etwas davon entfernt zu halten; weiter hin aber ließ sich die durchdringend helle Kehle der Drosseln, die tiefere Stimme des Bartvogels (*Wattle Bird*) und der bezaubernde Gesang verschiedner **Baumläufer** an allen Seiten hören, und machte die Schönheit dieser wilden romantischen Gegend vollkommen. Als wir uns umwandten, sahen w i r die weite Bay, mit kleinen waldichten Inseln besät, unter uns; über sie hinaus an der einen Seite das feste Land, dessen hohe mit Schnee bedeckten Berge bis an die Wolken reichten; an der andern aber verlor sich das Auge in den unabsehlichen Flächen des Oceans. Dieser Prospekt (setzt Herr F. hinzu) ist so bewundernswürdig groſs, daſs es der Sprache an Ausdrücken fehlt, die Majestät und Schönheit desselben der Natur gemäſs zu beschreiben, und daſs nur der künstliche Pinsel des auf diese Reise mit ausgeschickten Mahlers **Hodges** im Stande war, dergleichen Scenen mit meisterhafter Täuschung nachzuahmen.

Die Kenntniſs, die wir von den Einwohnern von Neu-Seeland durch Kapitän Cooks erste Reise bekommen, hat durch diesen zweyten Besuch keinen sonderlichen Zuwachs erhalten. Die Dusky-Bay, in deren Gegend sie sich meistens aufhielten, macht einen Theil des südlichen Endes der Insel **Tovy-Poännemu**, oder der südlichen Hälfte von Neu-Seeland aus, auf welcher man im Jahre 1770 gröſs-

tentheils gar keine Einwohner augetroffen hatte.
Dieser Umstand, nehmlich die wenige Bevölkerung
dieses wildern und gebirgigern Theiles von Neu-Seeland, hat sich auch durch diesen zweyten Besuch
bestätigt. Unsre Reisenden faſsten zwar Anfangs
eine beſsre Hoffnung, da sie wenige Tage nach ihrer
Ankunft ein paar Kähne mit Indianern zu sehen
bekamen; allein diese (deren Zahl sich zusammen
nicht über vierzehn erstreckte) waren so scheu, daſs
sie weder durch Freundschaftszeichen zum Annähern
noch durch die in ihren Hütten und Kähnen zurück-
gelaſsnen Geschenke zum Wiederkommen zu bewegen waren. Einige Tage hernach aber kam der Kapitän, da er mit den beiden Herren Forstern und dem
Mahler Hodges in einem Boot ausgefahren war, um
die Nordseite der Bay genauer zu untersuchen und
Zeichnungen aufzunehmen, bey einer kleinen Insel,
die eine weit hervorragende Felsenspitze hatte, vorbey, wo sie einen Menschen sehr laut rufen hörten.
Dieſs bewog sie näher heran zu kommen, und da
zeigte sichs, daſs es ein Indianer war, der, mit einer
Streitaxt bewaffnet, auf der Felsenspitze stand; und
hinter ihm erblickten sie in der Ferne, am Eingang
eines Waldes, zwey mit Speren bewaffnete Frauenspersonen. Sie riefen ihm in der Sprache von O-Tahiti
(von welcher die Neu-Seeländische nur ein Dialekt
ist) freundschaftlich zu, näher zu kommen; er blieb
aber unbeweglich auf seine Keule gelehnt stehen,
und hielt in dieser Stellung eine lange Rede, die er
bey verschiednen Stellen mit groſser Heftigkeit aus-

sprach und alsdann auch zugleich die Keule um den
Kopf schwenkte. Herr Cook fuhr fort, ihm sein
Tayo, harre mai (Freund, komm her) zuzurufen, und ihm zugleich einige Schnupftücher zuzu-
werfen; aber ohne Wirkung. Endlich stieg Cook,
unbewaffnet und blofs mit einigen Bogen weifsem
Papier ²) in der Hand, auf den Felsen, und reichte
dem Wilden das Papier hin. Dieser zitterte nun am
ganzen Leibe, nahm zwar das Papier an, verlor aber
seine Furcht nicht eher, als bis der Kapitän seine
des Indianers Nase mit der seinigen berührte, welches in Neu-Seeland die Art einander zu grüfsen ist.
Dieses Merkmahl von Freundschaft machte den Wilden auf einmahl so zahm und zutrauisch, dafs er
sogleich den beiden Weibern rief herbeyzukommen.
Diefs thaten sie auch ungesäumt, und es erhob sich
nun zwischen den Indianern und Herrn Cook und
seinen Begleitern eine Unterredung, die um so viel
interessanter war, weil — kein Theil den andern
recht verstand. Herr Hodges zeichnete indessen
ihre Gesichter ab. Der Mann hatte ein ehrliches
gefälliges Ansehen, und die eine von den beiden
Frauenspersonen, die sie für seine Tochter hielten,
sah gar nicht so unangenehm aus, als sich's Herr
Forster von einer Neu-Seeländerin vermuthet hatte;
die andre hingegen war desto häfslicher, und hatte

2) Denn die weifse Farbe ist auch in Neu-Seeland ein
Friedenszeichen, wovon Herr Forster verschiedne Beyspiele
anführt.

ein ungeheures garstiges Gewächs an der Oberlippe. Sie waren alle olivenfarbig, schwarz und lockicht von Haaren, und am obern Theile des Körpers wohl gebildet; die Beine hingegen aufserordentlich dünne, übel gestaltet und krumm — welches sie in der Folge bey allen andern Neu-Seeländern, die ihnen zu Gesicht kamen, eben so fanden. Man bot den Indianern einige Fische und Enten an, sie warfen solche aber zurück, und gaben zu verstehn, dafs sie daran keinen Mangel hätten. Da die einbrechende Nacht unsre Reisenden zum Abschied nöthigte, sah ihnen der Mann in ernsthafter Stille und mit einer Aufmerksamkeit nach, welche tiefes Nachdenken anzuzeigen schien; das junge Mädchen hingegen, die während ihrer Anwesenheit in einem fort, und mit so geläufiger Zunge als keiner von ihnen je gehört zu haben sich erinnerte, geplaudert hatte, fing nunmehr an zu tanzen, und fuhr fort eben so laut zu seyn als vorher. Des folgenden Tages kehrten sie mit Geschenken von Beilen, Nägeln und andern Sachen zu diesen Indianern zurück. Der Mann begriff nicht nur beym ersten Anblick den vorzüglichen Werth und Gebrauch der Beile und grofsen Nägel, sondern sah auch überhaupt alles mit Gleichgültigkeit an, was ihm keinen Nutzen zu haben schien. Ein Zeichen einer vorzüglichen Sagacität und Beurtheilungskraft: uns dünkt es blofs ein Zeichen, dafs ihm der Gebrauch der Beile und Nägel schon bekannt war. Denn aus allem, was Herr F. von ihm erzählt, ist zu vermuthen, dafs er sich in

dieser wilden Gegend blofs als ein Flüchtling aufhielt,
der vor seinen Feinden sonst nirgends sicher war.
Sie lernten bey diesem Besuche seine ganze Familie
kennen, die aus zwey Frauen (worunter die mit dem
Gewächs an der Lippe war) dem obgedachten jungen
Mädchen, einem Knaben von etwa funfzehn Jahren,
und drey kleinen Kindern bestand, wovon das jüngste
noch an der Brust lag. Es wäre zu wünschen, dafs
unser Filosof diese kleinen Kinder werth geachtet
hätte, sie genauer zu besehen; wäre es auch nur
gewesen, um uns deutlicher zu machen, ob die Un-
gestalt der Neu-Seeländer an den Schenkeln, Knieen
und Beinen ein Werk der Natur oder zufälliger Umstände sey. Sie gingen mit diesen Indianern nach
ihrer Wohnung, die wenige Schritte im Walde lag,
und aus zwey Hütten von der simpelsten und primi-
tivsten Bauart bestand. Denn es waren blofs etliche
pyramidenförmig in der Spitze zusammengelehnte Stangen, mit Blättern ihrer Flachspflanze und drüberher
mit Baumrinde gedeckt. Um die Geschenke des Herrn
Cook zu erwiedern, liefsen sie sichs etliche Streitäxte
kosten; von den Speeren, die ihnen das Unentbehr-
lichste scheinen mochten, wollten sie keinen abgeben.
Die zwischen dieser indianischen Familie und unsern
Seefahrern angefangene Freundschaft wurde durch verschiedne Besuche und Gegenbesuche fortgesetzt: sie
konnten es aber, ungeachtet einer ihrer Seesoldaten
ziemlich viel von der Landessprache verstehen wollte,
nie bis zu einer mündlichen Unterredung bringen,
weil diese Familie eine besonders harte und unver-

ständliche Aussprache hatte. Vielleicht war es ein besonderer Dialekt, der in einer Gegend gesprochen wurde, wohin Herr Cook auf seiner ersten Reise nicht gekommen war, und wo das Haupt dieser Familie vor der Revoluzion, die vielleicht seine Horde zerstört und ihn selbst in diese kleine Insel am wildesten und unbewohntesten Ende des Landes zu flüchten gezwungen, eine angesehene Person oder gar einen Anführer vorgestellt hätte. Vielleicht hatten die Feinde seines Hippäh, oder seiner Horde, den über sie erlangten Sieg den Beilen und Nägeln zu danken, die sie bey Cooks erstem Aufenthalt in Neu-Seeland bekommen; und so erklärte sich dann auf eine ganz natürliche Art sowohl sein oben bemerktes nachdenkendes Wesen, als der Werth, den er sogleich beym ersten Anblick auf Beile und Nägel zu setzen schien. Ein Umstand, der die Vermuthung, daſs dieser Neu-Seeländer kein gemeiner Mann gewesen, wahrscheinlicher macht, scheint dasjenige zu seyn, was Herr F. bey Gelegenheit eines Besuchs den er auf dem Schiffe ablegte, von seiner natürlichen Unerschrockenheit erzählte: da er nehmlich, wie er ihre Leute schieſsen sah, Lust bekam es auch zu versuchen; und ungeachtet das junge Mädchen, seine vermeinte Tochter, ihn fuſsfällig mit den gröſsten Zeichen der Angst davon abzuhalten suchte, das Gewehr drey oder viermahl hinter einander abfeuerte, ohne einige Furcht blicken zu lassen. Auch von diesem Mädchen, das er damahls ganz allein mit sich auf das Schiff genommen hatte, und das, so wie er selbst, mit einem Sper bewaffnet war, erzählt uns der Verfasser einen merkwürdigen Zug. Sie hatte, verschiedne Tage zuvor, als unsre Reisenden zu ihnen an ihr Ufer hinübergekommen waren, eine besondre Neigung und Zudringlichkeit zu einem jungen Matrosen gezeigt, den sie, ihrem Betragen nach, für eine Person ihres Geschlechts zu halten schien; nachher aber wollte sie ihm, ohne daſs man eine andre Ursache errathen konnte, als daſs er sich vielleicht einige Freyheiten bey ihr herausgenommen, nie wieder erlauben ihr nahe zu kommen. An Menschen, mit denen man nicht reden kann, wird alles zu Räthsel. Was unsre obige Vermuthung am meisten zu bekräftigen scheint, ist dieſs, daſs diese Familie mit allen von den Europäern empfangenen Geschenken eines Morgens, in Abwesenheit des Kapitän Cook, auf einmahl unsichtbar wurde. Der Mann (sagte das Schiffsvolk) hätte bey seinem Abzug durch Zeichen zu verstehen gegeben, er wolle auf s Todtschlagen ausgehen, und dazu die Beile gebrauchen. Vermutblich glaubte er sich nun im Stande, seine zerstreuten Anhänger wieder zusammen zu bringen, sie vortheilhafter zu bewaffnen, und solchergestalt wieder die Oberhand über seine Feinde zu erhalten.

Aufser dieser Familie kamen unsern Abenteurern nur wenige andre Eingeborne zu verschiednen Zeiten und an verschiednen Orten zu Gesichte, so daſs die ganze Bevölkerung der Dusky-Bay sich vielleicht nicht über drey oder vier Familien erstreckte. Ungeachtet dieser geringen Anzahl, schienen diese Indianer den Gedanken „daſs sie sich verkriechen müſsten" nicht ertragen zu können; wenigstens verstekken sie sich nicht, ohne vorher versucht zu haben, ob sie mit den Fremden in Verbindung kommen, und erfahren können, wie sie gesinnt sind. Bey der Menge von Inseln und Buchten, und der dicken Wälder wegen, die es hier giebt, würde es uns (sagt Herr F.) unmöglich gewesen seyn, die Familie ausfündig zu machen, die wir auf der kleinen Insel sahen, wenn sie sich nicht selbst entdeckt und die ersten Schritte zur Bekanntschaft gethan hätte. Auch würden wir diese Bucht hier (diejenige wo sie noch mit zwey oder drey Familien bekannt wurden) verlassen haben, ohne zu wissen dafs sie bewohnt sey, wenn die Einwohner bey Abfeurung unsers Gewehrs uns nicht zugerufen hätten. In beyden Fällen liefsen sie, meines Erachtens, eine offenherzige Dreistigkeit und Ehrlichkeit blicken, die ihrem Karakter zur Empfehlung gereicht; denn hätte selbiger die mindeste Beymischung von heimtückischem Wesen gehabt, so würden sie (was ihnen sehr leicht gewesen wäre) gesucht haben uns unversehens zu überfallen. u. s. w. In der That läfst sich aus allem, was man uns von den Neu-Seeländern meldet, der Schlufs ziehen, dafs eine Anlage in ihnen liegt, aus welcher durch Kultur eine sehr edle Art von Menschen werden könnte. Indessen wissen wir doch von ihren dermaligen Sitten und Gebräuchen unsern verfeinerten Landesleuten kaum etwas anders zur Nachahmung anzupreisen, als die Mode einander mit, Berührung der Nasen zu grüfsen, oder, wie es die

Englischen Matrosen nennen, einander zu nasen; und wir können nicht umhin, anstatt des minder ehrerbietigen und allzuvertraulichen Küssens (welches überdiefs zuweilen noch andre Unbequemlichkeiten hat) die Einführung des Nasens, beym Grüfsen und Abschiednehmen, in Vorschlag zu bringen.

Eh wir Dusky-Bay verlassen, sey uns erlaubt noch ein Gemählde von derjenigen Art, worin unser Verfasser ein Meister ist, auszuziehen, das die Veränderung betrifft, die ein einziges Europäisches Schiff in wenigen Tagen in der Gestalt dieses wilden Heiligthums der Natur hervor brachte. Ein Gemählde, das uns dadurch um so viel lieber wird, weil es, beynahe sollte man denken, ohne Absicht des Verfassers, ein wahres Bild der grofsen menschlichen *Vanitas Vanitatum*, und gleichsam ein kurzer Auszug ist der ganzen Geschichte unserer hochgerühmten Künste und des ewigen Entstehens und Verschwindens aller Werke, womit Menschenwitz und Menschenhände den Erdboden zieren und — verunzieren.

„Die Vorzüge einer civilisierten Verfassung über den rohen Zustand des Menschen fielen durch nichts deutlicher in die Augen (sagt unser Verfasser) als durch die Veränderung und Verbesserungen, die auf dieser Stelle (die sie nun im Begriff waren wieder zu verlassen) vorgenommen worden waren. In wenig Tagen hatte eine geringe Anzahl unsrer Leute das Holz von mehr als einem Morgen Landes weggeschafft, welches funfzig Neu-Seeländer mit ihren steinernen Werkzeugen in drey Monaten nicht würden zu Stande gebracht haben. Den öden wilden Fleck, wo sonst unzählbare Pflanzen sich selbst überlassen wuchsen und wieder vergingen, hatten wir zu einer lebendigen Gegend umgeschaffen, in welcher 120 Mann unablässig auf verschiedene Weise beschäftigt waren:

quales apes aestate nova etc. *Virgil.* 3)

Wir fällten Zimmerholz, das ohne Uns durch Zeit und Alter umgefallen wäre und verfault seyn würde, und unsre Bretschneider sägten Planken daraus, oder es ward zu Brennholz gehauen. Hier, an einem rauschenden Bache, dem wir einen bequemern Ausfluſs in die See verschafften, stand die Arbeit unsrer Böttcher, ganze Reihen von neuen oder ausgebesserten Fässern, um mit Wasser gefüllt zu werden. Dort dampfte ein groſser Kessel, in welchem aus inländichen bisher nicht geachteten Pflanzen ein gesundes Getränke für unsre Arbeiter gebrauet wurde. Ohnweit davon kochten unsre Leute vortreffliche Fische für ihre Kameraden, die zum Theil an den Aussenseiten und Masten des Schiffes arbeiteten, um solches zu reinigen, zu kalfatern und das Tauwerk wieder in Stand zu setzen. So verschiedne Geschäfte belebten die Scene und ließen sich mit mannigfalti-

---

3) Das Gleichniſs thut hier unstreitig das Beste — und beweist am Ende doch, daſs die Menschen, um das Gemählde ihrer künstlichen Geschäftigkeit zu verschönern, der Natur die Farben abborgen müssen.

gem Geräusche hören, indefs der benachbarte Berg von den abgemefsnen Schlägen der Schmiedehämmer laut wiederhallte. Selbst die schönen Künste blühten in dieser neuen Kolonie auf. Ein Anfänger in der Kunst zeichnete hier in seinem Noviziat die verschiednen Thiere und Pflanzen dieser unbesuchten Wälder; die romantischen Prospekte des wilden rauhen Landes hingegen standen mit den glühenden Farben der Schöpfung geschildert da, und die Natur verwunderte sich gleichsam, auf des Künstlers Staffeley so richtig nachgeahmt zu erscheinen. Auch die höhern Wissenschaften hatte diese wilde Einöde mit ihrer Gegenwart beehrt. Mitten unter den mechanischen Werkstätten ragte eine Sternwarte empor, die mit den besten Instrumenten versehen war, durch welchen der Sternkundigen wachender Fleifs den Gang der Gestirne beobachteten. Die Pflanzen, die der Boden hervorbrachte, und die Wunder des Thierreichs in Wäldern und Seen beschäftigten die Weltweisen, deren Stunden bestimmt waren, ihren Unterschied und Nutzen auszuspähen. Kurz, überall, wo wir nur hin blickten, sah man die Künste aufblühen, und die Wissenschaften tagten in einem Lande, das bis jetzt noch eine lange Nacht von Unwissenheit und Barbarey bedeckt hatte. — Allein diefs schöne Bild der erhöhten Menschheit und Natur war von keiner Dauer. Gleich einem Meteor verschwand es fast so geschwind als es entstanden war. Wir brachten unsre Instrumente und Werkzeuge wieder zu Schiffe, und liefsen kein Merkmahl unsers Hierseyns, als ein Stück Land, das von Holz entblöfst war. Zwar hatten wir eine Menge von Europäischem Gartengesäme der besten Art daselbst ausgestreut; allein das Unkraut umher wird jede nützliche Pflanze bald genug wieder ersticken, und in wenig Jahren wird der Ort unsers Aufenthalts nicht mehr zu kennen, sondern zu dem ursprünglichen chaotischen Zustande des Landes wieder herabgesunken seyn. *Sic transit gloria mundi!* Augenblicke oder Jahrhunderte der Kultur machen in Betracht der vernichtenden Zukunft keinen merklichen Unterschied."

Den 5ten May 1773 segelten unsre Abenteurer aus Dusky-Bay in Neu-Seeland nach dem aus Kapitän Cooks erster Reise bekannten Charlotten-Sund, wo sie den 18ten anlangten, und die nicht mehr gehoffte Freude hatten, die Adventure, von der sie den 8ten Januar während eines ausserordentlichen Nebels getrennt worden waren, wieder zu finden. Sie hielten sich nicht länger hier auf, als vonnöthen war, um beide Schiffe wieder segelfertig zu machen.

Das meiste, was Herr F. während dieses kurzen Aufenthalts von den Einwohnern dieses merkwürdigen Landes wahrgenommen, bestätiget das Gute, was im 9ten Hauptstück des III Bandes des Hawkesworthischen Werkes von ihnen gesagt wird.

So nachtheilig eine gröfsere Kultur und Bekanntschaft mit unsern Künsten und feinern Bedürfnissen den glücklichen, nichts bedürfenden Lieblingskindern der Natur, in O-Tahiti und den übrigen Gesellschafts-Inseln, aller Wahrscheinlichkeit nach seyn möchte: so viel hätten hingegen die Neu-Seeländer dabey zu gewinnen, gegen welche sich die Natur so karg erwiesen hat, dafs sie sich, ohne Hülfe unsrer Künste und Einrichtungen, unmöglich jemahls aus ihrem armseligen Zustande empor arbeiten können. Denn eben dieser allzu dürftige Zustand scheint die einzige, aber ohne fremde Beyhülfe unüberwindliche Ursache zu seyn, warum diefs Volk, in welchem so viel herrliche Kräfte und Fähigkeiten zu schlummern scheinen, nie zur Entwickelung derselben gelangen wird, so lange es sich selbst überlassen bleibt. Es ist wirklich ein trauriger Anblick, wenn wir ein Volk, das sich, unter günstigern Umständen, und mit den gehörigen Hülfsmitteln, in wenigen Jahrhunderten vielleicht zu etwas Besserm als Spartaner und Römer ausbilden könnte, durch die blofse Schwierigkeit ihr Leben zu erhalten, genöthigt sehen, sich selbst unter einander aufzureiben, und gerade durch die daher entstehende Entvölkerung ihres Landes, und Trennung der Einwohner in lauter sehr kleine, in ewigem Kriege unter einander lebende Gesellschaften, die Möglichkeit eines glücklichern Zustandes sich selbst immer an der Wurzel abzuschneiden. Was die Erfahrung längst als eine grofse Wahrheit bestätigt hat, dafs Noth und Dürftigkeit auch die edelsten Naturen endlich zusammendrückt, abwürdiget, kleinmüthig, mifstrauisch und der niedrigsten Handlungen fähig macht, zeigt sich vielleicht nirgends in einem stärkern Licht als unter den Indianern von Neu-Seeland. Von Natur herzhaft, unerschrocken, grofsmüthig und zutraulich, macht sie das Gefühl ihrer Schwäche feig, mifstrauisch und menschenscheu. Sie scheinen den Werth der friedsamen häuslichen Glückseligkeit so stark zu fühlen als irgend ein Volk in der Welt, und leben immer unsicher, in einem ewigen Hobbesianischen Kriegsstande. Ihr Herz ist offen, treu, dankbar, gefühlvoll für Ehre und Schmach, mit einem Wort, edel und menschlich — und sie sind Menschenfresser. Ungeachtet ihre sittlichen Gefühle nicht zu deutlichen Begriffen und zusammenhangenden Grundsätzen entwickelt seyn können, so glaubt man doch, selbst durch die Hülle der höchst unvollkommnen Nachrichten, die uns unsre Europäischen Abenteurer von ihnen geben können, das Selbstgefühl einer edlern Natur durchscheinen zu sehen, die unwillig darüber ist, sich durch die Noth erniedriget zu sehen, zu thun oder zu leiden was eines Menschen unwürdig ist. Der unendliche Nutzen, den ihnen in ihrem armseligen Zustande das Europäische Eisenwerk, Beile, Messer, grofse Nägel und dergleichen schaffen können, setzt zwar ihre erregte Begierlichkeit der Verführung unsrer Seefahrer aus; sie geben, um dieses Gewinstes willen, 4) ihre Schwestern und Töchter Preis; aber man sieht dafs sie es ungern thun, und

---

4) Man vergesse gleichwohl nicht, dafs ein paar grofse Nägel für eine Neu-Seeländerin wenigstens eine eben so grofse Versuchung sind, als eine Riviere von Diamanten für eine hübsche Putzmacherin in Paris oder London.

nichts kann sie dahin bringen, auch ihre verheiratheten Frauen der Entehrung zu überlassen; und Herr Forster (der überhaupt nicht dazu gestimmt scheint, die Neu-Seeländer in einem verschönernden Lichte zu sehen) gesteht, daſs, auch unter jenen Weibsbildern, manche nicht anders als mit dem äussersten Widerwillen, und durch ihre eigenen Verwandten gezwungen, dahin zu bringen gewesen, „sich den Begierden solcher Kerle Preis zu geben, die ohne Empfindung ihre Thränen sehen und ihre Wehklagen hören konnten."

Die empfindsame Anmerkung, welche Herr F. bey dieser Gelegenheit macht, über den moralischen Schaden, womit die Neu-Seeländer die wenigen Vortheile, so sie von dem Besuch der Engländischen Seefahrer gezogen, bezahlen müſsten, ist nur zu sehr gegründet — und, wenn wir uns nicht sehr irren, kann das ihnen dadurch zugefügte Unrecht auf keine andre Weise vergütet werden, als daſs man sich ein ernstliches Geschäfte daraus mache, sie nun völlig zu polizieren, und ihnen, da sie doch einmahl etwas von unsern gefährlichen Gaben gekostet haben, lieber vollends Alles gebe — die ganze Büchse der Pandora, mit allem Guten und Bösen, was sie enthält. In ihren Umständen haben sie nichts mehr dabey zu verlieren, hingegen sehr viel zu gewinnen. Aber, was ficht die Europäer der Zustand eines armen rohen Volkes am Ende der Welt an, bey dem nichts zu hohlen ist, als, wenn's hoch kommt, Mastbäume und ein paar Raritäten für Kunst- und Naturalien-Kabinette, deren man um eine Hand voll Nägel genug von ihnen haben kann?

Wir eilen mit unsern Argonauten nach diesem berühmten O-Tahiti, [5]) welches seit der ersten Nachricht, die uns Herr von Bougainville davon gegeben, eine Art von Schlaraffenland, oder *Pais de Cocagne* für unsre Europäer geworden ist — nach dieser glücklichen Insel, wo wir mit Recht so erstaunt sind, unsre Lieblingsträume von Arkadischer Unschuld, Einfalt, Ruhe, und kummerfreyem Wohlleben eines Volkes, das in ewiger, unbesorgter, lieblicher Kindheit an den Brüsten der Natur hängt — realisiert zu sehen — nach dieser Insel, wo der weniger dichtrische Menschenforscher selbst, so unbefriedigend er alle bisherige Nachrichten von ihren Bewohnern findet, doch immer genug sieht, um nach einer genauen vollständigen, durchaus wahren Kenntnifs derselben, lüstern zu werden. Was uns Herr F. nach einem blofs vierzehntägigen Aufenthalt davon saget und sagen kann, ist zwar ein blofser Nachtrag zu dem ausführlichern Bericht, den wir dem Herrn von Bougainville und dem Beschreiber der ersten Reise des Kapitän Cook zu danken haben. Denn Herr Forster wollte nichts wiederhohlen, was man dort schon gelesen hat — aber unterhaltend und schätzbar ist dieser Nachtrag durch viele kleine Anekdoten, und indi-

---

5) So mufs man, wie Herr F. ausdrücklich bemerkt, den Nahmen dieser **Insel** im Deutschen aussprechen und schreiben.

viduelle Züge, die uns diesen holden Geschöpfen, in denen wir die Natur sich verjüngern und das kindliche Alter der Menschheit wiederkehren sehen, näher bringen und die dem Weisen unendlich willkommener sind, als abgezogene Resultate, studierte Hypothesen und idealisierte Abbildungen oder vielmehr Vorspieglungen, womit wir uns so oft, anstatt echter Geschichtserzählungen und lebendiger Bilder, abspeisen lassen müssen.

„Ein Morgen war's! (singt Herr Forster im höhern Ton) schöner hat ihn schwerlich je ein Dichter beschrieben, 6) an welchem wir die Insel O-Tahiti zwey Meilen vor uns sahen. Der Ostwind, der uns bis hieher begleitet, hatte sich geleget; ein vom Lande wehendes Lüftchen führte uns die erfrischendsten und herrlichsten Wohlgerüche entgegen, und kräuselte die Fläche der See. Waldgekrönte Berge erhoben ihre stolzen Gipfel in mancherley majestätischen Gestalten und glühten im ersten Morgenstrahl der Sonne. Unterhalb denselben erblickte das Auge Reihen von niedrigern sanft abhängenden Hügeln, die, den Bergen gleich, mit Waldungen bedeckt und mit verschiedenem Grün und herbstlichem Braun schattieret waren. Vor diesen her lag die Ebne, von tragbaren Brotfruchtbäumen und unzähl-

---

6) Herr Forster, (damahls noch ein sehr junger Mann) war noch ganz voll von seinen Dichtern, und bedachte wohl nicht, als er diese Zeile hinschrieb, daſs seine Dichter sich glücklich geachtet haben würden, einen solchen Morgen, wie ihm hier zu Theil ward, wirklich zu sehen — und daſs die Einbildungskraft in solchen Dingen immer unter der Natur bleibt.

baren Palmen beschattet, deren königliche Wipfel
weit über jene hervorragten. Noch erschien alles im
tiefsten Schlaf; kaum tagte der Morgen, und stille
Schatten schwebten noch auf der Landschaft dahin.
Allmählich aber konnte man unter den Bäumen eine
Menge von Häusern unterscheiden, und Kanots, die
auf dem sandigen Strand herauf gezogen waren. Eine
halbe Meile vom Ufer lief eine Reihe niedriger Klippen
parallel mit dem Lande hin, und über diese brach sich
die See in schäumender Brandung; hinter ihnen aber
war das Wasser spiegelglatt, und versprach den sicher-
sten Ankerplatz. Nunmehr fing die Sonne an, die
Ebene zu beleuchten. Die Einwohner erwachten, und
die Aussicht begann zu leben."

Kaum ward das Schiff bemerkt, so eilte alles dem
Strande zu, und einige Kähne stiefsen ab, um die Neu-
angekommenen mit Darbietung eines grünen Pisang-
Schosses und häufigem Zuruf des Worts Tayo (Freund)
zu begrüfsen und sich ihrer Freundschaft zu versichern.
Der grüne Pisangzweig wurde auf ihr Verlangen an das
Tauwerk des Hauptmasts befestiget, wo er von jedermann gesehen werden konnte, und das Zutrauen der
Insulaner zu den Fremden unverletzlich befestigte. Die
zuerst herbeygekommnen kehrten zu den ihrigen ans
Land zurück, und bald war das ganze Ufer mit Menschen bedeckt. Das Schiff sah sich in kurzer Zeit von
einigen hundert Kähnen umgeben, in jedem zwey, drey
bis vier Mann; alle, zum Beweis ihres ganz argwohn-
losen Vertrauens, unbewaffnet. Von allen Seiten her
erschallte das süfse freundschaftliche Tayo, und wurde

von den Neuangekommenen so gut erwiedert als sie konnten und wufsten.

Mich, ich gesteh es unverhohlen, wenn ich mir den Kontrast denke zwischen der offnen, warmen, kunstlosen Gutherzigkeit dieser Kinder der Natur, und aller der Freundlichkeit und Gutartigkeit, deren ein Schiff voll — Engländischer Seeleute fähig ist — mich wandelt dabey ein Schauder an; und es ist mir ungefähr eben so dabey zu Muthe, als wenn ich einen Zieraffen von einer wohldressierten und auf ihre Kunst einstudierten Französischen Gouvernante einem holden deutschen Mädchen von dritthalb Jahren liebkosen sehe.

Herr Forster fing sogleich an, durch die Kajütenfenster mit seinen neuen Freunden — um Naturalien zu handeln. In einer halben Stunde hatte er schon etliche Vögel und eine Menge Fische. Die Farben der letzten waren, so lange sie lebten, von ausnehmender Schönheit; daher Herr Forster auch sogleich diesen Morgen dazu anwendete, sie zu zeichnen und die hellen Farben aufzulegen, eh sie mit dem Leben verschwanden. — Ich bemerke diesen Umstand nicht um Herrn Forster zu tadeln; er war nun einmahl ein Naturalienforscher und Sammler; Vögel, Fische und Pflanzen nach der Natur abzuzeichnen, war ein wesentlicher Theil seiner Bestimmung und Pflicht. Ich bedaure nur, dafs bey einer solchen Reise nicht auch einmahl einer bestellt wird, der keine andere Pflicht noch Bestimmung hat, als die neuen Menschen die ihm vorkommen, zu erforschen und nach dem Leben abzuzeichnen. Menschen sind doch wohl auch Naturalien, was auch die königliche Gesellschaft zu London davon denken mag.

Indessen ließ Herr Forster gleichwohl die Menschen nicht ganz aus der Acht, und was er von ihnen sagt, bestätigt den liebenswürdigen Karakter, der den Einwohnern der Societäts-Inseln von allen Europäern, die zu ihnen gekommen, beygelegt wird, und sie von allen Völkern der Welt unterscheidet. Die Leute, die uns umgaben, sagt er, hatten so viel Sanftes in ihren Gesichtszügen als Gefälliges in ihrem Betragen — Es dauerte nicht lange, so kamen verschiedene dieser guten Leute am Bord. Das ungewöhnlich sanfte Wesen, der Hauptzug ihres Nazionalkarakters, leuchtete sogleich aus allen ihren Geberden und Handlungen hervor. Die äufseren Merkmahle, wodurch sie uns ihre Zuneigung zu erkennen zu geben suchten, waren von verschiedener Art; einige ergriffen unsre Hände, andre lehnten sich auf unsre Schultern, noch andre umarmten uns. Zu gleicher Zeit bewunderten sie die weifse Farbe unsrer Haut, und schoben uns zuweilen die Kleider von der Brust, als ob sie sich erst überzeugen wollten, dafs wir eben so beschaffen wären, als sie.

Man erinnere sich aus Bougainville's und D. Hawkesworths Nachrichten, dafs eben diese so ungemein sanften Menschen die empfindlichsten Geschöpfe von der Welt sind: dafs es ihnen nicht an

Muth fehlt Beleidigungen zu rächen, dafs sie mit
ihren Waffen sehr wohl umzugehen wissen, und mit
einigen Völkerschaften benachbarter Inseln in beständiger Fehde leben. Ihre Sanftheit und Güte ist
also nicht flegmatische Schwäche. Diese
höchste Sanftheit, mit so reitzbaren Sinnen, solchem
Feuer der Leidenschaften, so viel Herz und Unerschrockenheit, macht zusammen den schönsten,
menschlichsten Geschlechtskarakter aus, den ich —
der die weite Welt nur aus Büchern kennt — in allen
Zeiten und Strichen des Erdbodens jemahls gefunden
habe.

Hundertmahl, wenn ich die unaussprechliche
Liebenswürdigkeit der menschlichen Natur im zweyten und dritten Jahre der Kindheit — diese so
wunderbar angenehme und reitzvolle Komposizion
von Unwissenheit und Neugierde, Sorglosigkeit und
Aufmerksamkeit, Liebe und Selbstheit, traulicher
Gutherzigkeit und äufserster Zornfähigkeit, Nachgiebigkeit und Eigensinn, Schlauheit und Einfalt;
diese offne Unbefangenheit der Seele; dieses Aufdämmern der Vernunft aus dem dunkeln Gewirr
des Gefühls; diese zarte Beweglichkeit aller Sinne;
diese lautre Reinheit jedes Naturtriebs, diese Wahrheit und Innigkeit aller Begierden, Zuneigungen
und Bewegungen des Herzens, in Lust und Schmerz,
Freude und Betrübnifs, Liebe und Hafs; diese
glückliche Geneigtheit, alles Übel, sogleich wie es

nicht mehr gegenwärtig gefühlt wird, alle Beleidigungen im Moment, wie sie aufhören, wieder zu vergessen; diese reine Stimmung aller Saiten des Gefühls zu Allem in der Natur, was Beziehung auf sie hat; diese beständige Aufgelegtheit sich zu freuen, zu geniefsen; dieses ewige Leben im Augenblick, diese gänzliche Verschlossenheit für die Zukunft; diefs nichts Böses wollen, nichts Böses ahnen — wenn ich, sag' ich, das alles, in der so unbeschreiblich feinen und lieblichen Mischung, wie es in den ersten Jahren des kindischen Lebens sich äufsert, sahe, und es zu einer Zeit sah, da — noch von keinem O-Tahiti die Rede war — wie oft dacht ich dann: was für Geschöpfe wären wir, wenn wir zur Blüthe und Kraft des Jünglingsalters heranwachsen, und die Vollkommenheit unsrer Natur erreichen könnten, ohne von allem, was die Kindheit so liebenswürdig, so glücklich macht, mehr zu verlieren, als, vermöge der absoluten Nothwendigkeit der Sache verloren gehen mufs, wenn Dämmerung zum Morgen, und Knospe zur Blume wird!

Ich weifs, wenn ich wieder kalt bin, so gut als ein anderer, in welche Klasse ein solcher Wunsch gehört, und was mir jeder hochgelehrte Knabe, der so eben seinen Kursus von Logik, Metafysik, Moral, Dogmatik, u. s. f. absolviert hat, dagegen einwenden kann — Aber ich freue mich doch, zu denken, dafs wenigstens der beste und glücklichste Theil der Bewohner der Gesellschaftsinseln lebendige

Beweise sind, dafs die Natur in einigen kleinen Inselchen der Südsee gewisser Mafsen **wirklich gemacht hat**, was bey mir und andern ehrlichen Wünschern und Träumern blofser Wunsch und Traum der freundlichen Einbildung war. — Freylich geht etwas, und ziemlich viel davon ab, dafs Wirklichkeit je so schön, so glänzend, so **erwünscht** sey als was **Fee Mab** mit einem Schlag ihres Mohnstengels vor unserm innern Sinn vorbeyzaubert. Die Kinder von O-Tahiti sind freylich keine **Halbengel aus einer idealischen Unschuldswelt** — Aber, so wie sie sind, wer ist der Mensch, der sie nicht lieben mufs? Wo die gute Seele, die sich nicht zu ihnen wünscht?

Herr Forster war kaum in O-Tahiti angekommen, als er schon die Wirkungen der leutseligen und gefälligen Gemüthsart der Einwohner erfuhr. „Da sie merkten, sagt er, dafs wir Lust hätten ihre Sprache zu lernen, weil wir uns nach den Benennungen der gewöhnlichsten Gegenstände erkundigten, oder sie aus den Wörterbüchern voriger Reisenden hersagten: so gaben sie sich viele Mühe uns zu unterrichten, und freuten sich, wenn wir die rechte Aussprache eines Wortes treffen konnten." — Herr Forster setzt verschiedenes, was jedoch aus seinen Vorgängern schon bekannt war, zum Lobe dieser Sprache hinzu. Sie besteht aus lauter reinen Sylben, und hat noch viel weniger Mitlauter als die Griechische; sie ist noch singbarer als die Italiänische, oder vielmehr sie ist an sich selbst schon Gesang. — Auch erinnert er ausdrücklich, daſs der wahre Nahme dieser Insel nicht Otaheite (wie die Engländer ihn schreiben und aussprechen) sondern O-Tahiti sey, und daſs also, da die Vorsylben O und E Artikel sind, Herr von Bougainville den wahren Nahmen, Tahiti richtig angegeben; nur daſs die Einwohner es mit einer leichten Aspirazion, ungefehr wie Tahiti aussprechen.

Bougainville, in dessen Ausdrücken von dieser Zauberinsel und ihren Bewohnern man Schwärmerey einer verschönernden Imaginazion vermuthete, hat nicht zu viel gesagt, wenn er jene als ein Paradies, und diese als glückliche Geschöpfe beschreibt. Herr Forster fühlte es gerade eben so, und die Gemählde, die er davon macht, sind sehr geschickt, auch uns etwas von seinem Genusse mitzutheilen. — „Ungeachtet, der späten Jahrszeit wegen, Laub und Gras schon durchgehens mit herbstlichem Braun gefärbt war, so bemerkten wir doch bald, daſs diese Gegenden in der Nähe nichts von ihren Reitzen verlören. — Wir befanden uns in einem Walde von Brotfruchtbäumen, auf denen aber bey dieser Jahrszeit keine Früchte mehr waren; und beym Ausgang des Gehölzes sahen wir einen schmalen von Gras entblöſsten Fuſspfad vor uns, vermittelst dessen wir bald zu verschiednen Wohnungen gelangten, die unter mancherley Buschwerk halb versteckt lagen. Hohe Kokospalmen ragten weit über die andern Bäume empor, und neigten ihre

hängenden Wipfel auf allen Seiten gegen einander
hin. Der Pisang prangte mit seinen schönen breiten Blättern, und zum Theil auch noch mit einzelnen
traubenförmigen Früchten. Eine schattenreiche Art
von Bäumen, mit dunkelgrünem Laube, trug goldgelbe Äpfel, die den würzhaften Geschmack und Saft
der Ananas hatten. Der Zwischenraum war bald
mit jungen Chinesischen Maulbeerbäumen [7])
bepflanzt, deren Rinde von den Einwohnern zu Verfertigung der hiesigen Zeuge gebraucht wird, bald
mit verschiednen Arten von Arum- und Zehrwurzeln, mit Yams, Zuckerrohr und andern nutzbaren Pflanzen besetzt. Die Wohnungen der
Indianer lagen einzeln, jedoch ziemlich dicht
neben einander, im Schatten der Brotfruchtbäume, auf der Ebne umher, und waren mit
mancherley wohlriechenden Stauden umpflanzt. Die einfache Bauart und die Reinlichkeit derselben stimmte mit der kunstlosen
Schönheit des um sie herliegenden Waldes
überaus gut zusammen. — Sie bestanden mehrentheils nur aus einem Dach, das auf etlichen Pfosten
ruhte, und pflegten übrigens an allen Seiten offen
und ohne Wände zu seyn — (glücklicher Beweis,
daſs die Einwohner weder Schirm vor der Ungunst
der Witterung und des Klima, noch die mindeste
Verwahrung gegen einander selbst vonnöthen
haben!) — Vor jeder Hütte sah man eine kleine

---

[7]) *Morus Papyrifera.*

Gruppe von Leuten, die sich ins weiche Gras gelagert hatten, oder mit kreuzweis über einander geschlagenen Beinen beysammen saſsen, und ihre glücklichen Stunden entweder verplauderten oder ausruhten. Einige standen bey unsrer Annäherung auf, und folgten dem Haufen, der mit uns ging; viele aber, besonders Leute von reiferem Alter, blieben unverrückt sitzen, und begnügten sich uns im Vorübergehen ein freundschaftliches Tayo zuzurufen. Da unsre Begleiter gewahr wurden, daſs wir Pflanzen sammelten, so waren sie emsig dieselben Sorten zu pflücken und herbey zu bringen, die sie von uns hatten abbrechen sehen. Es gab auch in diesen Plantagen in der That eine Menge von allerhand wilden Arten, die untereinander in jener schönen Unordnung aufsproſsten, die über das steife Putzwerk künstlicher Gärten immer unendlich erhaben ist. — Vornehmlich fanden wir verschiedene Grasarten die, ohnerachtet sie zärter und feiner als unsre nördlichen waren, dennoch, weil sie im Schatten wuchsen, ein sehr frisches Ansehen hatten und einen weichen Rasen ausmachten. Sie dienten zugleich das Erdreich feucht zu erhalten, und solchergestalt den Bäumen Nahrung zu verschaffen, die auch ihrer Seits im vortrefflichsten Stande waren. Mancherley kleine Vögel wohnten in ihren Zweigen und sangen sehr angenehm, dem Wahn zu Trotz, den man in Europa hegt, als ob es den Vögeln in den heiſsen Ländern an harmonischen Stimmen fehle. In den Gipfeln der höchsten Kokosbäume pflegte sich eine Art kleiner

schöner saphirblauer Papagayen aufzuhalten, und
eine grünliche Art mit rothen Flecken sah man häufig
unter den Pisangbäumen. — Ein Eisvogel von dunkelgrünem Gefieder und rings um den weifsen Hals
mit einem ringförmigen grünen Streif gezeichnet, ein
grofser Kuckuk, und verschiedene Arten von Tauben
hüpften fröhlich auf den Zweigen herum, indefs ein
bläulicher Reiger gravitätisch am Seeufer einhertrat,
um Muscheln, Schnecken und Würmer aufzulesen.
Ein schöner Bach, der über ein Bette von Kieseln
rollte, kam in schlängelndem Lauf das schmale Thal
herab, und füllte beym Ausflufs in die See unsre Fäs-
ser mit silberhellem Wasser." — Ich besorge nicht,
dafs meine Leser diese ausgeschriebene Stelle zu lang
finden werden. Solche individuelle Gemählde geben
eine lebendigere Vorstellung als allgemeine Beschreibungen; und wem mufs es nicht angenehm seyn, zu
sehen, mit welcher Liebe die Natur an der Wiege
ihrer Schoofskinder gearbeitet hat?

Desto verdriefslicher ist gleich darauf zu lesen,
wie der Kapitän Cook, vermuthlich in einem Anstofs
übler Seemännischer Laune, fähig war, um eines
sogenannten Diebstahls willen, dessen sich einer
von den beiden Söhnen ihres bisherigen Begleiters
O-Pue, von seiner kindischen Begierlichkeit verleitet,
schuldig gemacht hatte, d. i. um einer Beleidigung
willen, die in O-Tahiti gar keine Beleidigung
war, den Frieden dieser glücklichen Wohnungen zu

stören, und die traul¡che Sorglosigkeit dieses Volks von Kindern durch Flintenkugeln und Vierpfünder zu schrecken. O ihr hassenswürdigen Europäer mit euerm zur Unzeit angebrachten Puffendorf! — „Was? (wendet man ein) man hatte dem Kerl schon unentgeltlich eine Menge Sachen gegeben, und er hat noch die Unverschämtheit, die Gesetze der Gastfreyheit auf eine so häfsliche Art zu übertreten" und — ein Messer und einen zinnernen Löffel zu mausen! War es bey solcher Bewandtnifs des Herrn Kapitäns Hochwohlgebohrnen zu verdenken, dafs Wohlderselbe „aus Unwillen über das schändliche Betragen dieses Kerls" sich nicht enthalten konnte, ihm eine Flintenkugel über dem Kopf hinzufeuern — und als sogar der dritte Schufs nichts fruchten wollte, und die entfernten Indianer (die von alle dem Spuk nichts begriffen, und nur einige der Ihrigen mit Flintenschüssen von den fremden Herren verfolgt sahen) vom Strand aus mit Steinen nach den Herren zu werfen aufingen, sie durch einen Vierpfünder in Respekt zu setzen; auch, ihnen zu wohlverdienter Strafe und andern zum Schrecken, für Kosten, Schaden und Genugthuung zwey ·doppelte Kanots wegnehmen zu lassen? — O des herrlichen Europäischen Natur- und Völkerrechts! — Ey, ey, lieber Forster! — wo war in diesem Augenblick Ihre Filosofie? — Wie können Sie von dem jungen Menschen verlangen, dafs er ihren Puffendorf und Barbeyrac gelesen haben soll? Wie können Sie Sich einbilden, daſs er das Messer und den zinnernen Löffel aus einer andern Ursache, als aus kindischem Instinkt oder höchstens aus unbesonnenem, arglosem Muthwillen genommen hat? Was würden Sie dazu sagen, wenn ein Friedensrichter in England ein Kind von zwey oder drey Jahren, weil es einen Löffel oder was Sie sonst wollen, gemaust hätte, pillorisieren lassen wollte? Der O-Tahitische Junge hier verstand wahrlich von der Moralität seiner Handlung, die Sie ein **schändliches Betragen** nennen, nicht mehr als das vorbesagte Kind. Das Kind und der junge Kerl von O-Tahiti hat einen Naturtrieb zu allem, was ihm gefällt, und weiſs nichts anders, als daſs die ganze Welt mit allem, was darin ist, ihm gehört. Du sollst nicht stehlen! ist ein positives **bürgerliches Gesetz**, zu dessen Beobachtung **wir erzogen** werden müssen. Man hat an dessen Übertretung in den meisten bürgerlichen Gesellschaften **Schande** und entehrende Strafen hängen müssen; aber was geht das die Bewohner von O-Tahiti an? Und wenn es, der Folgen wegen, nöthig war, dem kindischen Trieb dieses Völkchens zu allem, was ihnen ansteht, Einhalt zu thun: konnte das nicht auf eine freundlichere Art und ohne Vierpfünder geschehen?

Man kann sich des Unwillens schwerlich enthalten, wenn man (wie nur zu oft Gelegenheit ist) dergleichen Probestückchen liest von dem herrischen Betragen, das die Europäischen Seemänner sich über Menschen herausnehmen, die von ihnen nicht abhängen, und nur durch den Vorzug tödtlicherer Waffen gezwungen sind sich von ihnen mifshandeln zu lassen. Aber freylich ist es — ihrer würdig, und ganz aus Einem Stücke mit der Unverschämtheit, womit diese Herren, im Nahmen ihrer allergnädigsten Könige, von jeder Insel und Halbinsel der Südsee, auf die sie Wind und Wetter oder Bedürfnifs sich zu erfrischen verschlägt, feyerlich Besitz nehmen, ohne dafs es ihnen einfällt, die uralten Einwohner derselben zu fragen, was sie zu dieser Besitznehmung zu sagen haben. Ein herrliches Völkerrecht! Und das sind die aufgeklärten, filosofischen, rechtshochgelahrten Herren, die einen weggemausten zinnernen Löffel mit Vierpfündern rächen!

Der Vierpfünder indessen wirkte. Die Herren erreichten ihren grofsen Zweck; denn er jagte den O-Tahitern ein solches Schrecken ein, dafs sie sich zwey doppelte Kanots (und wahrlich noch zehnmahl so viel, wenn die Herren Vierpfünder gewollt hätten) ohne Widerrede wegnehmen liefsen. Freylich war nun das Vertrauen der guten Insulaner verscherzt — und das hatten die Europäischen Herren gleichwohl noch vonnöthen, weil sie wenigstens eben so grofsen Appetit zu den Hühnern und Schweinen der Indianer hatten, als diese zu ihren Messern und Löffeln. Aber das war ja auch leicht wieder zu gewinnen. Die Bewohner waren „so freundschaftliche, gutherzige Leute!" — Gleichwohl waren sie, sagt Herr Forster, wegen des „Vorgefallnen etwas scheuer und zurückhaltender als zuvor; (sie hatten wohl grofs Unrecht daran?) Es währete etliche Tage, bis man sie wieder zutraulich machen konnte, und Herr Cook mufste sich am Ende doch entschliefsen, die genommenen Kähne wieder zurück zu geben.

Doch — weg von diesen unangenehmen Betrachtungen! Herr Forster versöhnt uns wieder mit sich durch ein paar, ziemlich getreu, wie es scheint, und nicht ohne Liebe, nach dem Leben gemahlte O-Tahitische Familienstücke, die ich nicht um das beste von Greuze geben möchte. Hier hätte der Mahler Hodges, den unsre Seefahrer bey sich hatten, wenn etwas von Greuzens Geist in seinen Augen und in seinem Herzen gewesen wäre, Stoff zu Bildern und Gruppen bekommen können, womit er mehr Dank von uns verdient hätte, als mit den reichen, idealisierten, griechenzenden Kompozizionen, die er uns für Natur, und Natur aus den Südseeinseln, aufheften will.

Die Herren Forster waren mit einigen Begleitern früh Morgens aufs Botanisieren gegangen. Zufälliger Weise bekamen sie im Walde Gelegenheit einigen Weibern von der niedrigsten Klasse, zuzusehen, wie sie den in diesen Inseln gewöhnlichen Zeug aus der fasrichten Rinde junger Maulbeerbäume bereiteten. Von da gelangten sie zuletzt in ein schmales Thal. Ein wohlaussehender Mann, bey dessen Wohnung sie vorbeykamen, lag im Schatten da, und lud sie ein, neben ihm auszuruhen. Sobald er sah, dafs sie dazu nicht abgeneigt schienen, streute er Pisangblätter auf einen mit Steinen gepflasterten Fleck vor dem

Hause, und setzte einen kleinen Stuhl hin, auf welchen er denjenigen, der ihm der Vornehmste unter ihnen schien, niederzusitzen bat. Nachdem auch die übrigen sich ins Gras gelagert hatten, lief er ins Haus, hohlte eine Menge gebackner Brotfrucht, und setzte ihnen solche auf den Pisangblättern vor. Nächst diesem brachte er noch einen Mattenkorb voll Tahitischer Äpfel, einer Frucht, die der Ananas im Geschmack ähnlich ist, und nun bat er sie zuzulangen. Die Herren liefsen sichs wohl schmecken, fanden die Früchte vortrefflich, und die Tahitische Art, die Brotfrucht vermittelst heifser Steine in der Erde zu backen, unendlich besser als ihre eigne Art sie zu kochen; weil bey jener aller Saft besser beysammen bleibt, und durch die Hitze noch mehr verdickt wird; beym Kochen hingegen sich viel Wasser in die Frucht saugt, und vom Geschmack und Saft viel verloren geht. Zum Nachtisch brachte ihnen der freundliche Wirth fünf Kokosnüsse; er öffnete sie, gofs den kühlen hellen Saft in eine reine Kokosschale, und reichte sie einem jeden nach der Reihe zu. Unsre Reisenden wurden von der zuvorkommenden und uneigennützigen Gastfreyheit dieses Mannes sehr eingenommen, schenkten ihm das Beste, was sie von Korallen und Nägeln bey sich hatten, und begaben sich nun wieder an ihre botanische Arbeit; die zwar nicht ganz unbelohnt blieb, aber doch, theils wegen der schon vergangnen Jahrszeit, theils aus einem andern wesentlichen Grunde nicht sehr ergiebig war. Dieser war, wie Herr Forster sehr richtig zu urtheilen scheint, die hohe Kultur der Insel O-Tahiti. Wäre sie weniger angebaut, sagt er, so würde das Land, dem herrlichen Boden und Klima nach, überall mit hunderterley Arten von Kräutern wild überwachsen gewesen seyn, anstatt dafs jetzt dergleichen kaum hie und da einzeln aufsprossen.

Bey Anbruch des folgenden Tages gingen sie wieder ans Land, und ostwärts den Gegenden um den Haven Aitepieha zu, wo die Ebne immer breiter, die Pflanzungen immer ansehnlicher, und die Wohnungen zahlreicher wurden, auch reinlicher und neuer aussahen, als in der Gegend des Ankerplatzes. Sie spazierten ungefehr zwey Meilen weit beständig in den anmuthigsten Wäldern und Pflanzungen von Kokos- und Brotfruchtbäumen fort, und sahen, wie die Leute aller Orten wieder an ihr Tagwerk gingen; vornehmlich hörten sie die Zeugarbeiter fleifsig klopfen. Gleichwohl sammelte sich, wo sie hinkamen, bald ein grofser Haufen um sie her, der ihnen den ganzen Tag so unermüdet folgte, dafs manche darüber ihr Mittagsbrot versäumten. „Doch gingen sie (sagt Herr Forster) nicht so ganz ohne Nebenabsicht mit. Im Ganzen war ihr Betragen allemahl gutherzig, freundschaftlich und dienstfertig; aber sie pafsten auch jede Gelegenheit ab, eine oder die andre Kleinigkeit zu entwenden, und damit wufsten sie ausnehmend gut Bescheid. Wenn wir sie freundlich ansahen, oder sie anlächelten, so hielten manche es für die rechte Zeit, von unserm guten Willen Gebrauch zu machen, und in einem bittenden Tone

ein: **Tayo, poe!** (Freund, ein Korallchen?)
hören zu lassen."—

Ich, meines Orts, sehe in diesem kinderhaften Zug nichts als die klare ungeschminkte Menschheit, wie wir sie alle Tage an unsern Kindern von zwey oder drey Jahren sehen, und auch an denen von fünf und sechs noch sehen würden, wenn wir nicht genöthigt wären, ihnen baldmöglichst beyzubringen, daſs es unanständig sey, seine guten Freunde anzubetteln. Warum übrigens die Leute von O-Tahiti die einzigen in der Welt seyn sollten, die **ohne alle Rücksicht auf sich selbst** gutherzig, freundschaftlich und dienstfertig wären — oder mit welchem Recht diese Rücksicht auf sich selbst den Werth ihrer Gutherzigkeit in unsern Augen verringern sollte, seh' ich nicht; zumahl da Herr Forster selbst hinzusetzt: wir mochten ihnen willfahren oder nicht, so brachte dieſs doch niemahls eine Änderung in ihrem Betragen hervor, sondern sie blieben so aufgeräumt und freundlich als vorhin. Ich dächte, dieſs wäre wirklich mehr als man von den meisten unter den wohlerzogensten und moralisiertesten von uns Europäern sagen kann.

ENDE DES FÜNFTEN BANDES.